PPP

公私合作供给
公共服务机制研究

井 敏 ◎ 著

Research on
the Mechanism of Public Service Supply
by Public-Private Partnership

中国社会科学出版社

图书在版编目（CIP）数据

PPP：公私合作供给公共服务机制研究／井敏著 . —北京：
中国社会科学出版社，2020.9
ISBN 978 - 7 - 5203 - 6727 - 1

Ⅰ.①P… Ⅱ.①井… Ⅲ.①政府投资—合作—社会资本—
研究—中国 Ⅳ.①F832.48②F124.7

中国版本图书馆 CIP 数据核字（2020）第 113386 号

出 版 人　赵剑英
责任编辑　喻　苗
责任校对　胡新芳
责任印制　王　超

出　　　版　中国社会科学出版社
社　　　址　北京鼓楼西大街甲 158 号
邮　　　编　100720
网　　　址　http://www.csspw.cn
发 行 部　010 - 84083685
门 市 部　010 - 84029450
经　　　销　新华书店及其他书店

印　　　刷　北京明恒达印务有限公司
装　　　订　廊坊市广阳区广增装订厂
版　　　次　2020 年 9 月第 1 版
印　　　次　2020 年 9 月第 1 次印刷

开　　　本　710×1000　1/16
印　　　张　18
插　　　页　2
字　　　数　285 千字
定　　　价　98.00 元

目　　录

引论　公私合作供给公共服务（PPP）：一个全球发展趋势 ………… （1）

一　公共服务供给机制的理论演进 …………………………… （1）

二　公私合作供给公共服务机制的"1＋1＞2"效应 ………… （12）

三　公私合作供给公共服务机制的国际实践 ………………… （17）

四　公私合作供给公共服务的中国意义 ……………………… （18）

第一章　公私合作供给公共服务（PPP）机制的理论支撑 ………… （25）

一　公共物品及其分类理论 …………………………………… （25）

二　政府垄断性供给公共服务的缺陷理论 …………………… （36）

三　公共服务的提供和生产两分理论 ………………………… （42）

四　新公共管理理论 …………………………………………… （51）

五　治理理论 …………………………………………………… （56）

第二章　公私合作供给公共服务（PPP）机制解析 ………………… （63）

一　公私合作供给公共服务机制的概念 ……………………… （63）

二　公私合作供给公共服务机制的运营模式 ………………… （71）

三　公私合作供给公共服务机制对传统供给模式的挑战 …… （92）

四　公私合作供给公共服务机制应坚持的原则 ……………… （99）

五　公私合作供给公共服务机制的优劣 ……………………… （116）

六　公私合作供给公共服务机制的适用条件 ………………… （141）

第三章　公私合作供给公共服务（PPP）机制的全球实践 ……… （156）

一　狭义 PPP 模式的国外实践 ……………………………… （156）

二 狭义 PPP 模式的中国探索 ………………………… （178）

三 政府购买公共服务的国外实践 …………………… （198）

四 政府购买公共服务的中国探索 …………………… （222）

第四章 推进中国公私合作供给公共服务机制的对策建议 ……… （240）

一 客观理性认知公私合作供给公共服务机制 ………… （240）

二 构建完善的法律法规体系 ………………………… （243）

三 尽快明确专门的管理机构 ………………………… （249）

四 大力培育和发展社会组织 ………………………… （251）

五 构建公开透明的公私合作项目信息平台 …………… （255）

六 尽快建立合理的风险分担机制 …………………… （261）

七 为私人合作主体提供有效的融资途径和平台 ……… （264）

八 建立公私合作供给公共服务的救济机制 …………… （268）

九 尽快培养公职人员的新理念和新技能 ……………… （270）

十 建立方便公众参与的制度和平台 ………………… （274）

结 语 ………………………………………………… （276）

参考文献 ……………………………………………… （280）

引　论

公私合作供给公共服务（PPP）：
一个全球发展趋势

公共服务公私合作供给机制的出现，不仅是公共行政学理论从传统公共行政理论到新公共管理理论再到治理理论演进的一个必然结论，其成效也为很多国家的公共服务实践所证实。这一新的供给机制可以发挥包括政府、企业、社会组织甚至公民个体等多方的优势，实现了"1＋1＞2"的合作效应。传统的单靠政府一家垄断性供给和完全交由市场供给公共服务的模式已经无法承载公众越来越多的公共服务需求，构建一个全新的公私合作供给公共服务的机制势在必行。

一　公共服务供给机制的理论演进

作为研究公共服务的公共行政学，一开始就将政府作为几乎唯一的公共服务供给主体，政府能恰当地做什么以及如何正确地去做，成了公共行政的永恒话题。要确定政府能恰当地做什么，最主要的就是处理好政府与市场的关系，即决定哪些事情由政府来做、哪些事情由市场来做。传统公共行政认为，一件事情要么是市场的，要么是政府的，似乎并不存在既需要政府又需要市场的交叉地带，很显然这是一种政府与市场非此即彼的二元分离思维模式。在这种思维模式下，公共行政很长一个时期的研究话题，都是围绕着哪些是政府的职能、哪些是市场的职能而展开的，并在20世纪80年代之前先后出现了以亚当·斯密的传统自由经济理论为基础的最小政府理论和以凯恩斯的国家干预主义理论为基础的大政府理论。最小政府理论即守夜型政府理论，认为除了维持基本的国家安全、社会秩序以及必要的少量的公共产品和公共服务之外，其他都可以交由市场来提供；而大政府理论认为，政府不仅要介入社会领域提供大量的公共福利，还要介入经济领域，包括兴建大型国有企业和公共工程等，以发挥政府在经济领域的宏观调控作用。无论是最小政府理论还是大政府理论，其关注的焦点都是政府该做什么、市场该做什么，只是各自的认知不同而已。在这种划分中，一个基本的共识就是，公共服务或者公共物品的提供因其所具有的非竞争性和非排他性而天然应该由政府来供给，或者说提供具有非竞争性和非排他性的公共物品和公共服务是政府存在的合法性基础；相反，那些具有竞争性和排他性的商品自然应该由市场来供给。在这样的政府与市场二元分离思维模式下，政府顺理成章地成了公共服务的唯一供给主体。

在政府作为公共服务唯一供给主体的基础上，政府追求的价值目标也出现了几次变化。传统公共行政理论在坚守政治与行政两分的前提下，试图在行政领域找寻一套能指导政府管理的基本原理和方法，以提高政府管理的效率。"效率"成了传统公共行政学所追求的基本的"善"，它认为公共行政的基本目的就是用最少的人力和物质消耗来完成手头上的工作，效率是行政管理价值尺度中的"头号公理"。[1] 传统理论时期对一般管理学理论的借鉴，诸如泰勒的科学管理理论和法约尔的管理组织理论，并以韦伯的官僚制作为政府组织的基本架构，都彰显了对"效率"的目标追求。然而，作为公共行政唯一主体的政府毕竟是一个公共组织，公共组织的公共属性就决定了其管理目标不可能只是效率。特别是当公共行政理论研究最为集中的美国社会出现一系列政治、经济和社会危机时——包括民权运动、能源危机、越南战争、水门事件等，就使得学者们不得不思考政府管理的政治和社会意义，或者公共行政的其他价值追求，于是就有了对传统公共行政理论进行矫正的新公共行政理论的出现。新公共行政理论引入了民主、公平和公正等价值目标，丰富了公共行政的价值追求。但无论是传统公共行政所追求的效率，还是新公共行政所

---

① R. Dahl, "The Science of Public Administration: Three Problems", *Public Administration Review*, Vol. 7, No. 1, 1947, pp. 1 – 11.

追求的公平和正义等，都被认为是公共行政唯一主体——政府自己的事情。因此，相对于传统公共行政，新公共行政并没有改变公共行政的组织架构及管理模式，也没有改变公共行政只关注政府、把政府视为几乎唯一的公共服务供给主体的思维定式。

进一步分析，在政府作为公共服务唯一供给主体的前提下，公共行政的基本逻辑就是：效率交由通过严格的考试制度挑选出的具有专业知识和技能的公务员，由他们基于科学的规章制度和程序来保证；而公平和正义则由那些经由选举产生的政务官，基于对公平正义的追求等公共伦理的约束来实现。于是，公共行政总是一方面在不停地完善规则和程序，沿着官僚制的理论主张，不断地进行专业化分工，似乎分工越专业管理就越高效；另一方面也在不断地强调公职人员的公共伦理和道德素养，以此保证公共行政对公平和正义的追求。很显然，无论是针对政府管理的专业化追求还是对公职人员的伦理化倡导，其关注点依然是政府这个几乎唯一的管理主体。这种将政府作为唯一公共服务供给主体的思维，实际上包含着如下理论预设：（1）对政府追求公共目标的动机和政府能力高度自信。政府就像大公无私而又能力非凡的骑士，当出现市场缺陷和社会病症时能行侠仗义、驱邪匡正。（2）夸大公共部门和私营部门之间的区别，淡化两者在管理方面的共通性。（3）以公共部门的特殊性为由，强化公共服务的政府垄断、集中化管理和政府机构的直接生产，排斥市场主体、市场价值和市场机制。（4）政府改革持续不断，但都具有内向特征，关注焦点是政府组织结构、程序、公务员素质提高和奖励制度的改进。① 这些理论预设凸显了政府管理的特质、价值和作用，从一定意义上形成了政府与市场的两分天下，即凡牵涉公共服务或公共产品的供给就由政府来负责，不仅负责决定提供什么产品，还负责产品的直接生产，或者说政府不仅是公共服务的提供者，也直接充当公共服务的生产者，而其他与公共服务或公共产品无关的私人领域的产品和服务供给则交由市场。

但现实是，随着公众的公共服务需求越来越多，政府机构日益增大，政府管理的专业化分工也越来越细，政府自身管理不可避免地出现了部门化、碎片化现象。每个部门都基于本部门的认知和定位进行管理，从

---

① 周志忍：《当代政府管理的新理念》，《北京大学学报》（哲学社会科学版）2005年第3期。

每个部门的管理来看，也可能是高效的，但每个部门的高效并不意味着整体政府管理的高效。实际上，政府基于官僚制的层级节制以及垄断性管理往往存在着诸多问题，包括"狭隘的服务视野、政策目标与手段相互冲突、资源运作重复浪费、政府机构设置出现重叠、公共服务分布于各部门间，具有明显的分散性和不连贯性"① 等，最终出现"1＋1＜2"的管理结果并不意外。这种部门之间的打架、部门本位等问题在政府职能有限、公共服务的范围和数量也相对有限、政府财力相对充盈的情况下并不凸显，但"当公共服务需求日趋复杂，尤其是权力分散、组织边界模糊，各种公共服务问题呈现出地域性趋势的时候，官僚制组织就越来越不适应"②。政府垄断性供给公共服务所存在的诸如信息不对称、贪污腐败、成本高企、效率低下、官僚主义以及缺乏回应性等诸多问题，也越来越凸显。20世纪70年代末80年代初，由于越来越多的公共问题需要政府解决，比如城市治理问题、环境问题、失业问题、人口老龄化问题以及贫富差距问题等。但随着西方国家经济发展陷入所谓的"滞胀"时期，政府所面临的财政压力日益凸显，政府提供公共服务的这种浪费、低效、官僚主义和缺乏回应性等，越来越多地引起了公众的不满，进而产生了对政府的信任危机。一时间，对行政本位主义、公共行政效率低下以及官僚主义的批评大行其道，人们甚至提出了对政府治理能力的严重质疑。1983年在美国总统里根就成本控制调查而设立的格雷斯委员会出具的一份报告中就提出，"正是基于一种假设，认为政府是唯一能够供给公民所需服务的生产商，政府才扩张到目前的规模，而这一假设的结果是重复性工作，并缺乏对工作效率的激励"③。在一系列对政府管理工作的批评之下，人们开始意识到，政府不再是人们面临公共问题时的唯一选择，政府本身就存在很多问题，这些问题导致人们对政府在诸多领域的存在提出了强烈的质疑，一个新的试图改变政府治理现状的理论应运而生，这就是新公共管理理论。

---

① 曾凡军：《由竞争治理迈向整体性治理》，《学术论坛》2009年第9期。

② 唐任伍、赵国钦：《公共服务跨界合作：碎片化服务的整合》，《中国行政管理》2012年第8期。

③ Grace Commission, *President's Private Sector Survery on Cost Control*, Report on Privatization, Spring-Fall, 1983, p. 2.

　　新公共管理理论给出的药方是，借助经济学中新右派的主张，重新思考政府职能范围，尽可能压缩政府作用的空间，重新回归小政府时代。同时，借助企业管理的经验将竞争概念和顾客意识引入政府管理领域，以改进政府公共服务的效率和质量，解决当时西方很多国家都面临着的财政危机和管理危机，重新赢得公众的信任，进而解决公众对政府的信任危机。应该说，新公共管理将更多原本由政府垄断性供给的服务事项交给企业或社会组织等私人治理主体，并引入竞争理念和企业管理的经验，相较于之前的政府垄断性管理而言，确实为公共行政注入了活力，在一些西方国家的政府改革中也取得了非常显现的效果。不过，新公共管理理论对市场机制的强调显然又走向迥异于政府垄断性供给模式的另一个极端，即极端地不相信政府，甚至将市场机制的应用幻化为意识形态般的推崇。1979 年美国卡特政府重新修订《A–76 号通知》时强调，在一个民主、自由的企业体制中，政府不应该与它的公民展开竞争。具有个人自由和创新因素的私人企业制度是国家经济实力的重要源泉。基于这一原则，政府的一贯政策是依靠竞争性私人企业供给政府需要的产品和服务。这一转向可以说是对"二战"之后至 20 世纪 70 年代之间大政府模式的彻底矫正，但这一转向也一如当初凯恩斯的大政府理论取代传统自由派的最小政府理论一样，表现出一种近乎绝对化的非理性色彩，似乎政府直接供给公共服务和产品一无是处，似乎只要由竞争性市场供给就一定比政府亲自供给质量更好、效率更高。这就像股票市场上牛市的"裹挟效应"必然伴随着大规模非理性行为一样，市场神话也会压缩理性思考的空间，一些理念甚至偏见会形成一种类似于意识形态般的政治信念，牵引着人们自动摒弃一些客观事实，以理念的正确性来代替实践正确性。学界、大众媒体、公共官员"怀着传教士般的热情"推进市场化改革，他们创造的市场神话似乎成了解决政府一切病症的"万灵丹"。民营化也成了"适用于所有情景的魔力药方"，市场机制在全球取得了近乎霸主的地位，传统政府模式几乎成了"一种历史文物，像中世纪的吉尔特工会一样与现代问题的解决毫不相干"①。当然，高度热情是

① David Lowery, "Answering the Public Choice Challenge：A Neoprogressive Research Agenda", *Governmence；An International Jorunal of Policy and Adiministration*, Vol. 12, No. 1, 1999.

观念变革成功的条件,因此矫枉过正也是任何理念变革的必要特征,但它对理性思考的空间挤压,甚至是一边倒的、只顾一点而不顾其他的非理性认知则显然并不可取。在公共行政理论发展史上,从亚当·斯密的最小政府理论转变为凯恩斯的大政府理论也曾表现出类似现象,即为了证明一种价值的正确性,采用了近乎完全神话该价值而一概否认另一种价值的重要性,只不过这次新公共管理理论再次强调的是市场的价值,而不是政府的价值。也正是由于新公共管理对竞争以及市场价值的过分推崇,把大量原本由政府提供的公共服务交由了市场,导致新公共管理理论从一开始就受到了不少学者的质疑。有学者就提出竞争机制"往往不自觉地受制于短期的市场价值与经营绩效而全然不知,使得政府组织反而更趋向于功能分化与专业分工,并有不断深化功能性裂解性治理的趋势"①。同时许多学者也对新公共管理理论的顾客概念提出了质疑,认为所谓顾客理念其实就是要将"企业—顾客"关系复制到"政府—公民"关系中来。顾客导向策略要求政府像企业一样,把顾客作为自己的衣食父母,站在顾客的角度和立场思考问题,将政府绩效的评估和满足顾客的需求结合起来,从而达到满足顾客需求,避免官僚制的僵硬和缺乏回应性的缺点。就这一点而言,顾客导向策略确实体现了开放、民主、服务的治理理念,将其引入到公共管理领域确实有助于促成政府对公众需求和偏好的回应性。但是,顾客导向理念也并非完美无缺。美国学者登哈特认为,将公民视为顾客,其实是矮化了公民的政治地位。因为,作为公民的公众并不仅仅像顾客那样被动选择企业供给的产品和服务,还有权参与公共事务管理的全过程。因此,"公民权还意味着一种生活方式,这种生活方式包含着对社区及其成员的承诺,包含着对公共事务的一种重要参与水平,并且包含着一种将个人自己的利益置于更广泛的社会利益之下的临时意愿⋯⋯"②。事实上,包括密尔在内的一些政治理论家,早就"把公民参与视为民主政府的一种至关重要且必不可少的因

---

① Perri 6, Diana Leat, Kimberly Seltzer and Gerry Stoker, *Towards Holistic Governance*: *The New Reform Agenda*, New York: Palgrave, 2002, pp. 212 – 213.

② [美]珍尼特·登哈特·罗伯特·登哈特:《新公共服务:服务而不是掌舵》,中国人民大学出版社2004年版,第44页。

素"，"良好的政府……依赖于……社会人的品质，正是这些人组成了政府被施加于其上的社会"。① 我国台湾学者吴琼恩认为，"把公民视为政府的顾客，而非政府的'老板'，将公民与政府之间的复杂关系简约为市场上的买卖关系，因而降低了公民在治理中的角色与责任，难以培养公民的主动积极精神或公民美德"②。我国学者辛传海也指出，公共服务中顾客导向这种"市场理念向政治生活的不断渗透会加剧对正在受到侵蚀的公民责任与公民参与的损害"③。虽然有这些批评，但新公共管理理论依然坚持了其对市场价值以及企业管理经验的推崇，而且其批评的大政府模式存在的政府职能范围过大、官僚主义、效率低下以及缺乏回应性等问题确实是当时西方政府管理的现实，就这一点而言，即便批评新公共管理理论的学者们也不得不承认。更重要的是，很多西方国家在新公共管理理论指导下所采取的矫正大政府垄断性管理模式的改革实践也取得了明显的实效，这同样是不可否认的事实。所以尽管该理论从开始提出就因其过分强调竞争和市场作用，并大量引入企业管理的经验，从而抹杀了公共管理与私人管理的不同而受到大量质疑，但依然在许多国家的行政改革中被广泛使用。

只是无论新公共管理理论怎么强调市场竞争的价值和重要性，进而尽可能缩小政府职能的范围，将原本由政府承担的公共服务通过社会化和市场化的路径转移给社会组织和市场主体，甚至将非政府公共组织纳入了公共行政的主体，但它依然无法解决政府在新公共管理理论出现之前所面临的种种弊端，诸如政府财政压力凸显、政府垄断性供给等。首先，非政府公共组织作为公共行政的主体参与公共服务供给，无法改变提供公共服务的资金还是以政府财政供给为主的格局。非政府公共组织对资金的贡献量是非常有限的，它们更多还是借助提供公共服务来换取政府财政资金的给予才得以生存，其本身并没有创造社会财富并盈利的

---

① 转引自［美］珍尼特·登哈特、罗伯特·登哈特《新公共服务：服务而不是掌舵》，中国人民大学出版社 2004 年版，第 45 页。

② 吴琼恩：《公共行政学发展趋势的探究：三种治理模式的互补关系及其政治理论基础》，《公共行政学报》（台北）2002 年第 7 期。

③ 辛传海：《公共服务：是"顾客主权"还是"公民主权"》，《云南行政学院学报》2004年第 2 期。

功能。其次，这种格局也没有真正改变政府与市场二元分离的思维定式。政府职能无论是移交给其他非政府组织还是移交给竞争性企业，强调的依然是转移，而不是合作。实践也一再证明，这种单纯将政府职能卸载下来转移给其他私人治理主体的做法，并不能保证公共服务的质量和效率。政府、私营部门以及社会组织各有优势，我们可以把划桨性职能甚至个别的掌舵性职能加以私有化，但不能把所有的掌舵性职能都交由私人治理主体。如果这样做，我们就会失去做出集体决策的机制，就没有规范市场行为的途径，也会失去强制执行的手段，同时也将丧失社会公平感和利他主义精神。无论是为无家可归者提供住房，还是为穷人提供健康医疗，任何不能赚钱盈利的社会服务都将不复存在。社会组织怎么也挑不起这副担子，企业更挑不起这副担子，因为社会组织没有这样的力量，而企业的牟利性也决定了其不愿挑起这样的重担。企业做某些事虽然比政府强，但政府做某些事却又比企业强，比如公共部门在政策管理、规章制定、保障平等、防止歧视或剥削、保障服务的连续性和稳定性，以及保持全社会的凝聚力等方面一定更胜企业一筹。所以，对市场机制的倚重，或者公共服务的社会化和市场化，不能只关注其对政府职能的卸载，更要关注政府职能移交给私人治理主体之后的整个治理过程，在这个过程中，政府依然要发挥重要作用。换句话说，实行公共服务的社会化和市场化，并不表示政府把职能移交出去就万事大吉了，而是要在与接收政府职能移交的私人主体的合作治理中，实现多方优势互补，才能提高公共服务的质量和效率。因此，虽然走向现代社会结构中呈现出的利益多元需求、权力分散制衡、组织异质独立、环境复杂脆弱的特点，使得"传统的政府全能主义的公共服务供给模式已经越发难以适应"[①]，但简单地将政府职能转移给私人治理主体也无法从根本上解决问题。这就要求彻底改变政府与市场非此即彼的二元分离思维定式，在政府与市场之间架起新的合作共治的机制。这一新的合作供给机制将解决长期以来困扰公共行政的一个基本问题：公共服务的公共属性要求政府这一公共组织的存在；政府作为唯一的公共服务主体的垄断性又不可避免地陷入官僚主义、效率低下、缺乏回应性、腐败等问题。这种公私合

---

① 郁建兴等：《治理：国家与市民社会关系理论的再出发》，《求是学刊》2003 年第 4 期。

作供给机制不仅将打破政府的垄断性供给主体地位，将非政府公共组织、私人企业甚至公民个体都引入公共服务供给机制之中，更强调了多元主体之间的合作共赢，发挥每个主体的自身优势，实现"1＋1＞2"之效应。这种新的公私合作供给机制也就意味着政府不能再高高在上地享有垄断性供给公共服务的傲慢与偏见，需要在与其他治理主体的平等合作中承担公共事务的治理责任；意味着政府供给公共服务的权力不再是与生俱来的特权，其他非政府主体在一定的制度安排下通过竞争也可以承担公共服务供给责任；意味着公共服务将更多借助政府与其他治理主体包括企业、社会组织甚至公民个体之间的合作来供给，而不是单纯地要么是政府供给、要么是市场供给；还意味着公共行政的研究重点不再仅关注政府与市场的分工，而更关注二者之间的合作，以及合作中如何定位各自的角色和行为方式才能实现优势互补等。

如果说新公共管理理论将大量的公共服务事项转移给非政府公共组织和企业，推行公共服务的社会化和市场化，一开始只是为了借助市场机制的竞争以及企业管理的经验，来帮助政府解决其面临的效率低下、官僚主义以及缺乏回应等现实问题的话，那么，随着政府之外的私人治理主体越来越多地介入到公共服务的供给机制之中，人们很快就意识到了公私治理主体之间合作的重要性，而且这种合作还必须是一种基于平等基础上的协商、谈判、合意等。这些理念显然已突破了新公共管理的理论范畴。20世纪90年代，一个对新公共管理理论进行修正和补充的理论——治理理论——的强势崛起，给这种新的公私合作机制所需要的协商、平等、合作等新理念提供了有力的理论支撑。

1989年，世界银行在《撒哈拉沙漠以南：从危机到可持续发展》报告中，首次使用了"治理危机"（crisis in governance）这一概念。随之"治理"概念开始风靡全球。1992年世界银行年度报告的标题用的就是"治理与发展"。为加强全球治理，联合国有关机构还成立了一个"全球治理委员会"，并创办了一份名为《全球治理》的杂志。整个20世纪90年代，"治理"成了一个热词，正如研究治理问题的专家鲍勃·杰索普（Bob Jessop）所说，"过去15年来，它（治理）在许多语境中大行其道，以至成为一个可以指涉任何事物或毫无意义的时髦词语"①。联合国社会发展研究所副主任休伊特也指出:"今天的国际多边、双边机构和学术团体以及民间志愿组织关于发展问题的出版物很难有不以它(治理)为常用词汇的。"② 弗里德里克森甚至发出感叹: "治理,治理,到处是治理。"③ 由此可见,治理理论一经出现,就在全世界范围内引起了巨大反响。

治理理论认为治理与统治是有根本性不同的,二者最主要的区别在于对权威的理解。虽然治理并不否认权威的存在,但它认为这个权威并非一定是政府机关,也可以是私人机构,还可以是公共机构和私人机构的合作。治理是政治国家与公民社会的合作、政府与非政府的合作、公共机构与私人机构的合作、强制与自愿的合作。④ 这就意味着政府不再是唯一的国家权力中心,除了政府之外,还包括其他非政府公共组织、企业甚至公民个体。治理理论的代表性学者杰瑞·斯托克(G. Stoker)提出,"治理理论始于认识到公共行政的主体已经超出了多层级的政府机构,而延伸至社区、志愿部门和私人部门,这些部门在公共服务及项目实施中所扮演的角色是治理视角关注的重要领域"。"治理理论对公共管理的关注焦点——组织和行为主体——进行了重新定义。传统公共行政在具体组织内关注政治—行政二分带来的管理挑战,以及这些组织内部的政策制定、预算和实践;治理视角则认为大量存在于组织和行为主体间的复杂关系也应该是关注的焦点。"⑤ 治理理论显然跳出了新公共管理以及之前公共行政对政府本身的研究限制,将关注点扩大到了政府之外的其他非政府公共组织、营利性的企业以及公民个体,并且强调了各主体之间的合作关系,以及由合作关系而延伸出的各种管理需要。正是基

---

① 〔英〕鲍勃·杰索普:《治理的兴起及其失败的风险:以经济发展为例的论述》,《国际社会科学杂志》1999 年第 2 期。

② 转引自魏涛《公共治理理论研究综述》,《资料通讯》2006 年第 7、8 期。

③ H. G. Frederickson, "Whatever Happened to Public Administration? Governance Governance Everywhere", in Evan Ferlie, Lawrence E. Lynn & Christopher Pollitt, eds. , *The Oxford Handbook of Public Management*, New York: Oxford University Press, 2005, pp. 282 – 304.

④ 俞可平:《全球治理引论》,《马克思主义与现实》2002 年第 1 期。

⑤ 〔英〕杰瑞·斯托克:《地方治理研究:范式、理论与启示》,《浙江大学学报》(人文社会科学版)2007 年第 2 期。

于治理理论对新公共管理理论的这种矫正与补充，有学者就提出，"随着现实世界中治理的发生，我们现在称之为'公共行政的东西也将被造就成全新的；或者说，一个全新的东西将为了'公共行政'而被造①。斯托克就明确提出了基于治理的"公共价值管理范式"，并称之为继传统公共行政、新公共管理之后的第三种公共行政范式。② 这种全新的东西或者新范式就是基于治理理论的公私合作供给公共服务新模式。新模式强调两个主要概念："首先，公共问题解决是一项合作事业，不仅涉及政府机构还包括社会组织，可能还包括私人企业；其次，一个新的认知即由此产生的关系远非容易管理，而是很难管理。"③ 正如奥斯本所言，"今天我们问题的根本之处不是政府太大或者政府太小。我们问题的根本之处在于我们政府的类型错了。我们不需要什么大政府或者小政府，我们需要一个更好的政府。说得更精确一点，我们需要更好的政府治理。而政府治理指的是我们共同解决自己的问题和满足我们社会需要的实施过程"④。

　　显然，无论是大政府还是小政府都无法真正解决我们所面临的问题，将政府作为治理主体之一，更多引入其他治理主体以形成一个多元合作治理、优势互补的格局才是根本出路。哈伦·克利夫兰在《知识型经理》中写道："我们将乐于见到公私部门间界限的模糊，不再试图在水中划一条正在消失的界限，这样我们的日子会很好过。"⑤ 所以，政府与市场之间既非替代，也非此消彼长，而应是共生共存、互补互促的关系，政府与市场的边界也将越来越模糊。公私合作供给公共服务的新模式对传统的政府与市场二元分离思维模式的超越就在于，它既不是完全的私有化，也不是传统的政府垄断性供给，而是一种新的合作制度，一种介于私有

---

① T. J. Catlaw, "From Representations to Compositions: Governance beyond the Three-Sector Society", *Administrative Theory and Praxis*, Vol. 29, No. 2, 2007, pp. 225 – 259.

② G. Stoker, "Public Value Management: A New Narrative for Networked Governance?", *American Review of Public Administration*, Vol. 36, No. 1, 2006, pp. 41 – 57.

③ 王浦劬、[英] 莱斯特·M. 萨拉蒙等：《政府向社会组织购买公共服务研究：中国与全球经验分析》，北京大学出版社 2010 年版，第 217 页。

④ [美] 戴维·奥斯本、特德·盖布勒：《改革政府：企业精神如何改革着公营部门》，上海译文出版社 1996 年版，第 25 页。

⑤ 参见 [美] 戴维·奥斯本、特德·盖布勒《改革政府：企业精神如何改革着公营部门》，上海译文出版社 1996 年版，第 20 页。

化与政府之间的中间道路。这里的真正问题并不是如何在市场和政府之间进行选择，而是如何在它们之间达到一种最佳的平衡状态，以及如何管理这一平衡过程中所产生的各种问题和关系。政府项目不断增长的复杂程度、财政紧缩带来的实际压力、对合作理念的逐渐吸纳，以及尽可能地搜寻可利用的专门技术，所有这些问题都势必会增加政府对包括非政府公共组织、企业甚至公民个体等私人治理主体的借助。公私合作供给公共服务已是理论发展的必然。

二　公私合作供给公共服务机制的"1+1>2"效应

公共行政的理论演进到今天，已经证明那种单靠公共组织自身的力量来供给公共服务的模式，无法满足公众对公共服务的需求。由政府与其他私人治理主体合作供给公共服务已然成为一种全球趋势。"公共服务提供的逻辑结构由科层逻辑和市场逻辑逐渐向网络逻辑演化"①，在这种网络逻辑中，公共服务的供给将不再因其公共性，天然交由公共组织来提供，而是由政府牵头借助其他治理主体，基于多方的协商与合意而形成的合作共治网络来实现。而且，"在合作治理条件下，政府权力的外向功能会削弱，治理主体不会再依靠权力直接作用于治理对象"②，更多体现为一种与政府之外的治理主体之间的合作共治。公共服务的合作供给模式传递的也不再是市场与政府非此即彼，或者你死我活的竞争理念，而是利益共享、风险共担的合作理念。马歇尔在其《经济学原理》中曾明确地指出了合作比之于竞争的重要性。在他看来，"竞争可以是建设性的，也可以是破坏性的；即使其为建设性的时候，竞争也没有合作那样有利"③。在这种新的合作供给模式中，尽管政府会更多地求助于私人治理主体，通过将职能下放给这些私人治理主体以减轻公共预算压力，但这并不意味着由私人治理主体取代政府这一主体，而是一种相互合作的

---

① 唐任伍、赵国钦：《公共服务跨界合作：碎片化服务的整合》，《中国行政管理》2012年第8期。

② 张康之：《论参与治理、社会自治与合作治理》，《行政论坛》2008年第6期。

③ ［英］阿尔弗雷德·马歇尔：《经济学原理》上，商务印书馆1983年版，第26页。

方法，即用"合作模式"取代"私有化模式"。政府依然要对公共服务的最终结果负责，因此政府在整个合作过程中都要担负起对私人治理主体的监督职责，以确保公共利益的实现。"经验表明，保持政府对社会组织运作的监督和管理，以及通过合作关系规定的新方法执行公共行动的能力，是十分重要的。"① 这种公私合作供给机制既可以避开包含重要理论冲突的极端私有化和市场机制的不足，也可以解决公共部门因垄断造成的业绩不佳和效率低下等困扰，从而发挥公私两类主体的各自优势，即公平与效率的兼顾，实现"1 + 1 > 2"的效果，最终达至多方共赢。

对于私人企业而言，其主要优势在于竞争压力下的效率追求、先进的管理技术及理念，专业化的人力资源储备和专业知识和资金等。企业在完成经济任务、创新、推广成功的试验、适应迅速的变化、抛弃不成功的和过时的活动、完成复杂的或技术性任务方面更胜一筹。正如有学者指出的，企业"在降低公共服务项目工程造价，减少交易费用，降低公共服务项目运行成本，用先进的理念、技术去管理合作项目"② 等方面的优势是很明显的。因此，"产业运营由私营部门主导，不仅发挥了资金筹集和管理方面的优势，而且由于其明晰的产权结构中内在的激励性而具有更敏感的市场边际效应能力，从而明显地提高了基础设施的经营效率"③。所以，私人企业的核心优势在于"效率"。其原因在于：首先，它们不必遵守公务员必须遵守的各种繁文缛节，可以更灵活地行动；其次，它们有着比公共部门更多样化也更有效的激励手段，可以更大程度地激发员工的工作积极性；最后，企业的运营成本要远远低于公共部门。私人部门之间的竞争性是其运营成本低于政府的关键因素。公共部门与私人部门的问题很重要，但竞争与非竞争的问题往往更重要。一项研究就发现，在拥有竞争的社区中提供电力服务，不论服务的供应商是政府还是私人承包商，成本都会下降11%左右。其实，私人垄断也像政府垄断一样，不会产生效率。问题的关键是保证竞争的存在，而不是权力的

---

① 王浦劬、［美］莱斯特·M. 萨拉蒙等：《政府向社会组织购买公共服务研究：中国与全球经验分析》，北京大学出版社2010年版，第215—216页。

② 石国亮：《公共服务合作供给的生成逻辑与辩证分析》，《江海学刊》2011年第4期。

③ 曹远征语，参见［英］达霖·格里姆赛、［澳］莫文·K. 刘易斯《PPP革命：公共服务中的政府与社会资本合作》，中国人民大学出版社2016年版，再版序第4页。

归属。① 私人企业参与公共服务的合作供给也是有利可图的，其原因至少有三：第一，新机制为私人组织开辟了新的市场空间和经营渠道。在传统的政府垄断性供给模式中，私人组织是没有机会染指公共服务项目的。随着现代社会公众对政府公共服务的需求越来越多，公共服务项目的空间巨大，新的公私合作供给机制为私人组织介入公共服务项目提供了机会。第二，新的公私合作供给机制为私人组织提供了新的长期稳定的获利机会。采用公私合作供给机制的项目一般来说牵涉的资金量都会很大，特许私人合作主体运营的时间也会相对较长。私人合作主体一旦得到这样的合作机会，就意味着得到了可以长期经营的项目，如果经营得好就可以长期稳定地获利。私人组织大多数都不是公益性组织，它们之所以愿意参与到公共服务的供给机制中来，很重要的一点就是看重了公共项目的长期性，以及由这种长期性而带来的稳定的盈利机会。第三，新的公私合作供给机制也为私人组织宣传和树立组织形象提供了机会。作为公共服务项目的合作主体，私人组织有了和更多公众直接接触的机会，毕竟公众才是公共服务的最终消费者，这对私人组织来说也是在公众中树立组织形象的一个良好机会。所以，一些拥有战略思维和发展眼光的私人组织并不会孤立地计算其参与某一个公共服务合作供给项目的盈利如何，而会将与政府合作供给公共服务看作一个宣传和树立组织形象的机会。一旦组织的良好形象树立起来，那么它就可以在其他类似项目，无论是市场类项目，还是与政府合作的公共服务类项目中拥有更强的竞争力，获得更多盈利的机会。因此，私人组织往往都会珍惜和政府部门合作的机会并放眼未来，为组织在之后的市场竞争以及与其他私人主体的竞争中确立优势。以瑞典斯堪斯卡公司（Skanska）为例，该公司是全球最负盛名的国际承包商之一。公司成立于1887年，总部设在瑞典，全球47000名员工。该公司股票在斯德哥尔摩股票交易所上市，每年同时经管的工程项目总和高达15000个，是世界上第二大国际承包商，2014年总收入大约为1050.73亿元，其中81%的收入来自国际项目。斯堪斯卡集团公司之所以能够如此成功，重要的一点是其明确的商业模式，即通

---

① ［美］唐纳德·凯特尔：《权力共享：公共治理与私人市场》，北京大学出版社2009年版，第131页。

过国际承包项目快速获利，然后返回给自己经营的长期投资项目，以便获得更加高额的长期回报，同时加强股东的认同感，获得股市的青睐，股票升值。而公司长期投资的项目就是基础设施中的 PPP 项目。斯堪斯卡公司很早就进入了英国 PFI 市场，PPP 业务占集团年总收入的 28%，全球拥有超过 15 个超大型 PPP 项目，其中最著名也最成功的项目是伦敦市圣巴斯和皇家伦敦医院项目，该项目是英国历史上最大的公私合作医疗项目，项目价值 11 亿英镑，特许经营期 42 年（2006—2048 年）。这个项目带给斯堪斯卡的益处是非常大的：一方面帮助公司在英国 PPP 市场站稳脚跟，另一方面凸显其在医疗领域的专注度和操作能力，因此该公司在之后获得了很多类似的项目，其中就包括瑞典最大的医疗 PPP 项目。这就是合作共赢的典范。

对政府方来说，其优势在于对公共需求的敏感性、对国家法律法规即公共政策的把控，以及作为公共利益代理者的政治自觉和法律约束等。"因其拥有制定规则的权力，可进行不完全对称性的制度设计和安排，特别是在市场准入、价格形成和公共服务方面监管和督促运营企业为社会提供不间断的物美价廉的产品和服务。"[①] 所以，政府的核心优势在于"公平"。在公私合作机制中，政府通过合同谈判、价格指导、过程监管等工作将政府对社会公平的追求转化为对私人组织的具体要求。私人组织无论是要得到合同，还是在最终的绩效考核中赢得政府的认可，得到政府或消费者的资金支付，都必须满足政府的这些要求。同时，政府借助私人治理主体的资金、技术、管理和竞争等优势，既可以弥补政府财政资金的不足，增加公共服务供给的规模；也可以借助私人主体之间的竞争提高公共服务供给的质量和效率，并借此赢得更多的公众支持和信任。民心是最大的政治，获得公众的信任和支持就赢得了民心，这就是政府最大的"赢"。

对于非政府公共组织而言，其优势在于在完成微利或者无利可图的任务、需要有同情心和对个人关心尊重的任务、需要顾客或当事人方面具有广泛信任的任务、需要亲自动手和直接关心的任务以及牵涉到贯彻

---

① 曹远征语，参见［英］达霖·格里姆赛、［澳］莫文·K. 刘易斯《PPP 革命：公共服务中的政府与社会资本合作》，中国人民大学出版社 2016 年版，再版序第 4—5 页。

道德准则和个人行为职责的任务方面，倾向于更胜一筹。① 新的公私合作供给机制也为非政府公共组织参与公共事务的治理提供了一个绝佳的发展时机。尼古拉斯·迪金认为，"今天，前所未有的机遇正将民间团体置于一切的中心。民间团体还是和以前一样散乱、不均、复杂，但是事实证明它们完全可以和商业企业或政府一样有效率。事实还证明，面对一些重大问题，如气候变化，民间团体能适时做出所需的变化。民间团体已经演化出了一贯的价值观和信念，这让它能够大步前进，在寻求市场、政府和民间团体这三大资金来源的平衡上发出更大的声音"②。而在帕特南看来，"自愿的合作可以创造出个人无法创造的价值"③，而非政府公共组织就是建立在这种自愿合作基础上的组织。

对公众而言，由于政府与私人治理主体合作供给公共服务的最终目的是更好地满足公众的公共服务需求，所以公众作为公共服务的直接消费者也将是合作供给机制的最大收益方。公众不仅可以获得更多更好的公共服务，还可以通过合作供给模式所提供的开放透明的参与平台，监督政府财政资金的使用情况，让自己缴纳的税费最大限度地发挥其效益。同时，公众还可以通过参与公共服务的供给，提升自己的公民意识，锻炼自己参与公共事务的技巧和能力，并在这种合作中逐渐意识到，每一位公民作为公共服务的最终享用者不仅有参与的权利，在一定的范围和条件下也有参与的义务。比如，在这种公私合作机制中，很多地方的社区服务都开始借助大量的志愿力量，而这些志愿力量就是由一个个个体的公民组成的。

公私多方力量的加盟不仅可以丰富公共服务的供给力量，也必将为公共服务的供给提供无限生机和可能。美国知名学者也是诺贝尔经济学奖得主埃莉诺·奥斯特罗姆以美国 80 个城市的警察服务为例，认为单靠传统的、集权的官僚制组织（单中心）已经不能管理复杂的公共服务。公共服务的复杂秩序需要分权的多中心治理体制和多元化的公共服务供

---

① 〔美〕戴维·奥斯本、特德·盖布勒：《改革政府：企业精神如何改革着公营部门》，上海译文出版社 1996 年版，第 23 页。

② 〔英〕尼古拉斯·迪金：《政府、民间团体和企业在英国社会福利中的协作伙伴关系》，《行政管理改革》2010 年第 7 期。

③ 〔美〕罗伯特·D. 帕特南：《使民主运转起来》，江西人民出版社 2001 年版，第 215 页。

给主体。对此，她提出了六种不同的公共服务制度安排，包括政府自己生产、政府外包给一个私营企业、政府外包给另一个政府、政府自己生产一部分而从其他组织得到一部分、政府授权给不同的生产者并规定服务标准而由消费者自己选择服务提供者、票券制。[①] 在这六种公共服务的制度安排中，就包含着政府与企业、社会组织等不同治理主体的合作。美国民营化理论大师萨瓦斯历时 30 年考察了 30 个国家的公共服务，更是提出了公共服务供给的 10 种制度安排。[②] 这 10 种制度安排中一个至关重要的理念也是合作共治，即政府与私人治理主体包括企业、社会组织甚至公民个体合作提供公共服务。这种合作治理作为一种新型的治理路径，是对以公私合作为基础提供公共服务的治理过程与形态的概括，是对现代国家公共部门与其他部门之间关系的重大调整。从这个意义上来说，这种新的公私合作共治模式，既不同于以往纯粹的自由放任型的市场经济，也不同于 20 世纪 30 年代的"凯恩斯主义"，而是像安东尼·吉登斯所说的"超越左与右"，走的是一条"第三条道路"。总之，从单一中心走向多中心治理，政府与市场、社会结成契约或伙伴关系，已成为国际性趋势。[③]

三 公私合作供给公共服务机制的国际实践

随着公私合作供给公共服务的理念日益深入人心，许多西方国家基于现实的需要，已经将大量的私人组织引入了公共服务的供给机制，即实行由政府与其他私人治理主体包括企业、非政府组织甚至公民合作供给公共服务的新模式。从 20 世纪 80 年代开始，西方很多发达国家就已经开始重新邀请企业参与基础设施的建设和运营。进入 90 年代，这些国家的政府更是全面拓展了在公共服务供给领域与私人主体的合作关系。英国率先将公共服务和公共物品合作供给的理念付诸行动。英国的 PFI 模式

---

① 参见［美］奥斯特罗姆、帕克特、惠特克《公共服务的制度建构——都市警察服务的制度结构》，上海三联书店 2000 年版。

② ［美］E. S. 萨瓦斯：《民营化与公私部门的伙伴关系》，中国人民大学出版社 2002 年版，第 70 页。

③ 同上书，第 4 页。

是 1992 年由保守党政府提出的，1997 年在工党政府时期继续延续。截止
到 2003 年 7 月，已经有 451 个 PFI 项目竣工并投入运营，其中包括 34 家
医院、119 个健康计划、239 所新建和翻新的学校、23 个新交通工程、34
个新建消防队和警察局、13 所新监狱和安全培训中心、12 个废物及水处
理项目，以及包括国防、休闲、文化、住房和 IT 等在内的 167 个项目。
受英国财政部委托，伦敦经济学院和安达信会计师事务所于 2000 年 1 月
联合发布了一份评估报告，报告分析了采用 PFI 模式的 29 个项目，结论
是 PFI 比传统采购平均节约 17% 的资金。英国国家审计署通过独立分析
15 个 PFI 项目，也认为总共节约了 20% 的成本。[①] 在英国的影响下，这
一合作供给机制迅速扩展至美国、加拿大等国家。在美国加利福尼亚州，
一个拥有 4 万人口的城市，仅 55 名雇员管理着 60 多项服务合同，另一个
拥有 6 万人口的社区只拥有 8 个市政工人，达拉斯的一个郊区政府已经接
近私有化管理的终极模式——一个秘书负责管理整个承包服务系统的所
有文件工作。与此同时，欧盟、联合国、经济合作与发展组织以及世界
银行等也在全球范围内积极推广公私合作供给机制，并迅速扩大到包括
中国在内的许多发展中国家，从而在全世界范围掀起了一股热潮。

四　公私合作供给公共服务的中国意义

公私合作供给公共服务的模式对我们国家更有着远超西方发达国家
的现实意义。由于历史的原因，长期以来我国一直奉行大政府模式，在
与百姓生活有关的一切公共服务的供给中，政府既是提供者，又是生产
者，形成了对公共服务的垄断性供给。在中国经济高速发展的很长一段
时间里，政府开启了几乎全方位的公共服务供给，不仅包括大量的公共
工程类项目，如高速公路、体育馆、机场及其他各类基础设施，同时也
包括基本公共服务的供给如义务教育、医疗卫生和社会保障的兜底式探
索。尤其是 2003 年之后，2003 年通常也被学者认为是中国服务型政府建
设的起始年。应该说，在这个时期由于我国经济的高速发展所积累的政

---

① ［英］达霖·格里姆赛、［澳］莫文·K. 刘易斯：《PPP 革命：公共服务中的政府与社
会资本合作》，中国人民大学出版社 2016 年版，第 162—163 页。

府财政资金的相对充盈，即便是政府作为公共服务几乎唯一的供给者，我国的公共服务供给数量和质量还是有了很大的提升，基本实现了很多领域公共服务的从无到低水平、广覆盖，再到几乎全覆盖的历史性突破，成绩自然是不容置疑的。但随着我国经济发展方式的转型，即由高速增长阶段进入中高速增长阶段，发展模式也由追求高速度改变为追求高质量，尤其是其中的土地财政政策的逐渐式微，作为几乎唯一公共服务供给主体的政府的财政越来越捉襟见肘，债务也成为戴在地方政府头上挥之不去的金箍。地方财政困难问题在1994年分税制改革以后就逐渐显现，于2000年前后以矛盾爆发的形式集中反映出来。1995年，全国2159个县级财政中，有赤字的还仅为132个，占比6.1%；至1999年，全国2030个县级单位中，有赤字的县达到706个，财政补贴县914个，两者共计1620个，占比达到80%以上。[①] 此后地方债务一直没有得到很好的解决，甚至有越来越严重的趋势。但同时，随着我国经济社会的快速发展，人们对美好生活的向往又要求政府不能只满足于低水平的公共服务供给，而是提出了越来越多、越来越高的公共服务需求。作为一个以人民为中心的政府、一个服务于民的服务型政府，自然要对这些需求做出回应。但"官僚体制所固有的经济人假设、低效率的垄断配置、激励机制的缺失、缺乏有效的评估'基准线'等弊病之影响，行政型供给模式的绩效结果与实际期望往往相去甚远，常常出现服务成本居高不下、服务效率低下、服务态度差强人意、缺乏回应性等情形"[②]，中西概莫能外。这样，我们政府面临的局面就是：一方面是公众的服务需求越来越高，这是建设让人民满意的服务型政府之改革定位的必然要求；另一方面是政府垄断性供给公共服务模式的不可持续和弊端丛生。如何破解这一困境？走向一种公共部门与私人治理主体合作供给的新模式，对于中国政府而言也是一个必然的选择。正如有学者所言"这场始于20世纪80年代，以政府和社会资本合作为主要内容的全球性制度革命，虽然静悄悄，但领域如此广泛，影响如此深远，正在持续、深刻地改变着我们所处的

---

① 王绍光：《乡镇财政问题的观察与思考》，《山东社会科学》2007年第11期。
② 詹国彬：《公共服务逆向合同外包的理论机理、现实动因与制度安排》，《政治学研究》2015年第4期。

经济社会环境,不能不关注"①。

2013 年 7 月 31 日,李克强总理在主持国务院研究推进政府向社会力量购买公共服务的常务会议上明确表示,"要放开市场准入,释放改革红利,将适合市场化方式提供的公共服务事项,交由具备条件、信誉良好的社会组织、机构和企业等承担"。党的十八届三中全会更进一步指出:要"推广政府购买服务,凡属事务性管理服务,原则上都要引入竞争机制,通过合同、委托等方式向社会购买",以及"允许社会资本通过特许经营等方式参与城市基础设施投资和运营"。② 由此可以判断,更多通过政府与私人治理主体包括企业、社会组织甚至公民个体合作供给公共服务,而不是政府垄断性供给公共服务,将是我国公共服务供给机制的一个重大调整。这也就意味着中国 40 年改革在经历了第一个重大转折即将私人物品生产领域向民间开放后,又开启了第二个重大转折,即将一部分公共物品的生产领域向民间开放的新阶段。党的十九大更进一步提出"打造共建共治共享的社会治理格局","要创新社会治理思路,通过政府购买服务,开放公共服务市场,鼓励和引导企事业单位、社会组织、人民群众积极参与社会治理"。③ 这一新的社会治理格局显然就是一个公私合作共治的格局。

虽然中国公共服务的合作供给机制的探索最早缘起于地方政府的财政压力,而不得不借助私人组织的资本来合作提供公共服务,但公共服务合作供给机制之探索一经开端,就立即感受到了这种合作供给理念的魅力及其对提升国家治理能力的重要支撑作用。公私合作供给机制带给政府的并不仅仅是企业的资金、先进的管理理念、专业知识和竞争意识,还有社会组织和公众的公共精神和公益行为等多方面的影响。在我国这个新的合作共治的社会治理格局中,不仅有公共组织与公共组织之间的合作,即如凯特尔所言,在整个 20 世纪,公共行政发生的最大变化"就是公共组织中不断增长的互相依赖性,它改变了公共行政管理人员的传

---

① 曹远征语,参见〔英〕达霖·格里姆赛、〔澳〕莫文·K. 刘易斯《PPP 革命:公共服务中的政府与社会资本合作》,中国人民大学出版社 2016 年版,再版序第 2 页。

② 《中共中央关于全面深化改革若干重大问题的决定》,人民出版社 2013 年版,第 18 页。

③ 《党的十九大报告学习辅导百问》,党建读物出版社、学习出版社 2017 年版,第 155—156 页。

统工作方式，使得公共机构间必须建立紧密的联系"①；更有公共组织与私人治理主体之间的广泛合作。观察我国公共服务的实践领域，这种合作治理的理念已显见于构建跨越不同行政区域、层级和部门或公私领域的多元主体参与的治理安排，这些治理安排已达成单个主体难以实现的治理目标，增进了公共利益。② 在越来越多的公共工程中，私人治理主体的参与蔚然成风。根据世界银行的统计，2015 年，全球对基础设施的投资总额达到 1116 亿美元。其中，包括中国、巴西、印度在内的新兴市场经济体的 PPP 投资规模达到 999 亿美元，创历史之最。根据我国财政部 PPP 中心的数据统计，截至 2018 年 6 月，我国政府和社会资本合作（PPP）综合信息平台项目管理库累计项目数 7749 个、投资额 11.9 万亿元，且均已完成物有所值评价和财政承受能力论证的审核，覆盖 31 个省（自治区、直辖市）及新疆兵团和 19 个行业领域。4 批示范项目共计 1009 个，投资额 2.3 万亿元。储备清单项目 4800 个，投资额 5.4 万亿元，成绩斐然。这种公私合作供给机制"对正处于中华民族从未有像今天这样接近伟大复兴的历史时期，在城市化进程的关键时刻，对包括'硬的''软的'在内的基础设施全面深刻而不是浅尝辄止的理解和体会，精心细致的而不是粗枝大叶的操作和管理，是国家治理体系和治理能力现代化建设中的有机组成部分，是中国经济社会可持续发展的重要一环，因此不能不倍加关注"③。事实上，"这一两年在中国的改革发展中，PPP 合乎逻辑地成为我们在新的阶段上的重要创新内容，其发展总体而言仍属动员和培育期，可说是方兴未艾，而且从潜力上和现在的态势上讲，是很有希望以后逐渐进入如火如荼的境界的"④。

2017 年 10 月 18 日，习近平总书记在党的十九大报告中强调，中国特色社会主义进入新时代，社会主要矛盾已经转化为人民日益增长的美好生活需要和不平衡不充分的发展之间的矛盾。在这种不平衡不充分的

---

① Donald Kettl, "Governing at the Millennium", in *Handbook of Public Administration*, 2nd ed., edited by James L. Perry, San Francisco：Jossey-Bass, 1996, p. 8.

② 丁忠毅：《政府协作治理能力建设的阻碍因素及其化解》，《理论探索》2016 年第 3 期。

③ 曹远征语，参见［英］达霖·格里姆赛、［澳］莫文·K. 刘易斯《PPP 革命：公共服务中的政府与社会资本合作》，中国人民大学出版社 2016 年版，再版序第 2 页。

④ 贾康：《PPP "政热企冷"之说有偏颇》，www. chinatimes. net. cn/article/50989. html。

发展矛盾中，基础设施的不平衡不充分就是一个突出问题，是导致各地基本公共服务不平衡和不充分中的明显"短板"。据统计，目前我国人均公共基础设施资本存量，仅为西欧国家的38%，北美国家的23%，城镇化率比发达国家低20多个百分点，公私合作供给机制的空间巨大。公私合作供给公共服务机制作为传统政府垄断性供给公共服务的替代，不论在发达国家还是发展中国家，都已经得到广泛的应用，还有很多国家正在考虑实施这种模式。可以说，它已经超越党派偏好或意识形态，成为一种务实的并得到广泛应用的新机制。

当然，这种新的公私合作供给公共服务机制在为公共事务的治理提供新的力量、技术和资金的同时，也对治理过程提出了新的挑战，甚至增加了新的成本。经济学家科斯早就指出："平衡公共利益和私人利益需要每个人都'考虑整体效应'。"① 而对整体效应的考虑显然并非这些私人治理主体特别是企业的首要价值选择，它需要政府做出一系列制度安排，以保证其他治理主体在确保自身核心利益的前提下，必须关注到整体利益或者说公共利益的实现。所以，在这种新的公私合作供给公共服务的机制中，"并不像在政府控制和私人灵活性之间建立最佳行政平衡那么简单，也是在问责性和效率之间寻求平衡的问题，因为他们并不是彼此的替代品，而是政府依赖私人代理商的管理去追求公共利益的问题"②。就算公私合作供给公共服务的机制使公私之间的界限变得模糊不清，但两个部门各自独立的利益还是存在的。私人部门的利益存在不能威胁到宪法、法律和公民意愿规定政府必须追求的公共利益。因此，这种公私合作供给机制并不是将政府工作简单地转交给私人部门，而是要探索一套规范二者之间关系的一系列制度和规范，在实现各自价值和利益的前提下，还要保证公共利益的实现，其复杂性和困难程度要远大于传统公共行政一直致力于的政府与市场的分离，至少不低于这一问题。因此，针对这一新的公私合作供给机制，凯特尔得出的结论是：第一，针对社

----

① Ronald H. Coase, "The Problem of Social Cost", *Journal of Law and Economics*, Vol. 3, October 1960, p. 44.

② Don K. Price, *Government and Science: Their Dynamic Relation in American Democracy*, New York University Press, 1954, p. 3.

会需求以及国家问题的日益复杂化，公共部门和私人部门之间的联结是必然的、必要的，也是合乎人心的。政府根据假想的主题配置世界顶级专家的日子一去不复返了。如今，政府只需依靠私人部门就能够采购到其用于管理各种复杂项目所需要的专门技术，不用再将自己膨胀到令人无法接受的地步。第二，委托—代理关系所产生的各种困境都在有实际缺陷的市场中被放大了。这样，实际的公共管理就需要谨慎关注行政问题的变化及其核心问题的持久性。当然，它也需要积极的公众监督，特别是对存在潜在麻烦的公私关系，即与严重市场缺陷密切联系的公私关系。第三，委托—代理的基本问题以及不同的市场缺陷都告诫我们，在私有化问题上，我们表现出的热情有些过度。民营化只有在市场良好、信息充分、决策张弛有度和外部性有限的情况下才能发挥最佳效用。而在外部性和垄断存在、竞争受到约束、效率不是主要公共目标的情况下效果最差。民营化并不是适用于所有情景的魔力药方，提倡民营化的人也很少试着将解决方案与所要解决的问题匹配到一起。因此，要想在公共权力和私人权力之间找到恰当的平衡，似乎并不那么容易。第四，在寻找这种平衡的过程中，追求公共利益是极其重要的。毕竟，政府不是与另一个代理人打交道的另一个委托人。而大部分市场的中心任务就是寻求买方和卖方之间的折中妥协。政府比一个正在购买钢材或玻璃的汽车商或者是一家正在购买新电脑或新电话设备的公司重要得多。因为，它是公众的代表，它的目标一定要代表法律所赋予的公共利益。追求这些目标以及这些目标背后的公共利益则是政府的核心任务。① 本书认为这个结论是相对中肯的，我们既要看到公私合作供给公共服务的不可阻挡之趋势，也要充分预估这种合作供给机制对政府管理的挑战和影响，政府通过私人部门追求公共目标的做法不可避免地会产生一系列不同层次的问题。在寻找解决这些问题的答案中，政府有时会面对一种明显的紧张关系，一方面要通过与代理人进行市场性妥协的方式寻求和谐，另一

---

① ［美］唐纳德·凯特尔：《权力共享：公共治理与私人市场》，北京大学出版社 2009 年版，第31—32 页。

方面又要不折不扣地追求法律所要求的公共利益。①

　　我们既不能因其对政府管理提出的挑战而放弃这种新的公私合作供给机制，也不能简单地以公私合作供给公共服务实践中出现的一些个例性问题，而否认采用这种供给机制的必要。尽管这种公私合作供给机制在一些国家出现了"逆流"②，在个别项目上也遭遇了失败，但整体而言，这种公私合作供给机制在很多国家的很多领域还是很成功的。当然，我们也不可过分迷信这种合作供给机制，因为如果政府没有制定和管理合同的能力，没有充当精明买主的能力，单纯的政府与私人治理主体合作供给公共服务不仅毫无意义，还有可能造成公共财政的浪费，甚至使公共服务失去其公共属性，沦为社会资本牟利的一个工具。在一些规则制定或者更需公平正义的领域，政府依然要做唯一的服务供给主体。

　　总之，无论理论的演变进程还是实践的检验都已经证明，未来的公共服务供给不可能仅靠政府一家，这既无必要也无可能。我们要做的就是以更加理性的态度，努力把握这种公私合作供给机制的真谛，分析其优劣得失以及政府与私人治理主体的各自定位，在公共服务供给实践中发挥其所长，规避其所短，为我国公众提供更多更优质的公共服务，实现人民对美好生活之向往。2019 年 6 月 25 日，李克强总理在全国深化"放管服"改革优化营商环节电视电话会议上的讲话中强调："要创新服务提供方式，发挥市场机制作用，引导鼓励更多社会资本进入，形成扩大供给合力，更好满足群众多元化需求。这是一篇很大的文章。"这也是本书的研究意义所在。

---

　　① 〔美〕唐纳德·凯特尔：《权力共享：公共治理与私人市场》，北京大学出版社 2009 年版，第 32 页。

　　② 参见杨安华《政府购买服务还是回购服务？——基于 2000 年以来欧美国家政府回购公共服务的考察》，《公共管理学报》2014 年第 11 卷第 3 期。

第 一 章

公私合作供给公共服务（PPP）
机制的理论支撑

自 20 世纪 70 年代末 80 年代初的新公共管理运动引入了公共服务的公私合作供给机制以来，越来越多的国家打破了政府作为单一公共服务供给主体的格局，并越来越多地通过公私合作的方式向公众提供公共服务。有学者甚至认为"地方政府所提供的每一项服务或所履行的每一项职能都能被承包出去"①。虽然此话有些偏颇，但公共服务的公私合作供给模式也绝不仅是政府在财政压力下的权宜之计，而是有着深厚的理论支撑。

一 公共物品及其分类理论

法国著名的公法学家狄骥是最早对公共服务进行定义的学者。他认为，"任何因其与社会团结的实现与促进不可分割，而必须由政府来加以规范和控制的活动，就是一项公共服务，只要它具有除非通过政府干预，否则便不能得到保证的特征"②，或者说"公共服务就是指那些政府有义务实施的行为"③。自此之后，公共服务的供给就总是和政府这个组织紧密地连在一起，"在概念的起源上，公共服务与国家以及国家的代表

---

① James L. Mercer，"Growing Opportunities in Public Service Contraction"，*Harvard Business Review*，Vol. 61，1983，pp. 178 – 188.

② ［法］莱昂·狄骥：《公法的变迁——法律与国家》，辽海出版社、春风文艺出版社 1999 年版，第 53 页。

③ 同上书，第 50 页。

者——政府之间是紧密相连的，甚至没有公共权力和公共资源介入的服务都无法被称为公共服务"①。中国学者王浦劬也表达了相似的观点，认为"现代社会中的所谓公共服务，是指政府运用公共权力和公共资源向公民（及其被监护的未成年子女等）所提供的各项服务。公共服务与私人服务的区别在于，它们供给的主体和方式不一样"②。因此，公共服务由公共组织——政府来提供，而与之对应的私人服务则由私人组织通过市场机制来提供，似乎成了一个无须证明的定律。

但在现实的公共管理实践中，人们发现政府的公共服务种类有很多，有学者将之分为维护性公共服务、经济性公共服务和社会性公共服务。③ 所谓维护性公共服务也被称为基础性公共服务，是指那些通过国家权力介入或公共资源投入，为公民及其组织提供从事生产、生活、发展和娱乐等活动的服务，如提供水、电、气、交通与通信基础设施等；经济性公共服务是指通过国家权力介入或公共资源投入为公民和各种非政府组织从事经济活动所提供的各种服务，如科技推广、咨询服务以及政策性信贷等；社会性公共服务则是指通过国家权力介入或公共资源投入为满足公民社会发展活动直接需要而提供的服务，包括教育、科学普及、医疗卫生、社会保障、环境保护、社会治安等领域。当我们将这么多的公共服务都交由政府来提供，随着人们对公共服务的需求质量和数量要求都越来越高时，政府提供公共服务的能力就开始备受质疑，无论是政府的财力还是政府提供公共服务的能力都开始显现捉襟见肘的一面。

公共服务和公共物品（或公共产品）有着天然的联系。按一般的理解，公共服务是提供公共产品的过程或行为，公共产品是公共服务的结果或产出，公共物品则是公共服务所作用的对象，将之称为物品是更强调它的天然存在性。基于公共产品或公共物品的属性不同，公共服务的属性也会发生变化。也正是由于公共服务、公共产品和公共物品这些概

---

①　石国亮等：《国外公共服务理论与实践》，中国言实出版社 2011 年版，第 10 页。

②　王浦劬、〔美〕莱斯特·M. 萨拉蒙等：《政府向社会组织购买公共服务研究：中国与全球经验分析》，北京大学出版社 2010 年版，第 6 页。

③　唐铁汉、李军鹏：《公共服务的理论演变与发展过程》，《新视野》2005 年第 6 期。

念之间的这种不可分割性，或者说很难完全分割开来，很多研究实际上并不会严格区分这些概念，而是交替或混合使用。本书也认同这样的观点。当我们去细分公共物品时，就可以发现公共物品只是一个集合概念，它还可以有更为详细的分类。分类之后对每一类公共物品的研究则为我们打破这种公共物品天然由政府垄断性供给的思维定式提供了理论上的支撑。

有关公共物品的理论首先是由美国经济学家保罗·萨缪尔森于1954年提出的。他在其《公共消费的纯理论》一文中提出，公共物品是具有消费的非排他性和非竞争性两个特征的物品，即"每个人对这种物品的消费，并不能减少任何他人也对于这种物品的消费，在这个意义上，这种物品能为所有人共同使用"[1]。据此，萨缪尔森归纳出了公共物品在消费中的两个基本特征：一是消费的非竞争性，二是消费的非排他性。所谓非竞争性是指增加一个人对某物品的消费并不会影响其他消费者对该物品的消费规模和质量，或者说，增加一个消费者的边际成本几乎为零；而非排他性是指将一个人排除在对某一物品的消费之外几乎是不可能的，即无法排他或者排他成本很高。萨缪尔森的这一定义也成了公共物品的经典定义。在此基础上，萨缪尔森又提出了公共物品学说。该学说认为，在新古典经济学的假设条件下，市场不能生产和提供充分而纯粹的公共物品，就公共物品的提供而言，市场是失灵的。此后，萨缪尔森又多次补充论证了这一基本结论。他在其教科书《经济学》第12版中对公共物品和私人物品在消费效用上的差异进行了进一步论证，再次强调了公共物品的提供是政府的专有职责的结论。他指出："与来自于纯粹的私有物品的效益不同，来自公共物品的效益牵涉到对一个人以上的不可分割的外部消费效果。相比之下，如果一种物品能够加以分割因而每一部分能够分别按竞争价格卖给不同的个人，而且对其他人没有产生效果的话，那么这种物品就是私有物品。公共物品常常要求集体行动，而私有物品

---

① P. A. Samuelson, "The Pure Theory of Public Expenditure", *The Review of Economics and Statistics*, No. 36, 1954, pp. 387 – 389.

则可以通过市场被有效地提供出来。"① 在《经济学》第 16 版中,他又指出:"公共物品是那种不论个人是否愿意购买,都能使整个社会每一成员获益的物品。"② 在《经济学》第 18 版中,他进一步指出:"公共品是这样一类商品:将该商品的效用扩展于他人的成本为零;无法排除他人共享。"③ 因此,"公共物品是向所有人提供和向一个人提供时成本都一样的物品"④。他在公共物品理论方面的另一个重要观点就是,由于意识到公共物品具有外部性和个人的"搭便车"行为,公共物品的市场供给是无效率的,公共物品的供给主体只能是政府。这也成了公共物品由政府垄断性提供的最主要的理论支撑。自萨缪尔森提出公共物品理论以来,提供公共物品一直被理论界认定为是政府的天然职责,官僚组织成为提供公共物品的唯一合法主体。

但之后的马斯格雷夫、布坎南以及奥斯特罗姆等学者对萨缪尔森的"公共物品"概念进行了补充和矫正。布坎南在早期的理论研究中基本上也是围绕萨缪尔森的概念对公共物品进行界定的。他曾指出:"公共物品的显著特征就在于它的不可分性和非排他性。不可分意味着一个灯塔可以由许多人使用,而非排他性意味着排除潜在使用者相对来说要付出很大代价,并且是无效的。"⑤ 不过后来他发现,萨缪尔森把物品分为公共物品和私人物品两种形态显然过于简单,私人物品和公共物品只是两种极端情况,在这两者之间还存在着大量的中间状态,可以称为非纯公共物品或者混合物品。他根据非竞争性和非排他性特征这两个核心变量,将物品细分成了私人物品、俱乐部物品和纯公共物品。俱乐部物品显然并不是纯公共物品,而是另外的一种物品形态。布坎南在《俱乐部的经济理论》中首次提出准公共物品的概念,在布坎南看来俱乐部物品就是准公共物品。布坎南通过消费过程

① [美]保罗·A.萨缪尔森、威廉·D.诺德豪斯:《经济学》(第 12 版),中国发展出版社 1992 年版,第 1194 页。

② [美]保罗·A.萨缪尔森、威廉·D.诺德豪斯:《经济学》(第 16 版),中国发展出版社 2003 年版,第 48 页。

③ [美]保罗·A.萨缪尔森、威廉·D.诺德豪斯:《经济学》(第 18 版),人民邮电出版社 2008 年版,第 32 页。

④ 同上书,第 321 页。

⑤ [美]詹姆斯·布坎南:《公共财政》,中国财政经济出版社 1991 年版,第 17 页。

中的"拥挤"现象发现了俱乐部物品的存在，他认为俱乐部物品是这样的物品和服务，即它们的消费包含着某些"公共性"，在这里，适度的分享团体多于一个人或一家人，但小于一个无限的数目。因此"公共"的范围是有限的。

俱乐部物品可以适应从纯公共物品到纯私人物品中的各种形态。俱乐部物品概念的提出是布坎南对公共物品概念的最大贡献。而俱乐部物品概念的提出，显然超越了萨缪尔森对公共物品简单的公私划分。在现实的生活中，人们发现，布坎南所定义的那种属于有限公共范围的公共物品即准公共物品在生活中比比皆是，比如电影院、公共俱乐部、收费的高速公路等都是介于纯公共物品和私人物品之间的俱乐部物品，这种物品只具有非竞争性而不具有非排他性。

与布坎南发现的只具有非竞争性而不具有非排他性的俱乐部物品相对，埃莉诺·奥斯特罗姆又提出了另一种物品形态，即具有非排他性但不具有非竞争性的物品，奥斯特罗姆将之称为"公共池塘资源"（Com-mon-Pool Resources，CPR）。这类物品既不是萨缪尔森所提出的同时具有非竞争性和非排他性的纯公共物品，又不同于布坎南所提出的只具有非竞争性而不具有非排他性的俱乐部物品。当然这种物品也不简单地等同于收费物品或公益物品，而是指"一个自然或人造的资源系统，这个系统大得足以使排斥因使用资源而获取收益的潜在受益者的成本很高（但并不是不可能）"①。奥斯特罗姆的公共池塘资源概念的创新之处就在于，她将纯公共物品的非排他性特征与私人物品的竞争性特征合二为一，既突破了萨缪尔森的传统公共物品即纯公共物品概念的抽象化教条，又摆脱了布坎南俱乐部物品概念的排他性特征。无论是俱乐部物品还是公共池塘类物品，都只具备萨缪尔森纯公共物品之非竞争性和非排他性两个特征中的一个，或者说它们只具备纯公共物品的某一个特征，我们可以把这类物品统称为"准公共物品"或"混合性公共物品"。基于布坎南和奥斯特罗姆对公共物品种类的补充，我们可以发现，日常生活中政府所提供的诸多公共服务中，除了国防、外交、法律法规和公共政策之外，

---

①　[美]埃莉诺·奥斯特罗姆：《公共事物的治理之道：集体行动制度的演进》，上海三联书店2000年版，第52页。

大多数与我们生活息息相关的都属于这类准公共物品，如教育、医疗卫生、各类公共基础设施、垃圾处理、污水排放、公共交通、文体娱乐设施、公园、公共图书馆、公共博物馆、水库资源、港口码头、公共牧场、有线电视等。

在上述研究成果的基础上，很多学者从不同角度对萨缪尔森的物品分类进行了矫正，使物品分类更为详细，也为我们设计不同的公共物品供给机制，或者说公共服务供给机制提供了理论上的支撑。奥斯特罗姆认为，消费的共用性和排他性是独立的属性，其中共用性和竞争性具有相似性，共用性可以分为两类，即不可分的共同使用和高度可分的分别使用。按照这二维标准，奥斯特罗姆将物品分为了四类：公益产品、私益产品、公共池塘资源和收费产品。[①]（见表1.1）

表1.1　　　　　　　　　　奥斯特罗姆的物品分类

		使用或者消费的共用性	
		是	否
排他性	可行	私益产品： 食品、汽车、理发、衣物	收费产品： 剧院、有线电视、信息服务、电力、公路
	不可行	公共池塘资源： 海洋资源、地下水环境、低下石油	公益产品： 国防、知识、公共电视

美国经济学家曼昆根据竞争性和排他性的二维尺度，将物品分为私人产品、公共产品、共有资源和自然垄断四个类型[②]。（见表1.2）

①　［美］迈克尔·麦金尼斯主编：《多中心体制与地方公共经济》，上海三联书店2000年版。

②　［美］格里高利·曼昆：《经济学原理》（上册），生活·读书·新知三联书店、北京大学出版社1999年版。

表 1.2　　　　　　　　　　曼昆的物品分类

		竞争性	
		是	否
排他性	可行	私人产品: 食品、衣物、拥挤的收费道路	自然垄断: 消费、有线电视、不拥挤的收费道路
	不可行	共有资源: 海洋资源、环境、拥挤的不收费道路	公共产品: 国防、知识、不拥挤的不收费道路

同样，布朗和杰克逊也按照非竞争性和非排他性对产品进行了分类，他们将非竞争性和排他性的产品称为俱乐部产品，而且还进一步揭示了每种类型产品的供给主体、排他性程度、分配方式和融资方式。① （见表 1.3）

表 1.3　　　　　　　　　　布朗和杰克逊的产品分类

	排他	非排他
竞争	纯收入产品: 1. 排他性成本较低 2. 有私人公司生产 3. 通过市场分配 4. 通过销售收入融资	自然垄断: 1. 产品利益由集团消费但受拥挤约束 2. 私人公司或直接公共部门生产 3. 由市场分配或直接由公司预算分配 4. 通过销售收入融资、如对该服务使用权的收费或通过税收筹资
非竞争	共有资源: 1. 含外在性的私人产品 2. 私人企业生产 3. 通过销售收入融资 4. 通过含补贴或矫正税收的市场分配	纯公共产品: 1. 很高的成本 2. 直接由政府生产或政府签约的私人企业生产 3. 通过公共预算分配 4. 通过强制性税收收入融资

① ［英］C. V. 布朗、P. M. 杰克逊：《公共部门经济学》（第 4 版），中国人民大学出版社 2000 年版。

上述分类大同小异，基本上都是将物品（产品）分成了四类：第一类是同时具有非排他性和非竞争性的物品，这就是萨缪尔森所称的纯粹的公共物品，包括国防、公共安全、秩序以及政策和法规等。第二类是仅具有非竞争性的物品，如邮政、电信、民航、铁路、高速公路、水电服务、有线电视等自然垄断性物品。这类物品就是布坎南所提出的俱乐部物品。这类物品在"有限的公共范围内"，即对其的消费没有达到饱和之前是具有非竞争性的，但却可以通过收费机制很方便地排他。也就是说，这类物品只对于那些交了费的俱乐部成员的消费而言是具有非竞争性的，俱乐部成员可以无差别地消费该物品。第三类是仅具有非排他性而不具备非竞争的物品，这里的物品就是奥斯特罗姆提出的公共池塘类物品。主要是一些公共资源类物品，如公共池塘、公共牧场、义务教育、免费医疗和社会保障等。这类物品虽然无法排他，但却具有明显的竞争性，如果对其的消费不加管制，很容易出现"过度消费"，甚至陷入"公地悲剧"。第四类是既不具有非竞争性也不具有非排他性的物品，这类物品就是私人物品。上述四类物品中，只有第四类物品即私人物品毫无疑问要通过市场竞争机制主要由私人企业来供给；其他三类物品由于要么具有一定的非竞争性或非排他性，要么二者兼具而被我们称为公共物品。其中，第一类物品由于同时具有非竞争性和非排他性而被我们称为纯粹的公共物品。这类纯粹的公共物品因其无法排他，也没有竞争，通常被认为主要应该由政府来提供。但是，这类公共物品除了国防、外交等公共服务之外，在我们的日常生活中更多是以政策、法规的方式出现。制定政策、法规本来就是政府的核心职能，自然不需也不能由其他社会力量来提供。而具有一定的非竞争性或者非排他性的第二和第三类物品，我们称之为准公共物品，这类物品在我们的日常生活中是大量存在的，或者说我们日常生活中的绝大多数公共服务所供给的产品都属于这类准公共物品的范畴。这些准公共物品所拥有的排他性或竞争性，恰恰就是政府设计制度让私人治理主体参与供给的基础和空间。具体而言，对于那些具有非竞争性但可以排他的俱乐部物品，如有线电视、公共娱乐设施、高速公路等，虽然一个人对这些产品的消费在没有超出产品的最高限度之前，并不减损其他人对该产品的消费质量，即具有非竞争性，但它所具有的可以排他的特点就可以通过收费这种最直接而简便的排他方式将那些不缴费的消费者排除在外。当消费者不向供给者交费时，供给者就可以拒绝向该消费者提供服务，或者说供给者可以通过收费这种方式选择其供给服务的消费者范围。这种收费权的存在也就是该类物品由私人治理主体通过市场这种方式来供给的一个基础。但由于某些可收费产品具有一定的自然垄断性，随着使用者的数目增加，每个使用者所需承担的边际成本就会下降，所以人们往往认为这样的产品由一个供给者来供给以实现其规模效应，比由多个供给者竞争性供给更为经济，这也往往成为垄断性供给该产品的一个合法性理由。这个垄断者在许多国家又往往表现为政府或国有企业。事实是，一旦垄断性地位形成，无论是国有企业还是政府，都很难保证其一定会基于公共利益的考量，为消费者提供真正价廉物美的物品和服务。相反，它们往往会基于自身的垄断性地位，以及公权力的保证而滋生诸如部门利益、官僚主义、以权谋私、怠于创新等弊端。实际上，随着社会的发展，许多原来的自然垄断性产品也已经不再具有垄断的特征了，它也会受到其他可代替产品的竞争，如铁路这一曾经的垄断性产品就受到了包括飞机、公共汽车以及私家车等其他交通工具的竞争，传统的座机电话也越来越多地受到移动手机甚至微信语音或视频通话等的竞争。既然这些自然垄断行业可以引入竞争，那么在特定时期内，通过竞争性招标把经营权特许给某一特定的企业，政府的作用就可以限定在组织实施招投标以及监督特许经营者的经营过程方面。这种特许经营就是政府与私人治理主体合作供给的一种非常常见的形式，在很多国家的俱乐部物品的供给中已经得到了广泛的运用。

对于那些只具有竞争性而不具有排他性的准公共产品，比如公共草地、公共池塘以及公共海域的鱼类等公共资源，虽然消费者消费这些物品不需要付费，也无法阻止这种消费的发生，或者说，消费者只要收集、获取、采摘或者无偿占有这些物品的成本不超过消费这些产品的价值，它们就将被消费甚至被挥霍，直至枯竭。所谓"公地悲剧"就不可避免。正如亚里士多德两千年前就曾预言的，"一个物品的共同拥有者越多，它所受到的照顾就越少"。我们在现实生活中遭遇的越来越多的濒危动物就是活生生的例证。实际上，这类产品并没有一个具体的所有者，而更多是大自然的恩赐。对这类公共资源的管理往往不能依赖市场，因为它遵循的是"谁占有就归谁"的丛林法则,而这也成为这类物品由政府管理的一个法定理由。政府往往通过一些强制性的规定,包括制定一个有限度的开发使用计划以避免过度消费,甚至直接禁止消费某些即将消亡的公共资源,比如许多国家都有专门的法律规定,禁止扑杀鲸鱼、买卖象牙等。然而,基于其公共资源的特性,政府管制的效果并不尽如人意,而且执法成本很高。于是,有些学者开始考虑借助产权和市场机制来改变政府监管不足的问题。在他们看来,这类公共资源类的物品之所以具备非排他性特征,就是因为它没有明确的产权归属,公共的就是大家的,每个人都可以去免费消费,所以才会出现过度消费,甚至"公地悲剧"。那么,如果基于政府的公共权威而将某一公共资源委托给某个组织,使该组织拥有了该公共资源的所有权(主要是使用权)时,该公共物品就转变为了私人物品,对它的消费就变成了可排他的了。为了实现财产长期价值的最大化,私人所有者会对这些先前属于公用资源的物品实施谨慎管理。① 比如有人就建议把美国近海的鱼这种由于捕捞过度面临枯竭的公共资源确定为全体美国公民的财产,由政府建立年度捕捞的科学配额分给美国所有合格公民,并允许公民就配额内的捕鱼指标进行拍卖。通过创造这种可交换的产权,就实现了海鱼的私有化,从而使公共资源变为了私人产品。这种产品就有了明确的排他性,这种排他性就可以成为引入收费机制的基础,这种机制也就为私人组织参与该类公共物品的供给奠定了基础。

由此可见,公共物品这个概念绝不是铁板一块,并不简单都是私人物品的对立物,也不都具备萨缪尔森所提出的公共物品的非竞争性和非排他性两个特征。将其进行细分之后,我们就可以发现,日常生活中大量存在的、我们曾经天然认为应该由政府来供给的许多公共物品,其实都只是准公共物品。从这个意义上说,如若人们将其称为准私人物品,似乎也并没有什么不可以,因为它的不具备公共物品特征的那个特点恰恰是私人物品所具备的特点。只要公共产品中的某一特性符合私人产品的特性,比如竞争性或排他性,那么该公共产品就可以由市场来供给。

---

① [美] E. S. 萨瓦斯:《民营化与公私部门的伙伴关系》,中国人民大学出版社 2002 年版,第 55 页。

即便是纯粹的公共物品，也未必一定要政府来直接生产。就像萨缪尔森自己曾多次指出的："我已经无数次重复告诫，一种公共产品并不一定要由政府部门来提供，它也可由私人部门来提供。"① 这种由政府之外的其他私人力量来供给的制度安排就是我们称为"公私合作供给公共服务"的新模式。这种模式"恰恰是利用政府权威制度来就公共服务的数量与质量进行决策，利用市场交换制度来提高公共服务的供给效率"② 的更好的组合模式。文森特·奥斯特罗姆等人基于对美国地方治理的大量案例研究也提出，公共服务可以通过政府自己生产，但也可以通过外包给私营企业、自己生产一部分同时从其他组织得到一部分以及授权给不同的生产者等多种不同的政府与社会力量合作的形式得以实现。③

当然，在政府所提供的诸多公共服务中，还有一种类似于教育、医疗这些原本属于私人物品的服务。由于社会价值观的变化，越来越多的国家将这些人人都需要的基本生活品与人的基本生存权连在了一起，并将其中的基础部分，如中小学教育、基本医疗等定义为公民可以免费享有的公共福利，也就赋予了这些原本是纯私人性质的产品以公共属性。但很显然，这一公共属性是人为赋予的结果，而且只是全部教育和医疗中的基础部分。对于其他部分而言，其供给依然可以由私人主体来完成，以满足不同层级的消费群体对该类服务的需求，并最终形成一个政府与私人主体合作供给的新格局。从一定意义上说，"越来越多的个人物品和可收费物品被确定为'福利'并被用做集体物品或公共资源"，也是公众要求政府提供越来越多公共服务的一个必然趋势。以美国为例，这些物品现在至少占了联邦政府总开支的57%，与1962年的27%形成鲜明对比。④ 集体物品或公共物品需要集体行动，但"集体行动并不意味着政府

---

① ［美］爱伦·斯密德：《财产、权力和公共选择——对法和经济学的进一步思考》，上海人民出版社、上海三联书店1999年版，第119页。

② 宋世明：《工业化国家公共服务市场化对中国行政改革的启示》，《政治学研究》2000年第2期。

③ ［美］文森特·奥斯特罗姆等：《美国地方政府》，北京大学出版社2004年版，第100—106页。

④ ［美］E. S. 萨瓦斯：《民营化与公私部门的伙伴关系》，中国人民大学出版社2002年版，第63—64页。

行动"。① 集体物品或公共物品本身所拥有的排他性或竞争性中的某一特性，就为该物品的公私合作供给提供了理论上的可能性。在这个意义上，公共物品及其分类理论为本书研究的公私合作供给公共服务机制提供了重要的理论支撑。

二 政府垄断性供给公共服务的缺陷理论

如果说公共物品理论从正面回答了为什么公共服务的供给可以借助与私人主体的合作来完成，那么政府垄断供给公共产品的缺陷理论则从反面为我们提供了必要性理论支撑。

（一）政府垄断性供给公共服务的低效与无能

当我们将公共服务的供给职能完全交给政府的时候，我们是寄希望于政府基于公共组织的公共属性，能自觉将公共利益最大化作为自己的行为准则。但大量的事实证明，这只是一种假定，或者说是人们的美好愿望。因为，在政府部门里提供公共服务的公职人员并不都具有大公无私的品格。正如汉密尔顿所言"如果是天使统治人，就不需要对政府有任何外来的或内在的限制了"，但政府显然并不总是天使。当政府服务以无竞争且不受管制的垄断方式运营时，"官僚机构具有无能和无效率的内在特性"。② 具体表现有："无效率、人浮于事、生产率低下；产品和服务质量低劣；营利性政府企业持续亏损和债务增加；缺乏管理技能或足够的管理权限；对公众缺乏回应性；设备维护质量低下；资本投入不足、过度的垂直一体化；管理方法或产品过时，缺乏营销能力；目标多样化且相互矛盾；机构使命缺乏相关性甚至误导；资产未充分利用或使用效益不佳；存在违法经营行为；存在盗窃和腐败现象。"③ 这是垄断本身存在的缺陷，即便是私人组织的垄断也不例外，而政府拥有公共权力和公

---

① ［美］E. S. 萨瓦斯：《民营化与公私部门的伙伴关系》，中国人民大学出版社 2002 年版，第 66 页。

② 同上书，第 94 页。

③ 同上书，第 116 页。

共资源的这种天然特性又加剧或放大了垄断的这些弊端。首先，因为政府的这种垄断按照斯蒂格利茨的说法是"真正的自然垄断"，没有其他组织可以撼动其垄断地位。政府垄断性供给公共服务本来就会由于其唯一性而使得公众无从比较，也无从判断政府所提供公共服务的质量和效率。加之，政府又是一个拥有公共权力和公共资源的相对强势的组织，其信息的公开往往会以各种各样的借口而被人为地掩饰，所以公众并没有有效地监督和评估公共服务质量和效率的手段，更多时候是政府自己对自己提供的公共服务质量和效率自说自话，这种情况下浪费和低效几乎很难避免。其次，政府的垄断性地位也使其没有生存压力，不会担心被淘汰出局，因此很容易滋长懒散的习惯和傲慢的品性，缺乏有效利用资源和节约成本以提高服务质量和效率的内生动力，没有改进技术和接受新的管理理念的冲动。有时它们甚至不仅不会因绩效不佳而受到惩罚，还可能以低劣的效率为借口争取更大的部门利益，比如更多的拨款或更多的编制。正如萨瓦斯所感叹的，"私人企业一般只有在满足了顾客需求的情况下才能获得发展，垄断性的公共机构即使在消费者不满意的情况下也可能兴旺发达。私人公司在经营欠佳的时候就有可能破产；公共机构经营欠佳时却常常得到更多的预算。这是公共机构中存在的一种悖论，即预算甚至会随着消费者不满程度的增长而增长"[1]。最后，政府还拥有预算最大化的天然冲动。按照马克斯·韦伯的设计，政府通过公开的考试制度从社会上挑选那些拥有专业知识和技能的精英进入政府成为公务员，公务员按照那些长期的经验积累而形成的规章制度进行程序化的管理，并辅以严格的绩效考核制度，这种官僚制就可以保证理性和效率。但事实证明，这种看似很严密的逻辑推理也只是制度设计者的一厢情愿。官僚制长期运行的结果，使得公务员群体已经成了一个特殊的利益集团，他们也和从事其他任何职业的人一样有其理性和自利的一面，由这些具有自利属性的公务员所组成的政府部门也会尽可能地扩大组织规模、增加部门预算，以彰显自己部门的重要性，并获得更多的权力和资源。很多预算并不会用于公共服务职能的发挥，而是消耗在无意义的形式主义

---

① ［美］E. S. 萨瓦斯：《民营化与公私部门的伙伴关系》，中国人民大学出版社2002年版，第80、81页。

的行为之中，诸如无效的会议、烦琐的规章和程序，以及复杂的人际关系等。作为美国国防部分管设施的前副助理部长斯通曾感叹："我估计国防预算的三分之一浪费在执行无益的规章制度上，做那些不必要做的事。"① 这种浪费不仅存在于美国，在其他国家的官僚机构中也比比皆是。

（二）政府垄断性供给公共服务中的"公共悖论"

政府作为一个公共组织，原本应该以公共利益最大化为其一切行为的宗旨，但由于政府垄断性供给公共服务的无能与低效，背离公共利益最大化的原则，很可能会陷入"公共悖论"，并引发人们对政府执政的合法性质疑。对于垄断性供给公共服务的政府部门而言，它们不需要通过提高产品和服务的质量来赢得更多的消费者，在完全没有竞争压力的情况下，它们更倾向于自我理性的思维。因为，它们毕竟也是由众多具有理性思维的个体组成的。它们会"利用其垄断地位，谋求管理者预算和雇员总报酬的最大化"②。而在预算和编制一定的情况下，则希望消费其提供服务的公众越少越好，因为在预算一定的前提下，消费者的数量越少，政府部门的工作越清闲，相对收益也越高。垄断性的官僚部门更倾向于自我利益最大化，而不是公共利益的最大化，这种状况在英美国家20世纪80年代的公共医疗和公共教育领域已经成为现实。由于英国的公共医疗和美国的公共教育一样，都采取了由政府免费向公众提供的模式，而其预算又是根据这些医院或学校的规模而定的。也就是说，这些公立医院或公立学校的预算是基于其规模而相对固定的。在这种情况下，这些医院或学校的服务质量越高、服务态度越好，到这些医院或学校寻求服务的消费者就越多，这些医院或学校的支出就越多、工作就越忙碌；相反，这些医院或学校的服务质量越差、态度越恶劣，到这些医院或学校寻求服务的消费者就会越少，这些医院或学校的支出就会更少、工作更轻松，相对收益更大。无论是公立医院还是公立学校，它们都是公共

---

① ［美］戴维·奥斯本、特德·盖布勒：《改革政府：企业精神如何改革着公营部门》，上海译文出版社1996年版，第10页。

② ［美］E. S. 萨瓦斯：《民营化与公私部门的伙伴关系》，中国人民大学出版社2002年版，第94页。

组织，其公共属性决定了它们应该将公共利益最大化作为自己的行为准则，但现实却是它们为了实现自身利益最大化，而故意降低公共服务的质量，这就陷入了"公共悖论"。于是，公众可能就要提出这样的质疑了："我们为什么还要花钱养这样的公共机构？"为了防止陷入"公共悖论"进而引发公共部门的合法性危机，很多国家在公共服务的供给中开始引入私人主体，以打破这种垄断，使公共部门也必须为自己的生存与私人主体展开竞争，并以更好的公共服务质量和效率赢得公众的消费和信赖。上述英美两国的公立医疗和公立教育就被迫进行了这样的改革。

（三）政府垄断性供给公共服务中的腐败

垄断和腐败往往相伴而生。政府垄断性供给公共服务的过程中，腐败问题也很难避免。首先，垄断者往往更倾向于通过提高价格来获取更多的利润，而不会通过提高管理效率降低管理成本来获取更多的利润。由于垄断价格直接决定着服务供给部门的收益，所以垄断性供给公共服务的部门就会想方设法去游说拥有价格制定权的部门。由于服务是垄断性供给，没有价格比较，再加上供给者与消费者之间的信息又存在严重的不对称，所以垄断性供给的公共服务的价格并不遵循价值规律，也不受市场供求关系的影响，更多的是行政性规定。于是，拥有价格决定权的部门与垄断性供给公共服务的部门之间就很容易达成一种合谋。供给部门要想得到价格制定部门的合谋和配合，往往就会对价格制定部门的关键人物实施贿赂，所以腐败是很容易发生的。它们甚至可能会在完全遵循相关定价程序的前提下，在确保国家利益和公共利益的华丽外衣下，明目张胆地完成这种合谋。这样一来，公共资源就成了少数人谋取私利的工具，公共利益也成了这些人获取更多租金的宣传口号。我国国家发展和改革委员会价格司的多位官员落马就是很好的例证。其次，垄断供给公共服务的部门也可能利用公共服务垄断而带来的稀缺性谋取私利。当一种服务由政府独家供给时往往就会出现供给不足的问题，但这种公共服务往往又是一种人人都需要的公共产品，所以哪些人可以享用，哪些人可以优先享用，就成了公共服务供给部门人员手中的权力，利用这种对公共服务的分配权就可以谋取部门甚至私人利益。那些想获得对这类公共服务的优先消费权或者想获取公共服务中的优质资源的人，往往不得不金钱开道，腐败就很难避免。比如，一些优质公立医院和优质公立学校的服务中一直屡禁不止的各类腐败也是很好的例证。

（四）政府垄断性供给公共服务中的官僚主义

供给公共服务的政府部门作为官僚机构而不是企业，其思维自然更具有官僚特色。同时，由于这种官僚机构的垄断性以及掌握资源的丰富性等，加之又没有竞争性压力，就很容易滋生官僚主义。对于官僚主义，很多人都有着很精彩的描述。邓小平在其著名的"8·18"讲话中就指出："官僚主义现象是我们党和国家政治生活中广泛存在的一个大问题。它的主要表现和危害是：高高在上，滥用权力，脱离实际，脱离群众，好摆门面，好说空话，思想僵化，墨守成规，机构臃肿，人浮于事，办事拖拉，不讲效率，不负责任，不守信用，公文旅行，互相推诿，以至官气十足，动辄训人，打击报复，压制民主，欺上瞒下，专横跋扈，徇私行贿，贪赃枉法，等等。"① 奥斯本的概括则相对简单，认为"行动迟缓、效率低下和刻板而且无人情味"② 是官僚主义的主要表现。这些官僚主义现象在政府垄断性供给公共服务的过程中很容易形成。因为，垄断就意味着没有竞争的压力，没有竞争的压力就很容易思想僵化，墨守成规，怠于创新；垄断也意味着没有比较，没有比较也就没有鉴别，因此对这类部门很难进行严格的绩效考核，很多时候会出现干好干坏一个样、干与不干一个样的现象，在这种垄断性机构里的人很容易产生怠惰、得过且过、人浮于事、不负责任等问题；垄断同样意味着公众没有可选择的替代品，无论其满意不满意、喜欢不喜欢，都必须消费这些产品，垄断性供给部门很容易高高在上、态度冷漠，甚至专横跋扈、滥用权力。可以说，在垄断性公共部门里，官僚主义是很难避免的。在我国垄断性供给某些公共服务的国有企业或事业单位里，一直存在的官僚化以及官僚主义现象就是很好的例证。

---

① 《邓小平文选》第 2 卷，人民出版社 1994 年版，第 327 页。

② ［美］戴维·奥斯本、特德·盖布勒：《改革政府：企业精神如何改革着公营部门》，上海译文出版社 1996 年版，第 15 页。

(五) 政府垄断性供给公共服务中的内耗与浪费

由于垄断意味着没有竞争、没有生存压力，也很难进行绩效评估，所以垄断性部门的工作人员就不会把主要精力放在真正的绩效改进方面。那么，他们又怎么证明自身存在的价值，进而为部门的规模和资源扩大以及个人的晋升积累资本呢？一个通常的做法就是，自己证明自己的重要性和夸大自己的绩效，为此不惜"制造"很多无意义的工作，让部门或个人看起来"很忙"。为了完成这些自己制造出来的大量的无意义的工作，又要制作很多彰显自己业绩的表格或统计数据。在这个过程中，实际上大量的公共资源就被浪费掉了。然而，在没有竞争很难进行绩效测评的前提下，这些浪费不仅很难被公众甚至政府监督部门察觉，甚至还会成为证明该垄断性部门重要性和绩效的证据。

正是因为垄断很容易带来上述种种问题，很多国家为了防止在市场领域可能出现的垄断局面，就探索制定了本国的《反垄断法》。如果我们不能容忍市场存在垄断的话，难道就能容忍政府在公共服务供给领域的垄断吗？如果我们天真地假设"垄断者是公共机构，它就会自然而然地为公共利益服务"[①] 的话，就只能是自我欺骗。公共部门的垄断相较于私人部门的垄断，产生的问题很可能有过之而无不及。因为公共部门的垄断往往伴随着行政权力的介入，而私人部门的垄断则只是依靠其私人的竞争力。无论是政府的垄断还是市场的垄断，只要是垄断都有可能产生上述问题，因此，在一切可以打破垄断的领域，我们都要尽可能地打破垄断。其实政府的天然垄断性，也是新公共管理理论一直不信任政府，主张在公共服务的供给机制中引入私人主体，借此产生竞争的主要原因。正像民营化大师萨瓦斯所言："政府服务通常成本高而质量差，其原因并不是政府部门雇员的素质比私营部门雇员差。问题的实质不在于公营还是私营，而在于垄断还是竞争。在提供低成本、高质量的服务方面，竞争往往优于垄断，而大多数政府活动又毫无疑问地以垄断的方式组织和

---

① ［美］E. S. 萨瓦斯：《民营化与公私部门的伙伴关系》，中国人民大学出版社 2002 年版，第 124 页。

运营。"① 实践已经证明，市场竞争机制是迄今为止最具效率和活力的运行机制和资源配置手段，它具有其他机制和手段不可替代的功能优势。在竞争过程中，竞争者总是面临着其他竞争对手的挑战，如果它不能以最有效的方式运行，其他竞争对手就有可能将它淘汰出局。公共服务的公私合作供给机制就是通过私人主体的参与，将竞争机制引入到公共服务供给领域。政府与私人主体合作供给公共产品，在形成多元化供给主体格局的同时，实现各供给主体之间的竞争，并借助竞争优势改善公共服务的质量和效率。这也是公私合作供给公共服务机制的核心要义。萨瓦斯认为，"任何民营化努力的首要目标是（或者说应该是）将竞争和市场力量引入到公共服务、国企运营和公共资产利用过程中"②。斯蒂格勒也提出，"竞争可能只是生活的调味品，但在经济领域，竞争就是那道主菜"③。在公共服务的供给领域，只有在竞争成为"那道主菜"的前提下，才能真正规避上述种种问题。而政府垄断性供给公共服务的种种缺陷，恰恰为我们探索公共服务的公私合作供给机制树立了反面的靶子。从这个意义上说，对政府垄断性供给公共服务缺陷的理论研究，也为引入私人主体合作供给公共服务提供了理论上的支撑。

三 公共服务的提供和生产两分理论

早在 1959 年，公共财政经济学家理查德·A. 马斯格雷夫（Richard A. Musgrave）就对公共服务的提供（provide）和生产（produce）作了基本的区分。他指出："公共需要的提供……并不要求它必须有公共生产的管理，正如公共生产的管理并不要求它必须有公共需要的提供。在决定各自的适当范围时，应根据各自非常不同的标准。"④ 罗伊斯·汉森认为：

① ［美］E. S. 萨瓦斯：《民营化与公私部门的伙伴关系》，中国人民大学出版社 2002 年版，第 161 页。

② 同上书，第 124 页。

③ 转引自［英］达霖·格里姆赛、［澳］莫文·K. 刘易斯《PPP 革命：公共服务中的政府和社会资本合作》，中国人民大学出版社 2016 年版，第 265 页。

④ 转引自［美］罗纳德·J. 奥克森《治理地方公共经济》，北京大学出版社 2005 年版，第 8 页。

"有一种共识正被越来越多的人所承认，这就是，政府有责任通过政策制定来提供公共服务和公共设施，但是这些公共服务和公共设施可以由任何部门根据成本效益原则和公平的价值观来生产。"文森特·奥斯特罗姆、查尔斯·蒂伯特和罗伯特·沃伦也意识到这种生产和提供概念的区分在公共服务供给中的重要性。他们认为，"提供是指征税和支出的决策，决定适当类型的公共服务及其供给水平，并安排生产和监督生产。生产是指把投入转化成产出，作为一项公共服务之政治单位的组织不必一定生产该项服务"①。也就是说，一项公共服务的提供者，不一定同时也是该项公共服务的生产者。"一个地方性的提供单位能够组织自己的生产单位，比如建立一个地方政府机构，但它也能够从额外的生产者那里购买服务，或者加入其他提供单位所组织的共同服务的安排中。"② 在萨瓦斯看来，"服务提供或安排与服务生产之间的区别是明显且十分重要的。它是整个民营化概念的核心，是政府角色界定的基础。对许多集体物品来说，政府本质上是一个安排者或提供者，是一种社会工具，用以决定什么应该通过集体去做、为谁而做，做到什么程度或什么水平，怎样付费等问题"③。埃莉诺·奥斯特罗姆等认为，政府作为提供者的主要职责包括以下几个方面：（1）指定一组人供应各类物品和服务；确定被供应物品和服务的数量和质量。（2）决定与这些物品和服务有关的私人活动被管制的程度；决定如何安排这些物品和服务的生产。（3）决定如何对这些物品和服务的供应进行融资。（4）决定如何对生产这些物品和服务的人进行管理。④ 奥克森对服务提供方的职能概括也大同小异，包括：（1）需要供应什么样的产品和服务（和哪些产品和服务应留给私人去解决）；（2）应对什么样的私人活动进行规制，所应用的规制程度和类型；（3）需要筹措的收入数量，如何筹措（是以各种税收的形式还是用

---

① ［美］迈克尔·麦金尼斯主编：《多中心体制与地方公共经济》，上海三联书店2000年版，第423页。

② 同上。

③ ［美］E. S. 萨瓦斯：《民营化与公私部门的伙伴关系》，中国人民大学出版社2002年版，第68页。

④ ［美］埃莉诺·奥斯特罗姆等：《制度激励与可持续发展》，上海三联书店2000年版，第86—87页。

户按价付款的形式）；（4）需要供应的产品和服务的数量和质量标准；（5）如何安排产品和服务的生产，即如何将供应和生产连接在一起。①

这些研究表明，政府向公民供给公共服务的行为实际上是可以划分为两个环节的：一个环节是提供，即一系列集体选择行为的总称，包括决定提供什么质量和数量的产品、如何供给以及由谁供给等的一系列选择和决定等。在这一系列选择和决定中，起主导作用的是选择者所秉持的公共价值和理念，其公共性和政治性更为明显，从而使公共服务的提供使所有符合条件的人受益，因此公共服务的提供只能由政府来承担。另一个环节则是生产，即将各种有形或无形的资源转化为具体产品的过程。公共服务的生产主要是技术性的，就此而言，公共服务与供私人消费的市场服务并无不同。以政府向公民供给高速公路服务为例，在这个服务供给过程中，要不要修路、在哪修路、修什么等级和规模的路、采用什么模式修路（是政府花钱修还是采用引入社会资本的 BOT 模式）等，就是公共服务的提供；而将这个决策方案，以及修路所需要的各种材料，最终转化为实际道路的过程，就是生产。很显然，提供的行为主要是由政府来承担，而生产的行为，政府并不专长，把它交给那些有资质的生产单位会更有效率。一旦将公共服务的供给行为分离为提供和生产两种行为，我们就会发现，公共服务的生产并不是政府的义务，也不是政府所擅长的事情。正如新公共管理的倡导者奥斯本所言："直接提供服务并非政府的义务，政府的义务是保证服务提供得以实现。"② 萨瓦斯也曾说过："'政府'这个词的词根来自希腊文，意思是'操舵'。政府的职责是掌舵而不是划桨。直接提供服务就是划桨，可政府并不擅长划桨。"③ 相对于政府来说，那些拥有生产资质的私人资本则更擅长于具体的生产任务，所以，公共服务的生产与提供两分理论就为私人主体进入公共服务的生产环节提供了理论支撑，并直接促成了新公共管理时期公私合作供给公共服务机制的大规模采用。

---

① ［美］罗纳德·奥克森：《治理地方公共经济》，北京大学出版社 2005 年版，第 9 页。

② ［美］戴维·奥斯本、特德·盖布勒：《改革政府——企业精神如何改革着公营部门》，上海译文出版社 1996 年版，第 6—7 页。

③ 转引自［美］戴维·奥斯本、特德·盖布勒《改革政府——企业精神如何改革着公营部门》，上海译文出版社 1996 年版，第 1 页。

　　值得关注的是，公共服务的公私合作供给机制引进私人主体承担公共服务的生产，并没有否认政府在公共服务供给中的责任，只是将政府的责任更多限制在了公共服务的提供环节，而这个恰恰是政府擅长也是政府应尽的义务。同时，将公共服务的生产环节开放给私人组织，并引入市场竞争机制，通过发挥市场机制的作用，有效传递公共服务需求的信息，依靠竞争促使公共服务效率与质量的提高，而这恰恰是竞争性的私人组织所擅长的。因此，所谓公共服务的公私合作供给机制，并非完全依靠市场机制供给公共服务，而是将公共服务的提供与生产分开，变以往由政府提供加直接生产公共产品的供给模式为依靠私人组织进行生产、政府依然承担提供职责的合作供给模式。当公共服务的生产和提供环节分开，并在生产环节引入了私人合作主体之后，政府的角色就发生了变化，由原来的以提供和直接生产为主，转变为以提供和监督为主。政府通过与其他私人主体合作供给公共服务并不意味着政府放弃了公共服务的供给责任。政府向公民提供公共服务不仅是政府公共属性最凸显的外在表现，也是政府存在的合法性基础。政府将公共服务的生产任务交给私人组织并不是政府公共服务供给责任的卸载，而是政府在公共服务供给中角色的变化，政府"从公共服务的提供者、生产者、监督者三者合一的主体转变为公共服务的提供者和生产监督者"[①]。那些反对民营化的人往往"忽视了服务提供和服务生产之间的区别，进而错误地认为，如果政府放弃了服务生产者的功能，它自然就放弃了服务提供者的角色。这样在那些被视为政府'天职'的公共服务领域，民营化往往会遇到更大的阻力。其实，即使民营化，政府仍然保留服务提供的责任并为此支付成本，只不过不再直接从事生产"[②]。

　　概括上述种种观点，我们认为公私合作供给公共服务机制中政府应该担当的角色主要是公共服务的提供者和监督者。

---

　　① 王浦劬、[美]莱斯特·M.萨拉蒙等：《政府向社会组织购买公共服务研究：中国与全球经验分析》，北京大学出版社2010年版，第24页。

　　② [美]E.S.萨瓦斯：《民营化与公私部门的伙伴关系》，中国人民大学出版社2002年版，第69页。

（一）公共服务的提供者

公共服务生产和提供两分理论告诉我们，"公共服务的提供"和"公共服务的生产"本来就是两个完全不同的概念，只是很多人将这两个概念混淆了，有的更是将这两个概念视为同一个意思。这种认识无形中就夸大了政府的生产责任，而政府的提供责任往往被限制在一个更接近于生产概念的较为狭义的范畴之内。在这种观点影响下，政府总是大包大揽地承担公共服务的直接生产责任。但在新公共管理理论看来，这种模式既无可能，也无必要。这是因为，政府财政毕竟非常有限，政府不可能包揽所有公共服务的生产，甚至是基本公共服务的生产。私人主体在一定的制度安排下，同样可以成为公共服务的生产者。而且由于私人主体往往存在着竞争，其生产效率还优于政府。这也是新公共管理所倡导的掌舵与划桨分开的观点，政府的职责是掌舵而不是划桨，不论修马路还是航空服务，都是在划桨，而政府对此并不在行。因此，政府的主要角色将不再是公共服务的生产者，而是公共服务的提供者。具体来说，政府作为提供者应担当的责任包括：

1. 决定某种公共服务是否需要提供

公共服务有很多层次，在不同发展阶段，政府所能支撑的公共服务也是不一样的。因此，对于哪些公共服务是某一阶段最急需的，符合这一阶段大多数公众的公共服务需求，同时，也是这一时期社会发展水平可以支撑的；哪些公共服务是现阶段还无法满足，需要其他发展阶段重点供给的；哪些公共服务需要政府财政支撑，哪些公共服务可以通过向社会组织购买的方式来满足，等等问题，政府都要进行基本的决策。

2. 确定供给什么数量和质量标准的公共服务

对于那些决定要供给的公共服务，政府还要确定其服务标准，包括质量和数量。基本公共服务标准的确定要和国家的经济社会发展程度，以及国家的财政能力相匹配，既不能太高，也不能太低。太高了，政府财政无力承担，所谓的标准也就成了画饼充饥的臆想，根本无法实现；太低了，满足不了公众的基本公共服务需求，可能导致公众的不满，或者失去公共服务的意义。以英国为例，在通过 PF2 合同采购服务后，政府不仅要对当时的财政能力进行评估，而且还要对未来的财政能力进行预测，计算是否能够从税收、公共设施费用、重大赠款、使用者付费中获取足够的资金来源。当政府在合同期限内的财政承受能力存在不确定性时，需要考虑将这种财务风险通过支付机制转移给社会资本方。同时，政府委托第三方机构编制财务声明，评估 PPP 项目的资产负债、损益情况与现金流量以及政府可能会承担的财政支出等，这些措施都是为了保证 PPP 项目能够获得稳定的财务支付。因此，同样一种公共服务，在不同的国家或者同一个国家的不同发展阶段上，标准都是不一样的。比如同样是义务教育，不同的国家提供的时长和标准都是不同的。

3. 确定公共服务的生产方式

一旦政府决定要向公众供给某种标准的公共服务，那么政府就要做出这种公共服务是自己生产还是通过市场由私人主体生产的决定。如果政府做出的是由私人主体来生产的方式供给公共服务的决定，那么政府还必须通过一定的程序挑选出某一私人主体，即确定该公共服务最终的生产者。同时，政府还要有能力确保自己成为一个"精明的购买者"，因为"如果不能成为一个精明的买主，政府就肯定会将其主权拱手让与它所依赖的私人市场。缺乏做精明买主的能力，就可能将重要的公共利益转换成私人利益"[①]。作为一个"精明的购买者"，政府必须精确地了解那些参与竞标的私人主体的资质、能力和信用状况等，否则很难获取性价比最高的公共服务。

4. 确定公共服务的运营模式

当某种公共服务生产出来之后，是政府自己运营还是交由生产商或者新的私人主体运营，也要由政府来决定，即政府要确定某种公共服务的运营模式。通常我们认为政府更擅长掌舵而不是划桨，而运营显然属于划桨的范畴，因此交由社会资本运营效果更好，这也是我们采用公私合作供给机制的原因之一。政府通常会将公共服务的运营交由公共服务的生产商或其他社会资本来运营，但运营包括如何收费、如何定价、运营时间、政府与运营商在运营过程中的权责划分等，也主要由政府来决定，而不是由社会资本完全按市场规则自由选择。因为这里供给的毕竟

---

① ［美］唐纳德·凯特尔：《权力共享：公共治理与私人市场》，北京大学出版社 2009 年版，第 14 页。

是公共服务，一定程度的公益性也是其基本属性，无论是其运营模式还是定价机制和收费标准等，都不可能完全按市场规则进行。

（二）公共服务的监督者

当更多的公共服务通过私人主体生产的方式来供给的时候，就一定能保证公共服务供给的成效吗？如果我们对一个角色本身就定位于公共服务的公共组织比如政府来直接生产公共服务的成效都不能放心的话，那么我们更不可能对那些本身还可能是营利性组织的私人主体放心。所以，将公共服务生产任务交由私人组织并不是一劳永逸的事情，不是只要通过市场化的途径挑选出私人合作主体，由它来生产和运营公共服务，公共服务的供给成效就一定优于政府的直接生产和运营，承接公共服务直接生产和运营任务的私人主体也有可能会过分逐利而损害公共利益。虽然，公私合作供给机制成功的关键因素是相关主体之间是否在契约基础上建立了清晰明确的责任关系，这种契约关系基础上的责任关系，是连接服务购买者、服务生产者及服务对象的纽带[①]，但这个责任关系也很难自动实现。"政府与私人部门的关系不能靠（私人部门）的自我管理，而是要通过一个强大而有竞争能力的政府实施积极的管理。"[②]虽然在社会组织承接公共服务的过程中，政府不需要干预社会组织的具体运作过程，但是，对公共服务供给的合法性、正当性、实施效果等问题应该承担相关责任，[③]而这个责任就包括对私人合作主体参与公共服务生产和运营全过程的监管责任。因此，政府除了要做公共服务的提供者，还必须承担公共服务生产和运营的监督者。政府作为监督者的责任包括：

1. 对公共服务生产过程的监督

政府一旦采用公私合作机制来供给公共服务，就意味着将由私人合

---

① 王浦劬、〔美〕莱斯特·M. 萨拉蒙等：《政府向社会组织购买公共服务研究：中国与全球经验分析》，北京大学出版社 2010 年版，第 35 页。

② 〔美〕唐纳德·凯特尔：《权力共享：公共治理与私人市场》，北京大学出版社 2009 年版，第 5 页。

③ 王浦劬、〔美〕莱斯特·M. 萨拉蒙等：《政府向社会组织购买公共服务研究：中国与全球经验分析》，北京大学出版社 2010 年版，第 32 页。

作主体来承担公共服务的生产任务。那么，私人合作主体在生产公共服务的过程中是否遵循了合同约定，政府是要进行监督的。其中包括：使用的生产资料和技术是否能够满足公共服务的质量要求、是否符合合同约定；工期、资金使用、生产过程等是否和项目立项时的预期大体一致；工程质量是否符合合同约定和相关国家标准等。这些约定内容若出现偏差，就要找出其中的原因，并及时进行修补和更正，以保证最终产品符合政府的购买意图。因为并不是所有承担公共服务生产责任的私人合作主体都能够自觉地严格按照合同标准办事，所以由政府对其生产过程进行监督就十分必要。

2. 对公共服务生产结果的评估

政府不仅要对私人合作主体的生产过程进行监管，更要对生产的结果进行评估，也就是要对私人主体所承担的生产任务的结果进行验收。从一定意义上说，上述对其生产过程的监管主要也是为了最终的生产结果符合要求，所以，对最终生产结果的评估和验收是更重要的。公共服务的生产结果是否达到了政府与生产商合同约定的质量和数量标准，将直接决定着其运营阶段的服务质量和效果。如果生产结果与项目目标之间存在偏差，也必须找出出现偏差的原因并进行矫正，以保证最终生产结果的质量和数量标准。

3. 对公共服务经营过程的监督

在公私合作供给公共服务模式中，政府虽然对服务生产者的经营活动无权进行直接的干涉，比如对它们的人事任免行为、日常管理行为、经营方式选择等，都无权进行干涉。但政府对私人合作主体的运营是否符合合同规定的运营规则，是否遵循了合同规定的价格形成机制等，必须进行相应的监管。私人主体对公共服务的运营不应该完全按照利润最大化的市场原则进行，还必须兼顾一定的公益目的。但私人合作主体很多时候并不能主动自觉兼顾公益目的，它们毕竟是追逐利润的私人组织。政府在对其运营过程进行监管时，一旦发现私人运营主体的行为违背了公共服务的公益精神，包括违背政府制定的管制价格等行为，政府也要根据合同约定以及国家的相关法律给予其相应的追究和惩罚。

4. 对项目进行后评价（Post Project Evaluation）

项目后评价是指在项目建设完成并投入使用或运营一定时间后，对照项目可行性研究报告及审批文件的主要内容，与项目建成后所达到的实际效果进行对比分析，找出差距及原因，总结经验教训，提出相应对策建议，以提高项目建设和运营效率的一种管理活动。当然，除了对项目的整体运营情况进行后评价外，根据需要也可以针对项目建设和运营过程中的某一问题进行专题评价。项目后评价在20世纪70年代就已被一些国家以及世界银行、亚洲开发银行等国际组织在双边或多边资助项目的评价中采用。我国也于2009年1月1日起开始在中央政府的投资项目中使用，并专门由国家发改委颁发了《中央政府投资项目后评价管理办法（试行）》。由于公私合作供给的公共服务项目一般牵涉资金量大、公益性强，公众关注度高，其建设和运营情况也直接关乎着公众的福祉和政府的公信力。所以，在合作供给的公共服务项目管理中引入项目后评价工作也势在必行。公私合作项目后评价的内容主要包括项目经济效益评价、项目社会效益评价、项目环境影响评价和项目可持续性评价等，评价的目的是确保公共服务在整个公私合作周期内都满足合同约定的相关质量和数量标准。从一定意义上说，对项目实施后评价也是从总体上检验公私合作机制绩效的重要手段。

总的来说，公共服务的生产与提供两分理论不仅为公私合作供给公共服务机制提供了直接的理论支撑，也为政府在其中的角色进行了明确界定。承包商依据外包合同取得生产公共服务的代理权，而公共部门则成了被代理人（发包人）。公共部门"退缩"二线，并不直接面对社会公众，至少在形式上看，公共部门已经"躲到了"承包商的背后，给人造成一种"非直接责任主体的假象"[①]。而实际上，"公共服务的合同承包并不意味着承认失败或放弃政府责任"[②]。政府作为国家权力代表者，负有公共服务供给上的天然责任，这种责任并不会随着公共服务生产权的转移而转移或者消失。根据委托—代理原理，被代理人应当对代理人的代理行为承担法律责任，所以在政府公共服务外包中，作为代理人的承

---

① 石佑启、邓搴：《论政府公共服务外包的风险及其法律规制》，《广东社会科学》2016年第3期。

② ［美］E. S. 萨瓦斯：《民营化与公私部门的伙伴关系》，中国人民大学出版社2002年版，第185页。

包商行使代理行为而产生的法律效果应由作为被代理人的发包人（政府）来承受，即政府在法律上依然是公共服务的责任主体。它对代理人的行为负有不可推卸的监管责任。[①] 公共服务的公私合作供给，只是直接生产责任的市场化，这是在政府承担基本供给责任的前提下，通过多元生产者之间的竞争降低市场成本，提高效率和质量的一种公共服务供给方式，认清这一点非常重要。我国在推行公私合作供给公共服务机制的过程中，已出现了将公共服务提供责任市场化的现象。比如，20 世纪 90 年代，我国改革中的基础教育的产业化以及基本医疗的过度市场化就是典型的案例。很多人将这些领域改革失败的板子打在了公共服务公私合作供给机制身上，显然是对公共服务公私合作供给机制的曲解。公私合作供给中政府卸载的只是直接的生产责任，而不是提供责任，提供责任是政府的分内职责，是不能也无法卸载给私人组织的。

四　新公共管理理论

在普遍经历了资本主义发展"黄金时期"之后，20 世纪 70 年代末 80 年代初，西方发达国家相继陷入了管理危机、财政危机和信任危机。所谓管理危机，主要是基于原有的官僚制体系在面临新的社会问题时表现出的无能为力。管理危机一方面发端于 20 世纪初官僚制本身在其自身发展中所表现出的墨守成规、不负责任、衙门作风、繁文缛节、官样文字、形式主义、腐败等官僚主义问题，这是官僚制运行多年之后，自身无法解决的危机；另一方面则是新的社会问题，诸如老龄化、城市化、环境等带来的新的公共管理问题，面对这些新问题，以官僚制为基本运行架构的政府显得无能为力。所谓财政危机，则主要基于两个方面的原因：一是政府规模的膨胀。"二战"后，西方国家基本都采用了凯恩斯理论指导下的大政府模式。政府不仅大量介入公共工程，还建立了从摇篮到坟墓、贯穿于人的一生的社会福利制度，这就导致了政府规模急剧扩张。政府不仅在大量地介入社会公共福利领域，也在大量地介入

---

① 石佑启、邓謇：《论政府公共服务外包的风险及其法律规制》，《广东社会科学》2016 年第 3 期。

经济领域，开始了对经济和社会生活的全面干预。而政府规模的扩大，不仅体现在政府机构膨胀和人员增多方面，也体现在政府干预经济和社会生活的程度和范围在增加，政府征收的财政资源在社会总财富中所占的比例在日益扩大，政府生产和提供的公共物品和服务的数量在不断攀升，政府购买和消费的社会产品在其绝对数量和相对数量上都大幅度上升，政府提供的社会资金转移和补贴的范围、种类、数量在不断增加等方面。这样庞大的政府规模在经济相对高速发展的时期，或许会得到政府与民众皆大欢喜的结局。但在经济发展出现问题的时期，其维系就力不从心了。从 20 世纪 70 年代开始，西方国家经济就饱受"滞胀"困扰，经济陷入衰退，大政府模式无以为继。二是两次石油危机对西方国家经济的打击。1973 年第一次石油危机中，每桶石油的价格从 3 美元升至 10 美元，直接导致美国工业生产下降 14%，日本下降 20% 以上。1979 年第二次石油危机中，每桶石油的价格从 13 美元升至 34 美元。石油价格的攀升在给国家经济造成重大打击的同时，也推升了普通老百姓的生活成本。加上经济的不景气，从公众身上谋取更多的税收来解决财政危机几乎是不可能的，甚至被称为"政治上的自杀行为"。政府不得不寻找新的解决办法，比如，美国各州和地方政府的领导人在巨大的财政压力下别无选择，只好改革他们的政府工作方式。市长和州长们接受了"公私伙伴关系"，并且制定出一些"其他选择"方式来向社会提供服务。[1] 与管理危机和财政危机相伴随的，还有信任危机。80 年代接近尾声时，美国《时代》周刊在其封面上提了一个问题："政府死亡了吗？"当时对许多美国人来说，这个问题的答案似乎是肯定的。80 年代后期，将近 3/4 的美国人说，他们相信华盛顿政府现在给他们的东西在比例上还不如 10 年前。[2] 而 1995 年的一项调查表明，只有 1/4 的美国人相信联邦政府在绝大多数时间做了应该做的事情，与 1964 年的 3/4 相比大幅度下降；只有 11% 的人对联邦政府"相当信任"，为 30 年来的最低值。1999 年，对 18—24 岁年轻人的一项调查发现，他们认为政府所着力解决

---

① ［美］戴维·奥斯本、特德·盖布勒：《改革政府：企业精神如何改革着公营部门》，上海译文出版社 1996 年版，第 18 页。

② 同上书，第 1 页。

的"问题"与他们日常关心的事情鲜有关系。在一般美国人看来，公众缴纳的每 1 美元，政府会浪费其中的 48 美分，每 6 个美国人中，就有 5 个要求华盛顿实施根本性变革。① 同时期在英国进行的民调，也出现了惊人的相似性，公众对政府的信任程度基本上在 25% 左右，也就是说只有大概 1/4 的公众信任政府。这就是所谓的信任危机。美国前总统克林顿在上任之初就提出，尽管美国面临着巨大的财政赤字，但美国面临的更大赤字是信任赤字，如果信任赤字不能得到很好的解决，其他问题的解决就无从谈起。那么，怎么解决这些危机呢？西方国家不约而同地选择了通过变革来提高政府管理的效率、缓解财政危机，重新赢得公众对政府的信任，而指导这场变革的理论就是新公共管理理论。

新公共管理理论的代表人物是澳大利亚莫纳什大学公共管理系的欧文·E. 休斯（Owen E. Hughes）教授。他从理论上概括和总结了 20 世纪 80 年代以来美国、英国等欧美国家进行的行政改革，将这些国家改革前的行政体制统称为传统的公共行政模式，而将这些国家在 70 年代末、80 年代初之后所进行的一系列改革措施统称为"管理主义"或"新公共管理"。他认为，这是一个以市场为基础的"新公共管理"模式全面取代传统公共行政模式的时代。②

一般认为，新公共管理是一个较为松散的概念集合，它既可以指向一种试图取代传统公共行政的理论范式，又可以指向一种肢解韦伯官僚制的新的组织结构和管理模式，甚至可以指向一些市场化、竞争机制等公共部门管理的手段与技能。新公共管理理论主要来源于管理主义理论和公共选择理论。胡德（Christopher Hood）1991 年在《公共行政评论》杂志上最早提出了"新公共管理"概念，他也被认为是新公共管理来源于管理主义理论的代表性人物。胡德概括了新公共管理的七项关键性特征：亲身实践的专业化管理；明确的标准与绩效测量手段；更加重视产出控制；公共部门的分散化（Disaggregation）；公共部门内部更加强调竞争机制；管理实践更多引进私人部门的管理模式；更多强调资源使用中

---

① 转引自［美］E.S. 萨瓦斯《民营化与公私部门的伙伴关系》，中国人民大学出版社 2002 年版，第 11 页。

② ［澳］欧文·E. 休斯：《公共管理导论》，中国人民大学出版社 2001 年版，第 25 页。

的绩效水平。[①] 另一位学者波利特（Christopher Pollitt）则是那些认为新公共管理来源于公共选择学派的代表性人物。他对新公共管理理论内涵的概括则是：更加强调绩效，尤其是通过测量公共产出而确定的绩效；相对于传统的大规模、多功能的组织形态，更偏好精益化、扁平化、小规模和分散化的组织类型；以广泛的外包合同取代传统上的等级制关系作为主要的协调工具；在公共部门内部大量引入市场化机制，包括竞争性招标、公共部门排行榜（public sector league tables）与绩效工资制；重视将公共服务的使用者视作"顾客"，以及运用诸如"全面质量管理"类的通用的质量改进技术。[②]

实际上，新公共管理理论既借助了管理主义理论，也借鉴了公共选择学派的理论。借助管理主义理论，新公共管理强调了管理本身的重要性，认为管理就是管理，公共管理和私人管理之间并没有本质性差异，因此公共管理也应和私人管理一样，要由专业的管理者、基于管理的专业需求来实施。同时，由于在公共管理和私人管理中，私人管理存在着生存压力和利润追求，对新的管理技术和管理理论更敏感，因此私人管理的整体水准显然高于公共管理。借助私人管理特别是企业的管理经验来改进公共管理也就成了管理主义理论的主要观点。借鉴公共选择学派的理论，新公共管理主张要重新界定政府职能并尽可能缩小政府职能的范围，市场能够解决的问题要尽可能地交由市场来解决。即便是市场不能解决而需要政府来承担的事务，在管理中也可以引入市场和竞争机制。由此可见，"竞争""市场""企业"等已然成了新公共管理理论的关键词，而且这些关键词正是新公共管理理论成为公私合作供给机制理论基础的重要证明。

具体而言，新公共管理理论对公私合作供给公共服务机制的理论支撑至少包括如下几个方面。

（1）全面反思了政府垄断性供给公共服务的缺陷。新公共管理认为

---

① C. A. Hood, "Public Management for All Seasons?", *Public Administration Review*, Vol. 69, No. 1, 1991, pp. 3 – 19.

② Christopher Pollitt, "The New Public Management: An Overview of Its Current Status", *Public Administration Review*, No. 8, 2007, pp. 110 – 115.

传统公共服务供给的效率低下、资源浪费、官僚主义、缺乏回应等问题,基本上都和政府作为唯一公共服务主体的供给机制有关。因此,打破政府在公共服务供给中的垄断性地位,通过合同外包、特许经营、政府与社会资本合作等各种各样的方式将私人组织引入到公共服务供给过程之中,是改变这一现状的主要选择。

(2)全面解析了市场机制的优势。新公共管理理论全面分析了市场机制的优势,尤其是其中的竞争机制,以及由竞争机制所引发的一系列优势。新公共管理认为,应该将竞争机制引入到政府管理之中。竞争机制的引入,不仅意味着政府不再天然可以垄断性供给公共服务,也意味着政府部门也将和其他主体,比如另一个政府部门,甚至是私人企业或社会组织,通过竞争来获取生产某种公共服务的资格和权力。

(3)充分肯定了私人部门的管理方法和经验。新公共管理认为,相对于政府管理而言,私人部门的管理更高效,政府不应该再高高在上地在封闭的状态下垄断公共服务的供给权,而应该更多学习私人部门的管理经验和方法,树立竞争、效率、回应、顾客等理念,并在一定的机制安排下,让企业也成为公共服务的供给主体。

总的来说,新公共管理理论的出现是公共部门管理模式的一次重大变革。文森特·奥斯特罗姆甚至把新公共管理范式的出现称为公共管理理论中"一个'哥白尼式革命'的转折点"。[①] 新公共管理理论的初衷是批评政府垄断性供给的不足,而主张在更多领域、更大范围内用市场机制来取代政府的垄断性供给。但当政府把原来由自己垄断性生产的公共服务事项交由市场主体或者其他非政府公共组织之后,新公共管理理论和实践工作者马上就意识到,政府依然要在这一过程中发挥重要作用。无论是规则的制定,还是公共服务质量和数量的确定,包括对私人主体承担公共服务生产过程的监督等,政府都必须承担责任。或者说,政府可以把划桨的职能转移给私人部门,但掌舵的职能还必须由政府来承担。所以,与其说新公共管理将大量的公共服务事项转移给了市场主体或者非政府公共组织等私人主体,还不如说是政府在和这些私人主体的合作

---

① ［美］文森特·奥斯特罗姆:《美国公共行政的思想危机》,上海三联书店1999年版,第169页。

过程中供给公共服务更为恰当。正是在新公共管理理论的推动下，西方国家才率先发起了公共服务社会化和市场化的进程，即将大量原来由政府自己生产的公共服务事项交由市场主体和社会组织来生产，实际上也掀起了公私合作供给公共服务机制的热潮，并将这一热潮迅速扩展至包括发展中国家在内的很多国家。可以说，新公共管理理论不仅为公私合作公共服务机制提供了理论支撑，还是世界范围内各国采用公私合作供给公共服务机制的直接推手。

五　治理理论

英语中的"治理"（governance）源于希腊语，其含义是"掌舵"。掌舵的意思就是控制、引导和操纵。治理理论认为，长期以来治理与统治（government）交叉使用，主要用于与国家公共事务相关的管理活动和政治活动中。20世纪90年代，西方政治学家和经济学家重新提出了"治理"的概念，并赋予其新的含义。治理概念一经提出，就立即引起了政治学界、经济学界、社会学界和管理学界的共同关注。众多的专家学者基于自己的理解，对治理概念进行了不同的界定。"一方面，由于治理理论试图概括现时代社会中纷繁复杂、异彩纷呈的现象，所以，其概念体系变得十分复杂，理解起来并非易事；另一方面，由于研究者的视角局限在特定国家或特定的角度，对初露端倪或不断变化的现象把握的尺度、采用的标准、得出的结论并不统一，因此，治理理论概念也就五花八门，且彼此间还存在着矛盾和争议。"① 时至今日，治理依然是一个模糊、宽泛且富有弹性的概念。但我们通过学者们对治理理论的不同理解，还是可以总结出其基本观点的。治理理论比较有影响的观点包括：

——治理理论创始人詹姆斯·罗西瑙（J. N. Rosenau）在其著作《没有政府统治的治理》和《21世纪的治理》中对治理进行了定义。他认为"治理是一系列活动领域里的管理机制，它们虽未得到正式授权，却能有效发挥作用"。"治理"与"政府统治"不是同义语，它们之间有重大区

---

① 孙柏英：《当代地方治理——面向21世纪的挑战》，中国人民大学出版社2004年版，第19页。

别。"治理指的是一种由共同的目标支持的活动，这些管理活动的主体未必是政府，也无须依靠国家的强制力量来实现。换句话说，与政府统治相比，治理的内涵更加丰富。它既包括政府机制，同时也包括非正式的、非政府的机制。"①

——英国地方治理指导委员会发起人之一罗伯特·罗茨认为，"治理意味着统治的含义有了变化，意味着一种新的统治过程，意味着有序统治的条件不同于以前，或是以新的方式统治社会"②。"只有将市场的激励机制和私人部门的管理手段引入政府的公共服务，从而建立以信任为基础的社会网络，形成政府与民间、公共部门与私人部门之间的互动，才能真正形成善治的模式。"③ 他还概括了行政学界关于治理的六种含义，即：（1）作为最小国家的管理活动的治理，它指的是国家削减公共开支，以最小的成本取得最大的效益。（2）作为公司管理的治理，它指的是指导、控制和监督企业运行的组织体制。（3）作为新公共管理的治理，它指的是将市场的激励机制和私人部门的管理手段引入政府的公共服务。（4）作为善治的治理，它指的是强调效率、法治、责任的公共服务体系。（5）作为社会——控制体系的治理，它指的是政府与民间、公共部门与私人部门之间的合作与互动。（6）作为自组织网络的治理，它指的是建立在信任与互利基础上的社会协调网络。④

——赫斯特（Paul Hirst）在其2000年发表的《民主和治理》一文中提出了治理的五个"版本"：善治；国际制度领域的治理；公司治理；与20世纪80年代新公共管理战略有关的治理；通过协调网络、合作关系和论坛来替代逐渐没落的70年代的等级制合作主义。⑤

——联合国全球治理委员会发表的一份《天涯成比邻》的研究报告将治理概念界定为："治理是个人、公共或私人机构管理其共同事务的诸多方式的总和。它是使相互冲突的或不同的利益得以调和并且采取联合

---

① 转引自俞可平《全球治理引论》，《马克思主义与现实》2002年第1期。
② 转引自俞可平主编《治理与善治》，社会科学文献出版社2000年版，第87—96页。
③ 同上书，第91页。
④ 同上书，第2—3页。
⑤ P. Hirst, "Democracy and Governance", in J. Pierre, ed., *Debating Governance: Authority, Steering, and Democracy*, Oxford: Oxford University Press, 2000, pp. 13 – 35.

行动的持续的过程。它既包括有权迫使人们服从的正式制度和规则，也包括人民和机构同意的或以为符合其利益的各种非正式的制度安排。"①治理有四个特征：治理不是一整套规则，也不是一种活动，而是一个过程；治理过程的基础不是控制，而是协调；治理既涉及公共部门，也包括私人部门；治理不是一种正式的制度，而是持续的互动。② 该委员会还认为："在全球范围内看，治理主要被视为一种政府间关系，但这种政府间关系必须被理解为与非政府组织、公民运动、跨国公司以及影响日巨的全球公民有关的一个现象。"③

——当代英国从事地方治理的知名学者杰瑞·斯托克在其论文《作为理论的治理：五个论点》中指出，"治理"是"统治"的新发展：（1）治理意味着一系列来自政府，但又不限于政府的社会公共机构和行为者。它对传统的国家和政府权威提出挑战，它认为政府并不是国家唯一的权力中心。各种公共的和私人的机构只要其行使的权力得到了公众的认可，就都可能成为在各个不同层面上的权力中心。（2）治理意味着在为社会和经济问题寻求解决方案的过程中，存在着界限和责任方面的模糊性。它表明在现代社会，国家正在把原先由它独自承担的责任转移给公民社会，即各种私人部门和公民自愿性团体，后者正在承担越来越多的原先由国家承担的责任。这样，国家与社会之间、公共部门与私人部门之间的界限和责任便日益变得模糊不清。（3）治理明确肯定了在涉及集体行为的各个社会公共机构之间存在着权力依赖。进一步说，致力于集体行动的组织必须依靠其他组织；为达到目的，各个组织必须交换资源、谈判共同的目标；交换的结果不仅取决于各参与者的资源，而且也取决于游戏规则以及进行交换的环境。（4）治理意味着参与者最终将形成一个自主的网络。这一自主的网络在某个特定的领域中拥有发号施令的权威，它与政府在特定的领域中进行合作，分担政府的行政管理责任。（5）治理意味着办好事情的能力并不仅限于政府的权力，不限于政

---

① Commission on Global Governance, *Our Global Neighborhood*, Oxford University Press, 1995, p. 2.

② Ibid. , p. 23.

③ Ibid. , pp. 2 – 3.

府的发号施令或运用权威。在公共事务的管理中，还存在着其他的管理方法和技术，政府有责任使用这些新的方法和技术来更好地对公共事务进行控制和引导。[①]

——国内最早将治理概念介绍到中国的学者俞可平基于自己对治理的研究，认为"现代治理是一个具有广泛适用性的概念，泛指国家、公共组织、私人机构及社会个人等各种活动主体之间的关系"[②]。

基于上述种种界定，本书认为，治理理论为公私合作供给公共服务机制提供的主要理论支撑包括：

1. 打破了政府作为国家唯一权力中心地位

治理理论认为，政府不再是唯一的国家权力中心，除了政府之外，还包括其他各种公共组织、民间组织、非营利组织、私人组织、行业协会、科研学术团体甚至公民个体。治理意味着来自政府但又不局限于政府的私人合作主体的共同参与。"不论是公共部门还是私人部门，没有一个个体行动者能够拥有解决综合、动态、多样性问题所需要的全部知识与信息，也没有一个个体行动者有足够的知识和能力去应用所有有效的工具。"[③] 与政府机构相比，私人合作主体在参与公共事务的治理方面具有专业化、竞争意识强、花费少、效率高等特点。治理理论"要求公共管理成为由政府部门、私营部门、第三部门和公民个人等参与者组成的公共行动体系，多中心的公共行动者通过制度化的合作机制，可以相互调适目标，共同解决冲突，增进彼此的利益"[④]，这就为公共事务的治理开辟了一个新的途径。在之前的公共行政理论中，要么更强调市场的作用，认为凡市场能够供给的服务政府就不要干预；要么更强调政府的作用，认为诸如具有非竞争性和非排他性的公共物品的供给、维护市场秩序、社会的公平正义之类的服务，市场是无能为力的，只能由政府来供

---

① ［英］杰瑞·斯托克：《作为理论的治理：五个论点》，《国际社会科学》（中文版）1999 年第 2 期。

② 俞可平主编：《治理与善治》，社会科学文献出版社 2001 年版，第 201 页。

③ Jan Kooiman, *Governance and Governability：Using, Complexity, Dynamics and Diversity*, London：SAGE Publications, 1993, p. 252.

④ 陈振明主编：《政府再造——西方"新公共管理运动"评述》，中国人民大学出版社2003 年版，第 76 页。

给。在政府与市场之间，似乎永远无法共存，要么是市场，要么是政府，二者只能择其一。但现实的公共管理实践中，当我们更强调亚当·斯密的市场这只"看不见的手"时，往往会出现某些领域的"市场失灵"现象；当我们更强调凯恩斯的政府这只"看得见的手"时，却又发现在许多领域，政府也是失灵的。因此，无论我们强调什么，都无法根本克服"市场失灵"和"政府失灵"的两难困境。但治理所提倡的政府与私人合作主体共同参与治理，以及该理论所包含的"公正""有效""互动""公开性""权力多中心""回应性""透明度""法治"等理念，则为突破这一两难选择提供了可能性。

2. 强调了多元治理主体之间的平等地位

在众多的治理主体中，由于政府掌握着公共权力和公共资源，以及法定条件下的强制力相对于其他治理主体如企业、社会组织和公民个体而天然处于优势地位，这在各国都是不争的事实。但在治理网络中，如果继续保持政府的这种天然优势，那么治理所强调的多元参与、平等协商的核心理念就荡然无存，而且也会自动滑入传统公共行政模式中的政府主导。而政府主导的传统公共行政模式，已在现实复杂多变的新行政环境面前被证明是低效甚至是无效的，这也是治理理论所要解决的主要问题。治理理论认为各主体之间存在着权力依赖，所谓权力依赖是指参与公共活动的各个组织，无论其为政府还是其他主体，都不拥有充足的能力和资源来独自解决一切问题，都存在着对其他权力中心的依赖。由于存在权力依赖关系，治理过程便成为一个互动的过程，于是政府与其他治理主体在这种过程中便建立了各种各样的合作伙伴关系。基于此，治理理论不仅强调了治理主体的多元化，还强调了多元治理主体之间的平等，平等的主体之间更多基于协商、合作来实施对公共事务的治理。

3. 肯定了权力运行向度的多维化

传统的公共管理理论认为，政府的权力运行方向总是自上而下的。它运用政府的政治权威，通过发号施令、制定政策和实施政策，对社会公共事务实行单一向度的管理。治理则是一个上下互动的管理过程，它主要通过合作、协商、伙伴关系、确立共同的目标等方式实施对公共事务的管理。它所拥有的管理机制主要不依靠政府的权威，而是合作网络的权威，其权力向度是多元的、相互的，而不是单一的和自上而下的。

与统治认为政府行政的权威主要源于政府单向度的法规命令不同，治理的权威则主要源于公民的认同和共识。前者以强制为主，后者以自愿为主。因此，治理是建立在多数人的共识和认可之上，没有多数人的同意，治理就很难发挥真正的效用。

4. 构筑了基于网络合作的治理框架

治理理论抛弃了传统管理所依据的以层级节制为主要特点的官僚制组织架构，更强调自组织网络的作用。"治理就是自组织网络的合作，这种自组织网络就是公共、私人和志愿者组织的复杂混合"①，"治理是政府与社会力量通过面对面合作方式组成的网状管理系统"②。治理鼓励政府之外的组织和公民个体以各种形式广泛地参与公共事务的治理，在参与中政府与其他非政府组织就形成了一个多元主体的治理体系。这些多元主体之间又以多元互动的运行方式进行着交流、协商、谈判和合作，这就组成了纵横交织的复杂网络。在这个网络里，每个主体都可以基于自身的意愿和需要与其他主体发生互动，没有哪个主体是绝对的中心。即便在某一特定的互动过程中某个主体暂时处于主导地位，但其也没有发号施令的权力。各主体之间只能是平等基础上的伙伴关系和基于协商、谈判甚至妥协等的合作。正如有学者指出的，"治理的概念是，它所要创造的结构或秩序不能由外部强加；它之发挥作用，是要依靠多种进行统治的以及互相发生影响的行为者的互动"③。在一个治理的社会里，公民的自组织将成为一种发展趋势，公民的个人责任以及个人对自己的决定承担责任将成为社会运行的主要法则，这也是公民作为个体参与公共事务治理的前提。在一个社会的治理结构中，每个独立的公民个体、社会组织、企业和政府自身都将成为这个自组织网络中的一个节点。

治理理论再次表明，政府越来越多地通过与政府之外的其他治理主体合作的方式来供给公共服务，作为政府转变职能、改善公共服务供给的一个趋势已经不可避免。这种合作供给机制充分借助了市场的竞争优

---

① R. A. W. Rhodes, "The New Governance: Governing without Government", *Political Studies*, No. 44, 1996, p. 652.

② D. F. Kettl, *Sharing Power: Public Governance and Private Markets*, Washington D. C.: Brookings Institution, 1991, pp. 21 – 22.

③ 俞可平主编：《治理与善治》，社会科学文献出版社 2000 年版，第 3 页。

势、私人主体的资本优势、管理优势以及技术和专业优势等，规避了政府垄断性供给的劣势，从而可以实现"$1+1>2$"的效应。

上述这些理论从不同的研究视角证明了打破政府垄断性供给公共服务，引入私人治理主体参与公共服务供给，形成政府与私人治理主体合作供给公共服务的可能性和必要性，为我们研究公私合作供给公共服务机制提供了重要的理论支撑。

第 二 章

公私合作供给公共服务（PPP）
机制解析

理解公私合作供给公共服务机制的内涵，深入认识这种新的合作供给机制相对于传统的政府垄断性供给有什么优势，其本身又存在着哪些可能的缺陷，是我们理性使用这种合作供给机制，为公众提供更多更好公共服务的前提。

一 公私合作供给公共服务机制的概念

公私合作供给机制是一个很宽泛的概念。它往往与特许经营、民营化以及合同出租、政府与社会资本合作、政府购买等概念混合使用。本书使用的"公私合作供给公共服务机制"是指公共部门尤其是政府与其他私人主体（包括企业、社会组织甚至公民个体）合作供给公共服务的机制。它既包括私人融资计划（PF1/PF2）、政府购买公共服务、特许经营权、政府与社会资本合作，也包括公民个体以志愿者身份参与公共服务的供给等形式。它是公共部门尤其是政府与政府之外的其他私人治理主体通过正式协议建立起来的一种长期的、广泛的合作供给公共服务模式。基于中国的组织形态特征，这里的"公共部门"和2015年开始实施的《政府购买服务管理办法（暂行）》中对购买主体的界定是一样的。按照该《办法》第四条和第五条的规定，政府购买服务的主体"是各级行政机关和具有行政管理职能的事业单位"，"党的机关、纳入行政编制管理且经费由财政负担的群团组织向社会提供的公共服务以及履职服务，可以根据实际需要，按照本办法规定实施购买服务"。这个购买主体的界定显然就是一个较为宽泛的概念，即纳入行政编制且经费由财政负担的党政机关、事业单位及群团组织，都属于公私合作中的"公"。而公私合作中的"私"，本书将其界定为一个与"公"相对应的概念，是指除上述公共部门之外的所有私人主体，包括企业（基于中国的特色，这里的企业既包括民营企业也包括国有企业）、各类社会组织以及公民个体（包括志愿者）。这种公私合作供给机制的出现，就意味着公共服务的供给将不再是以政府为代表的公共部门直接为公众供给公共产品和服务，而是通过签约的方式，引入竞争机制，促进服务供应商之间的竞争，由在竞争中获胜的私人主体和公共部门一起来供给。其本质是通过竞争把政府之外的其他私人主体引入到公共服务的供给之中，并借此打破公共部门的一家垄断地位，利用市场机制的竞争优势改进公共服务的质量和效率，减轻公共部门财政压力，为公众提供更多更好的公共服务。这种公私合作供给公共服务的机制已经得到众多学者的支持，如萨拉蒙就提出应建立政府与第三部门互补的供给模式，布坎南、奥斯特罗姆、萨瓦斯则认为可以实现基本公共服务的多元供给，而所谓多元自然是包括除政府之外的其他治理主体，比如企业、社会组织和公民个体等私人力量。

从这个意义上，本书使用的公私合作供给公共服务机制的概念是"广义PPP"的概念。欧洲PPP报告就指出，"在一些国家，PPP的概念仅限于一些特许权项目，是指私营部门在特许权下供给公众付费的各类服务；而在另一些国家，PPP则可以包括各种类型的服务外包、公共部门与私营部门之间各种形式的共同合作"①。显然，"另一些国家"的广义概念中，PPP并不仅限于基础设施领域的政府与社会资本合作，还有其他领域和形式的公私合作，即本书所使用的"公私合作供给公共服务机制"。不过，这个概念又和萨瓦斯的民营化概念有所不同。在萨瓦斯看来，"广义而言，民营化可界定为更多依靠民间机构，更少依赖政府来满足公众的需求。它是在产品/服务的生产和财产拥有方面减少政府作用，增加社会其他机构作用的行动"。民营化"最简单的含义是把政府扮演生

---

① 转引自孟艳《公私合作伙伴关系的全球发展趋势及政策启示》，《理论学刊》2013年第5期。

产者角色安排转化为私人生产者唱主角的安排"①。因此"民营化有多重形式。签订合同，由私营公司承包垃圾收集处理、公共房屋维护、申请的审核或飞机修理等是民营化；由非营利机构合同承包养老院的餐饮供应或托儿所同样是民营化；政府授予特许权，由私营公司资助、建设、拥有、运营高速公路、隧道、水利设施等也是民营化；向穷人发放食品券、住房券，向家长发放教育券等都是一种民营化的方式，它不同于且优于政府直接经营农场、商店、公共住房项目和市中心的公立学校。当城市居民自愿组织小区巡逻队的时候，当郊区居民自愿参加消防工作的时候，他们都在实践着民营化。政府放弃供给住房贷款或经营公共汽车而由市场供给这些服务，无疑也是民营化。最后，出售国有铁路、工厂、煤矿是民营化的特殊形式"②。由此可见，萨瓦斯的民营化显然包括国有企业通过转让、出卖、股份制改造等方式，由国家所有改变为私人所有的一种转变。但萨瓦斯也承认，在其民营化的形式中，出售国有企业只是民营化的一种特殊形式，除去这种形式之外的其他形式才是民营化的重点。所以，为了防止"民营化"概念所带来的歧义，即人们更关注于国有企业的私有化，萨瓦斯用了一个更少引起争议的词——"公私伙伴关系"取代了"民营化"的概念，认为"公私伙伴关系可界定为政府和私人部门之间的多样化的安排，其结果是部分或传统上由政府承担的公共活动由私人部门来承担"③，"指公共和私营部门共同参与生产和提供物品和服务的任何安排"④。所以，公共管理创新核心要素之一是建立伙伴关系。所要建立的伙伴关系包括社区伙伴（公民与志愿者）、私营部门伙伴、非营利组织伙伴等。但无论是用"公私伙伴关系"概念取代"民营化"概念，还是直接使用"民营化"的概念，萨瓦斯的这两个概念中，都包含了国有企业的私有化这一形式，虽然这只是"其中的一种特殊形式"。本书所使用的"公私合作供给公共服务机制"（即广义 PPP）显然和萨瓦斯的"民营化"或其替代概念"公私伙伴关系"并不完全相同。

---

① ［美］E. S. 萨瓦斯：《民营化与公私部门的伙伴关系》，中国人民大学出版社 2002 年版，第 4、103 页。

② 同上书，第 4 页。

③ 同上。

④ 同上书，第 105 页。

本书所称"公私合作供给公共服务机制"并不包含由公转私的机制，而是公私之间的一种合作，或者说在这种合作机制中，至少有一方必须是前述界定的公共部门。因此，本书所论的"公私合作供给公共服务机制"（即广义PPP）模式更类似于萨瓦斯"民营化"或"公私伙伴关系"概念中除去国有企业私有化这一特殊形式之外的形式。这种模式至少包括以下三个要素：一是必须有公共部门作为供给的一方主体，即这种合作模式中必须有公共部门一方的参与；二是必须有公共部门之外的其他私人治理主体，包括企业、社会组织、社区或者公民个体等的参与；三是必须存在公共服务的供给环节，即私人合作主体必须参与公共服务的供给，而不是只参与公共服务的一次性生产。在这个合作供给环节中，公共部门与私人治理主体利益共享、风险共担。我国实践中之所以一直强调BT项目不是PPP项目，主要也是因为在这样的项目中，私人资本只是参与基础设施的建设，并没有持续的公共服务供给，所以BT项目就不能称为是PPP项目，当然也不是公共服务的"公私合作供给"。

公私合作供给公共服务的历史可以追溯到17世纪的欧洲，那时的法国已经在基础设施领域开始了特许经营的尝试。18世纪和19世纪的英国和美国，已经有2500多家公司被特许从事私营收费公路，在路灯保洁、灯塔等公共服务方面也有了私人供给的尝试。19世纪后半叶，法国更进一步将特许经营模式推广到了铁路、水、电和有轨电车等领域。现代大规模公私合作供给公共服务模式则是在新公共管理时期兴起的。在20世纪70年代末80年代初开始的新公共管理改革中，英国开始大力推行私有化运动，包括石油、水、电、天然气、矿产、航空、电信等行业都实现了私有化。这一波的私有化运动虽然取得了一定的经济效益，很多长期亏损的公共服务领域实现了扭亏为赢，但也产生了一些矛盾。因为私有化之后的私营资本以追求经济利益为主要目标，与公共利益的目标追求有着不可调和的矛盾，而政府作为公共组织，必须追求公共利益。为了找寻出一种兼顾公私利益的新模式，1992年英国财政大臣拉蒙特提出了"私人融资计划"（Private Financing Initiative，PFI）。在该计划中，政府允许私人部门将资金投到公共基础设施和公共服务领域，帮助政府改进公共服务质量，这便是英国在新公共管理运动中的公私合作模式。时至今日，许多国家的公私合作供给公共服务机制显然已经不止私人融资这样一种方式，而是一种公共部门与私人部门之间的全面合作，是公共部门和私营部门共同参与，生产和提供公共物品和公共服务的任何制度安排。20世纪90年代，这种公私合作供给公共服务的机制已经广泛应用在世界各地的公共服务领域，西方国家尤为突出，其中英国、澳大利亚和加拿大的使用规模和管理水平都很高。

本书之所以采用这种广义PPP的概念来界定公共服务的公私合作供给机制，主要基于下述几点考虑。

一是回归PPP的原意。PPP即"Public-Private Partership"，直译就是"公私合作伙伴关系"。这里的"私"很显然并不仅仅指社会资本，它是一个和"公"即公共组织相对应的概念，也就是除政府等公共组织之外的所有私人治理主体。因此，政府与所有私人治理主体之间的合作都可以被视为是PPP的一种形式，它既包括基础设施领域政府与社会资本的合作，也包括在其他公共服务领域政府与社会组织、社区公民个体的合作。

二是基于对"合作"理念的倡导。事实上，无论从传统公共行政理论到新公共管理理论再到治理理论的演变史来看，还是从各国公共管理的实践来看，尤其是治理理论出现之后，这种"合作"理念都将是未来各领域管理活动的必然选择。就公共行政的理论演变而言，传统公共行政理论强调政府与市场的分立，公共事务由政府管，私人事务由市场管。政府对公共事务的管理同样也是建立在这种分立的理念指导下，进行详细的部门分工，之后为每一部门通过考试选出最适合该部门专业化要求的人员，即考试而来的公务员，基于一套经验积累升华而成的严格规程进行管理，认为这样的管理一定是有效率的。但随着管理环境的变化，即行政环境越来越复杂、异变以及不确定性的增加等，原来的这一套管理理论越来越显得不合时宜，其造成的低效、浪费、人浮于事以及僵硬、冷漠等弊端已经越来越多地暴露出来。更重要的是，这种过分强调专业化分工所造成的碎片化、部门利益以及部门本位主义的思维已经严重制约了政府的整体绩效，造成了严重的行政内耗，这才有了新公共管理理论对其的矫正，以及治理理论的提出。而治理理论的一个核心思想就是多元主体之间的协调与合作，公私合作机制正是将这种协调与合作的理念应用到了公共服务的供给领域。同时，从各国公共管理的实践来看，对"合作"精神的推崇和践行也基本已经成为各国公共管理的现实。无论是发达国家还是发展中国家的政府，也无论它们是否认可或有意识地在遵循治理理论的指导，都越来越多地意识到，单纯依靠政府自身的力量，很难满足公众越来越高和越来越多的公共服务需求。一方面政府财力有限，有限的政府财力无力独自支撑公众的公共服务需求；另一方面政府独自供给公共服务的缺陷，包括无竞争导致的浪费、低效与官僚主义等，已成公认的事实。这样，基于合作理念，引入政府之外的主体，与政府合作供给公共服务的新模式就成了顺理成章的选择。但这种合作，显然并不仅限于私人资本与政府的合作，还包括更广泛的其他私人治理主体与政府的合作。我们这里采用这种"广义PPP"的概念，也是希望将这种合作理念应用于公共服务供给的各个领域，而不是仅限于基础设施领域。

三是基于中国推进公私合作供给公共服务实践的现实。中国作为一个人口大国，要为近14亿的公众供给公共服务，随着人们对美好生活的需求发生了变化，不再是简单的吃饱和穿暖等基本生存性需求，而是更高的公共服务质量、更丰富的公共服务产品。但近些年来，地方政府债务缠身，单靠政府自身的力量已经无法满足上述需求。所以，党的十八大之后中央政府通过一系列文件大力推进公共服务的政府购买和基础设施领域的政府与社会资本合作。但是，我们始终是将基础设施领域的政府与社会资本合作与政府向社会组织购买放置在了不同的主管部门，由不同的主管部门制定一系列针对性的相关规定和措施，这不仅导致了我国对公共服务的公私合作供给模式给予了过分偏狭的理解，即认为只有在基础设施中政府与社会资本的合作才是公私合作，政府与社会组织的合作则被称为政府购买。事实上，这种过分狭隘的理解，不仅混淆了PPP概念与特许经营的不同（我国实践中的PPP模式更类似于特许经营的概念，而事实上特许经营只是PPP模式的一种，而不是全部），也限制了我们对PPP概念的认知。另外，将基础设施领域的政府与社会资本合作与其他公共服务领域的政府向社会组织购买分别交由不同的主管部门，也导致了两部门相关规定之间的交叉重复甚至是矛盾，更不利于"合作"理念的推行。而且，作为政府与其他私人主体合作供给公共服务的机制，无论是政府与社会资本的合作还是政府与社会组织的合作，都是政府与政府之外的私人治理主体的合作。虽然这两种具体的合作模式中，有不同的内容和形式，但这两种模式对政府的角色定位、公私双方的权利义务设定、监管模式、救济制度等诸多方面都有着很多的相似性。将这两种模式合并考虑，即采用宽泛的公私合作供给公共服务概念（即广义PPP概念），有利于探索政府与私人合作主体合作供给公共服务的一般性规律，以及政府职能的一般性定位，也有利于丰富政府与私人治理主体合作的模式。把更多政府之外的私人治理主体纳入公共服务供给的主体格局之中，有利于构建起"大合作"的现代管理新理念。这种"大合作"理念对于公共服务水平还无法满足人民对美好生活之要求，同时又定位于以人民为中心的我国政府，有着更迫切的现实意义。我国公共服务的整体供给水平还不高，需要动员政府之外所有私人治理主体共同参与公共服务的供给。只有这样，我们才能尽快缩小与发达国家公共服务供给水平的差距，更高水平地满足人民对美好生活的向往。事实是，无论是国际事务中国与国之间的合作，还是国内事务中各地方政府、各类组织之间的合作，都需要这种合作理念。2017年9月5日，习近平主席在新兴市场国家与发展中国家对话会上提出，"一带一路"是合作之路，更是一条希望之路、共赢之路。党的十九届四中全会提出的"共建共治共享"的社会治理制度，也蕴含着合作治理的内涵。只有合作才能共赢，任何一个单一主体即便是政府也无法独自支撑所有的公共服务需求，这也是今天这个网络化时代多元需求给予我们的重要启示。

四是希望借由这种广义的合作理念，培养更广泛的社会治理主体包括企业、社会组织和公民的主体意识和公益精神。党的十八届三中全会首次提出了"社会治理"的概念。公共服务的供给是公共部门的主要职责，但并不意味着公共部门之外的企业、社会组织和公众就可以仅把自己当成一个纯粹的消费者。公共服务的合作供给机制在许多国家的实践都证明，企业、社会组织和公民个体在一定的制度安排下，不仅可以参与某些公共服务的供给，成为某些公共服务的供给主体，而且其供给质量甚至还超越公共部门。本书在这里采用这种广义的合作概念，也是希望公共部门与企业、社会组织和公民个体都能围绕公共服务的供给，在社会治理这个大格局中找到自己的合适定位，以真正形成党的十九届四中全会所提出的"共建共治共享"的社会治理新格局。对企业而言，是希望企业在参与公共服务的合作供给时，不要只注重于企业盈利的一面，也要培养企业的社会责任感和公益精神，为国家整体公共服务质量的提升做出自己的贡献。其实，如果企业真的做到了这一点，那么这些行为本身也可以成为企业形象的最好宣传。企业形象好，企业的竞争力和社会认同感自然就更高，企业获取合同的机会就会更多，最终很可能是更大的利润。对社会组织而言，更应该珍惜公私合作供给公共服务的机会和舞台，因为社会组织本身就是为了某种慈善或公益目的而设置的，这些慈善或公益行为和公共服务有着天然的契合性，或者说某些慈善和公益本身就是公共服务的一部分。公私合作供给公共服务机制的提出为社会组织的发展提供了一个全新的舞台，是机遇也是挑战。社会组织如果能抓住这个机会，不仅能加速自身发展，还能在社会治理大格局中发挥更大的作用，这本身就是社会组织存在的价值和意义。对公民来说，在主权在民、以人民为中心的政府与公民关系定位下，公民也要真正把自己当成国家的主人。公民把自己当成国家主人并不仅仅意味着，公民有权平等地享受政府所提供的公共服务，还意味着公民也应该尽到自己作为国家主人的义务。这个义务就包括对公共事务的关心和参与甚至是奉献。在国外很多国家的社区自治中都可以看到公众参与的身影。很多公众作为志愿者参与到公共服务的供给中，在自己有时间有能力（既可以是技术能力、知识能力，也可以是经济能力甚至是体力等）的前提下，为他人提供力所能及的帮助和服务。这不仅可以减少政府的投入，节省公共财政开支，也体现了公民之所以为公民的身份定位。因为，"公民"概念本身就包含有对国家和社会公共事务的参与之意。所以，公共服务的供给是政府的责任，但绝不仅仅是政府的责任，公民不能只被动接受，还要在参与中贡献自身的力量，只有这样才能真正建立起"人人有责、人人尽责、人人享有"的"共建共治共享"的社会治理共同体。为此，公民要树立起基本的公共精神，而这样的精神只有在公众参与公共服务的具体实践中才可以慢慢培养起来，公私合作供给机制就为公民参与公共服务的实践提供了绝佳机会。

总之，正是基于上述考虑，本书所定义的公私合作供给公共服务机制是一个广义的 PPP 概念，不仅包括政府与社会资本的合作，还包括政府与社会组织、社区甚至公民个体的合作，即政府与政府之外的其他一切私人治理主体的合作。

二 公私合作供给公共服务机制的运营模式

公私合作供给公共服务机制的具体运营模式非常丰富，各国也基于本国政府与私人治理主体合作侧重点的不同，有着自己的理解。而且，随着"公私合作"这一理念的进一步深入人心，相信还会有越来越多的模式供我们选择和使用。结合国内外公私合作机制的实际运作，本书认为比较常见或被经常使用的有以下几种模式。

（一）基础设施领域的政府与社会资本合作（即狭义 PPP 模式）

目前很多国际组织、国家和地区都从不同角度，对 PPP 模式做出了自己的界定（见表 2.1），其中很多界定都属于这种狭义模式。

表 2.1 具有影响力和代表性的国际组织、国家和地区的观点①

机构名称	定义
联合国开发计划署	政府、营利性企业和非营利性组织基于某个项目而形成的相互合作关系的形式。通过这种合作形式，合作各方可以达到比预期单独行动更有利的结果。合作各方参与某个项目，政府并不是把项目的责任全部转移给私营部门，而是由参与合作的各方共同承担责任和融资风险
欧盟委员会	PPP 是指公共部门和私人部门之间的一种合作关系，其目的是提供传统上由公共部门提供的公共项目或服务
世界银行	一种私营部门和政府部门之间的长期合同关系，用以提供公共设施或服务，其中私营部门承担较大风险和管理职责

---

① 本表中，除单独注释外均转引自吉富星《PPP 模式的理论与政策》，中国财政经济出版社 2017 年版，第 4 页。

续表

机构名称	定义
国际货币基金组织	PPP 通常是指两个主体的长期合约。在该合约中，一个主体获取或建设一种资产或一系列资产，运营一段时期，然后把资产转移给第二个主体。这种合约通常发生在私营企业和政府之间
联合国培训研究院	PPP 涵盖了不同社会系统倡导者之间的所有制度化合作方式，目的是解决当地或区域内的某些复杂问题。PPP 包含两层含义，其一是为满足公共产品需要而建立的公共和私人倡导者之间的各种合作关系；其二是为满足公共产品需要，公共部门和私人部门建立伙伴关系进行的大型公共项目的投资、建设、运营和管理等①
亚洲开发银行	PPP 是在基础设施和其他服务方面，公共部门和私营部门一系列的合作关系，其特征有：政府授权、规制和监管、私营企业出资、经营供给服务、公私长期合作、共担风险、提高效率和服务水平
英国财政部	公共部门和私营部门协同工作，共担风险，以实施政策、供给服务和基础设施的合作
加拿大 PPP 委员会	公共部门和私人部门之间的一种合作关系，它建立在双方各自经验的基础上，通过适当的资源分配、风险分担和利益共享机制，最好地满足清晰界定的公共需求
澳大利亚	政府与私营部门之间的长期合同，政府支付私营部门代表政府或辅助政府满足政府职责所供给的基础设施和相关服务，而私营部门要负责所建造设施的全寿命周期可使用状况和性能

---

① United Nations Institute for Training and Research, PPP for Sustainable Development, 2000.

机构名称	定义
德国联邦交通、建设及房地产部	长期的、基于合同管理下的公共部门和私营部门的合作，以结合各方必要的资源（如专门知识、经营基金、资金、人力资源）和根据项目各方风险管理能力合理分担项目存在的风险，从而有效地满足公共服务需要
印度金融部的经济事务部门	一个政府或政府法定实体和一个私营部门公司为了交付一个基于用户支付费用的基础设施服务项目的协议或特许权协议
香港效率促进组	一种由双方共同供给公共服务或实施项目的安排。在这种安排下，双方通过不同程度的参与和承担，各自发挥专长，包括特许经营、私营部门投资、合伙投资、组成合伙公司等几种方式
美国 PPP 国家委员会	PPP 是介于外包和私有化之间并结合了两者特点的一种公共产品供给方式，它充分利用私人资源进行设计、建设、投资、经营和维护公共基础设施，并供给相关服务以满足公共需求①

综观上述各方定义，对 PPP 概念的界定大致有这样几种观点：第一种观点即狭义 PPP 概念，是指政府与私人资本在基础设施领域投资、建设、运营、改建、扩建及维护等一系列行为中的合作关系。这个 PPP 概念中，既包括对已有公共设施的维护、运营与扩建、改建，也包括对新的基础设施的建设与运营。但不包括公共基础设施的完全国营，比如政府部门和国有企业的垄断性运营，也不包括完全的民营化，比如私有化以及 DB（设计—建设）、BOOT（建设—拥有—经营）项目。这是最小范围的 PPP 概念。上述列表中很多国际组织和国家都持这种观点，包括国

---

① The National Council for PPP, USA, for the Good of the People: Using PPP to Meet America's Essential Needs, 2002.

际货币基金组织、澳大利亚、德国、英国、加拿大、美国、印度及我国香港地区。萨瓦斯所提"基础设施领域的公私伙伴关系"也是这个概念。他认为，从完全国营到完全民营之间的连续体都是这种基础设施领域的公私伙伴关系，其具体的合作形式就包括服务外包（outsourcing）、运营和维护的外包或租赁（operations and maintenance contract or lease）、合作组织、租赁—建设—经营（lease-build-operate，LBO）、建设—转让—经营（build-transfer-operate，BTO）、建设—经营—转让（build-operate-transfer，BOT）、外围建设（wraparound addition），而将购买—建设—经营（buy-build-operate，BBO）、建设—拥有—经营（buid-own-operate，BOO）两种模式定位于完全的民营。①

　　第二种观点认为，PPP 是政府与私人组织之间的各种合作关系，既包括政府与私人资本在基础设施领域的合作，也包括政府在其他公共服务领域的合作，但不包括私有化。因为私有化是所有权的转移，在 PPP 模式中公共部门与私人部门合作供给的依然是公共产品和公共服务。持这种观点的也有很多，包括联合国开发计划署、联合国培训研究院、欧盟委员会、亚洲开发银行等。学者格里姆赛和刘易斯也是这种观点的主张者。他们认为 PPP "这种安排涵盖了公共部门和私营部门互动的各种形式，如租赁、商业特许经营、公用事业特许经营、建设—运营—移交、建设—拥有—运营—移交、设计—建设—融资—运营、设计—施工—管理—融资，以及合资经营"②。虽然，他们认为 PPP 是基础设施领域的公私合作，但他们对基础设施的概念界定却是十分宽泛的，既包括硬经济基础设施，如道路、桥梁、港口、机场、电信、电力等，也包括软经济基础设施，包括职业培训、金融制度、研发促进、技术转让和出口援助；还包括硬社会基础设施，包括医院、学校、供水、监狱、儿童保健和养老院等；还包括软社会基础设施，包括社会保障、社区服务和

---

① ［美］E. S. 萨瓦斯：《民营化与公私部门的伙伴关系》，中国人民大学出版社 2002 年版，第 253—258 页。

② ［英］达霖·格里姆赛、［澳］莫文·K. 刘易斯：《PPP 革命：公共服务中的政府和社会资本合作》，中国人民大学出版社 2016 年版，第 260 页。

环保机构。① 由此可以看出，格里姆赛和刘易斯几乎把所有领域的公共服务都纳入了基础设施的范畴，而把这所有领域中的合作都叫作 PPP。我国学者贾康、孙洁也赞同这个观点，认为"所谓 PPP，是指政府公共部门与民营部门合作过程中，让非公共部门所掌握的资源参与提供公共产品和服务，从而实现政府公共部门的职能并同时也为民营部门带来利益。其管理模式包含与此相符的诸多具体形式。通过这种合作和管理过程，可以在不排除并适当满足私人部门的投资营利目标的同时，为社会更有效率地提供公共产品和服务，使有限的资源发挥更大的作用"②。这个概念和本书采用的"公私合作供给公共服务"（即广义 PPP）概念的内涵是一致的。

除了上述两种主要界定外，还有一种观点认为，PPP 模式不仅包括政府与私人组织之间的各种合作供给模式，甚至还包括私有化这种模式，这是一种最宽泛的概念。英国工党政府在《公私伙伴关系——政府倡议》的报告中，就将公私伙伴关系（PPPs）划分为三类，包括：一是利用各种产权结构将私人部门所有权引进国有企业，或将国有股份出售给私人部门；二是公共部门通过与私人部门签订契约方式，长期购买高质量的公共服务；三是向更广阔的市场出售公共服务。③ 萨瓦斯的民营化概念也属于这一类。在萨瓦斯看来，民营化是包括公共服务的合同外包、政府撤资和基础设施领域的公私伙伴关系在内的所有公私合作形式。其中的政府撤资，即政府企业的出售、无偿赠予和清算等，就是企业由政府所有转为私有的形式。④

我国常说的 PPP 概念，从官方文件中看更强调基础设施领域的政府与社会资本的合作。比如，财政部财金〔2014〕76 号文《关于推广运用政府和社会资本合作模式有关问题的通知》中对 PPP 的界定就是："政府

---

① ［英］达霖·格里姆赛、［澳］莫文·K. 刘易斯：《PPP 革命：公共服务中的政府与社会资本合作》，中国人民大学出版社 2016 年版，第 21—22 页。

② 贾康、孙洁：《公私伙伴关系（PPP）的概念、起源、特征和功能》，《财政研究》2009 年第 10 期。

③ HM Treasury，*PFI*：*Meeting the Investment Challenge*，Norwich：HMSO，2003b.

④ ［美］E. S. 萨瓦斯：《民营化与公私部门的伙伴关系》，中国人民大学出版社 2002 年版，第 128 页。

和社会资本合作模式是在基础设施及公共服务领域建立的一种长期合作关系。通常模式是由社会资本承担设计、建设、运营、维护基础设施的大部分工作,并通过'使用者付费'及必要的'政府付费'获得合理投资回报;政府部门负责基础设施及公共服务价格和质量监管,以保证公共利益最大化。"国家发改委对PPP概念的界定虽然表述不同,但意思与财政部的基本一致。发改委《关于开展政府和社会资本合作的指导意见》中对PPP的界定是"指政府为增强公共产品和服务供给能力、提高供给效率,通过特许经营、购买服务、股权合作等方式,与社会资本建立的利益共享、风险分担及长期合作关系",认为"PPP模式主要适用于政府负有提供责任又适宜市场化运作的公共服务、基础设施类项目"。只是两者对社会资本的理解不完全一致,财政部一开始是将国有企业排除在外的,而发改委显然更倾向于将国有企业包含在社会资本的范畴之中。之后,财政部、发改委和人民银行于2015年联合下发的《关于在公共服务领域推广政府和社会资本合作模式的指导意见》对此进行了统一,认为"政府与社会资本合作是公共服务供给机制的重大创新,即政府采取竞争性方式择优选择具有投资、运营管理能力的社会资本,双方按照平等协商原则订立合同,明确责权利关系,由社会资本提供公共服务,政府依据公共服务绩效评价结果向社会资本支付相应对价,保证社会资本获得合理收益"。这个文件不再强调社会资本的民营性质,实际上是承认了之前发改委的界定,也更符合中国的现实。很显然,我国官方文件中的这个PPP概念属于第一种观点,即狭义PPP概念,强调的是在基础设施领域的政府和社会资本的合作。我国在基础设施领域的PPP模式实践,还表现为更关注新建基础设施领域的PPP模式运用,在已有基础设施的改建、扩建、维护和运营中,对PPP模式的运用并不多。现实中存在的各级政府都把目光聚焦在财政部PPP中心的项目库上,而项目库里的项目大多是新建项目,就是最好的证明。这种理解显然过于偏狭。据统计,1984—1994年间,全世界范围内估计有1121项基础设施被民营化。这些基础设施所需要的投资总额约6650亿美元,平均每年600亿美元。它们采取了多种多样的公私合作形式,其中针对新建基础设施的和针对现有基础设施的约各占一半。①

本书将基础设施领域的政府与社会资本合作界定为狭义 PPP 模式，主要是和本书所用的"公私合作供给公共服务机制"即"广义 PPP 模式"概念相区别。很显然，狭义 PPP 模式只是广义 PPP 模式中的一种形式，主要指政府与私人资本在基础设施的建设、运营与维护等各方面的合作。既包括对已有公共设施的维护、运营与改扩建，也包括对新的基础设施的建设与运营，但不包括私有化和 DB、BT 项目。在这种狭义 PPP 概念中，有如下几个核心要素：一是针对以基础设施为代表的公共项目中的公私合作，不包括服务类，如垃圾清运、公共交通、养老等公共服务的外包或购买，也不包括社会组织或公民个体在社区公共服务中与政府的合作。二是有私人资本的介入，且这个私人资本是营利性的市场主体即企业。发改委 2014 年《政府和社会资本合作项目合同通用指南》中就指出"社会资本主体，应是符合条件的国有企业、民营企业、外商投资企业、混合所有制企业，或其他投资、经营主体"，也就是说，私人资本与公共部门合作供给公共服务的目的是实现盈利，而非公益。私人资本通过获取项目的建设和运营权，以政府付费、消费者付费或者可行性缺口补贴等方式获取利润。三是私人企业即私人资本承担公共服务的供给，也就是说私人资本不仅要参与公共项目的建设，还要承担公共服务设施的运营或维护。或者说，单纯承担公共项目的建设，而不承担公共服务设施运营的政府与私人资本的合作并不属于此类 PPP 项目。

（二）政府购买公共服务（也可称为合同外包）

关于政府购买公共服务的概念，学界没有完全一致的界定。大多数学者认为"政府购买公共服务"与"公共服务的合同外包"是一个概念。国外学者更倾向于认为政府购买公共服务就是将公共服务合同外包，其中比较有代表性的学者是萨瓦斯。他认为政府购买公共服务即合同承包只是其民营化的一种形式，是政府通过与营利或非营利民间组织签订承包合同，由它们来生产公众所需要的公共服务，而政府只是

---

① ［美］E. S. 萨瓦斯：《民营化与公私部门的伙伴关系》，中国人民大学出版社 2002 年版，第 261 页。

服务的提供者。① 经济合作与发展组织的定义认为，"政府公共服务外包不是由政府内部直接提供公共服务，而是通过外部购买间接提供公共服务。外包代表了在公共服务的供应过程中，特别是直接民营化例如所有权的变更无法实现时，政府模仿市场的努力。其基本原理是在服务供应商之间促进竞争。政府公共服务外包的本质是把竞争和其他私人部门制度安排引入公共服务部门"②。盖伊·彼得斯所提出的"市场化模式"也是这个概念，在他看来，"这一轮所进行的政府市场化改革的主要内容是'签约外包'"③，即通过竞争的方式将政府所提供的某些公共服务通过签约的方式外包出去。这种"市场化模式"的优势在于：公共部门结构的变化，让各种社会组织进入公共服务领域，形成竞争机制，打破公共部门的垄断；管理上的变化，使政府更加注重人事管理和财政管理；公共服务的决策权力分散化，政府专注于公共政策的制定；公共利益，考虑政府的行政成本，政府的责任趋向市场化，公民被看作消费者和纳税人。④ 根据2014年12月15日财政部、民政部、国家工商总局印发的《政府购买服务管理办法（暂行)》的规定，"政府购买服务，是指通过发挥市场机制作用，把政府直接提供的一部分公共服务事项以及政府履职所需服务事项，按照一定的方式和程序，交由具备条件的社会力量和事业单位承担，并由政府根据合同约定向其支付费用"。国内学者的观点大都和这个界定一致。比较有代表性的包括：王浦劬认为，"政府购买公共服务是将原来由政府提供的服务通过拨款或支付方式交给有资质承担的社会服务机构来完成"⑤。贾西津认为，"政府购买公共服务，是将公共财政支出范围内的公共服务外包给社会主体，以契约形式来完成服务提供"⑥。项显生认为，"政府购买公共服务是指政府通过公开招标性等形式

---

① ［美］E. S. 萨瓦斯：《民营化与公私部门的伙伴关系》，中国人民大学出版社2002年版，第73页。

② 世界银行：《世界发展报告》，中国财政经济出版社2007年版，第45页。

③ ［美］盖伊·彼得斯：《政府未来的治理模式》，中国人民大学出版社2001年版，第47页。

④ 同上。

⑤ 王浦劬、［美］莱斯特·M. 萨拉蒙等：《政府向社会组织购买公共服务研究：中国与全球经验分析》，北京大学出版社2010年版，第2页。

⑥ 贾西津：《从国际视角看政府购买服务》，《中国政府采购报》2013年10月11日。

利用公共财政资金向非政府组织和个人购买公众所需的公共服务的一种政府治理模式"[1]。郑卫东认为,"政府购买服务包含如下要素:政府购买服务的委托主体是政府,受托者是营利、非营利组织或者其他政府部门等各类社会服务机构,表现为一种通过政府财政支付全部或部分费用的契约化购买行为;政府以履行服务社会公正的责任与职能为目的并承担财政资金筹措、业务监督及绩效考评的责任"[2]。张文礼的定义是,"政府将原来由政府直接举办的、为社会发展和人民日常生活提供服务的事项交给有资质的社会组织来完成,并根据社会组织提供服务的数量和质量,按照一定的标准进行评估后支付费用,是一种'政府承担、定项委托、合同管理、评估兑现'的新型政府提供公共服务方式"[3]。

参照上述不同表述,本书对政府购买服务的定义就是:所谓政府购买公共服务,是指政府根据其法定职责,将为社会发展和公众日常生活提供服务的事项,交由有资质的营利性或非营利性社会组织来完成,政府根据社会组织供给服务的数量和质量,按照一定的标准进行评估后支付服务费用,并将从社会组织那里购买的公共服务提供给相关群体以免费或低于市场价格的方式消费的行为。此概念至少包括以下几个方面的内涵:一是政府购买所使用的资金是财政资金;二是政府所购买的是公共服务,而不是具体的货物或工程;三是该服务是由社会组织,包括营利性社会组织如社会企业与非营利性社会组织如NGO等社会力量供给的。根据国务院办公厅《关于政府向社会力量购买服务的指导意见》的界定,我国"承接政府购买服务的主体包括依法在民政部门登记成立或经国务院批准免予登记的社会组织,以及依法在工商管理或行业主管部门登记成立的企业、机构等社会力量",但主要还是社会组织。

政府购买服务或合同外包不仅可以借助社会组织所拥有的专业知识和技术提高公共服务供给的质量,还可以借助社会组织之间的竞争提高

---

　　① 项显生:《我国政府购买公共服监督机制研究》,《福建论坛》(人文社会科学版)2014年第1期。

　　② 郑卫东:《城市社区建设中的政府购买公共服务研究》,《云南财经大学学报》2011年第1期。

　　③ 张文礼、吴光芸:《论服务型政府与公共服务的有效供给》,《兰州大学学报》(社会科学版)2007年第3期。

公共服务供给的效率。因为，公共服务一旦实行外包，也就意味着竞争机制的引入。哪些社会组织可以得到政府外包的服务项目，主要基于其供给该项公共服务的能力和资质，只有那些公共服务能力强、资质优、管理水平高的社会组织才有可能得到政府的外包合同。萨瓦斯更是一口气列举了 12 条支持合同承包的理由，包括：（1）合同承包更有效率。可以利用竞争力量给无效率的生产者施以市场压力；摆脱政治因素的不正当干预和影响，改善管理水平；决策者能够直接感受管理决策的成本收益，换言之，管理决策与决策者的荣辱直接相关。（2）合同承包可以使政府获得一些公共雇员缺乏的专门技能；同时，可以突破薪酬方面的限制并摆脱过时的公务员法规的约束。（3）合同承包有助于对新的社会需求及时做出回应并使新项目实验更加便利。（4）合同承包有利于根据需求和资源的变化灵活地调节项目规模。（5）合同承包可以避免大量资本的一次性支出；它把成本分散在不同时间段，并保持在相对稳定和可预知的水平上。（6）合同承包有助于实现规模经济，不受政府主管机构规模大小的约束。（7）把工作任务的一部分进行合同外包，可以为成本比较提供基准。（8）由于合同承包把通常模糊不清的政府服务成本以承包价格的形式明确化，因而有助于强化管理。（9）合同承包可以降低对单一提供者（政府垄断部门）的依赖，因此能减轻罢工、怠工和领导不当对公共服务的负面影响。（10）合同承包为少数民族企业家创造了机会。（11）合同承包限制了政府雇员规模。（12）合同承包激励私人部门不断创新以满足社会需求。①

归纳起来，政府购买公共服务或服务外包的优势包括：一是专业性。承包商往往具有更为专业的知识和技能，以及拥有这些知识和技能的专业人才。二是效率。经由市场竞争产生的承包商必将努力降低生产成本、提高生产效率，因为只有这样承包商才能盈利，才能生存下来，也才有能力竞争到政府的购买合同。三是灵活性。社会组织相对于政府而言具有更大的灵活性，因为调整合同内容比调整层级结构要容易很多，由社会组织来生产公共服务比由政府来生产公共服务要灵活很多。政府总是

---

① ［美］E. S. 萨瓦斯：《民营化与公私部门的伙伴关系》，中国人民大学出版社 2002 年版，第 78—79 页。

受制于这样那样的限制而表现出其僵化的一面。四是多样性。由社会组织来生产的公共服务一般都不属于政府向公众免费提供的基本公共服务范畴。社会组织可以根据自己的消费群体不同，提供适合这些群体的个性化服务需求，公民也可以根据自己的消费习惯选择自己愿意接受的公共服务类型。"志愿组织比政府更能提供个人化的服务，可以在更小范围内运作，可以根据客户的需求而不是政府机构的结构来调整服务，可以允许服务提供者之间一定程度的竞争。"① 非营利性组织参与公共服务的供给可以有效弥补政府与市场的缺陷，为公共服务的供给提供一个新的、精巧的"第三方治理体系"。在这个体系中，政府与第三方执行者（非营利社会组织）在很大程度上共享对公共资金和公共权威运用方面的裁量权。② 萨拉蒙通过大量的实证研究证明，非营利组织不仅出现在政府、市场或合约失灵的地方，在很多政府和市场运行得很好的领域，非营利组织同样可以发挥很好的作用。③ 政府购买公共服务的这些优势使这种服务供给模式成了政府与社会组织合作供给公共服务的一种重要方式。

在这种供给机制中，政府的职责就是确定公共服务的数量和质量要求、挑选合适的承包者，明确双方的权力和责任，监督合同的执行，并以政府财政的名义给付承包者供给公共服务的酬劳等。萨瓦斯认为在这种模式中政府的理想角色就是：（1）公共物品和服务需求的确认者；（2）精明的购买者；（3）对所购物品和服务需求的确认者；（4）公平税赋的有效征收者；（5）谨慎的支出者，适时适量对承包商进行支付。④ 作为承包者社会组织的责任主要就是按照合同约定的时间，提供符合合同要求的公共服务并获取合同约定的报酬。在这种公私合作模式中，政府仍然是公共服务的提供者，即由政府来决定是否生产、如何生产、选择谁进行生产以及生产的质量和数量等。服务外包的适用范围几乎可以涵盖政府承担的所有事务性公共服务，如垃圾的收集与清运、环境保护、医疗救助、社会保障、公共项目的论证与规划等。政府购买服务的具体

---

① ［美］莱斯特·M. 萨拉蒙：《公共服务中的伙伴》，商务印书馆 2008 年版，第 51 页。
② 同上书，第 43 页。
③ 同上书，第 40—42 页。
④ ［美］E. S. 萨瓦斯：《民营化与公私部门的伙伴关系》，中国人民大学出版社 2002 年版，第 73 页。

方式包括公共竞标、单一来源采购、委托管理、项目补贴、项目奖励、意向性谈判、资助、凭单、公办民营、民营公助等多种方式，呈现出多样化、复合型的特点。当然，合同承包的有效实施是需要一定的条件的。按照萨瓦斯的观点，这些条件包括：（1）工作任务要清楚地界定；（2）存在几个潜在的竞争者，已经存在或可以创造并维持一种竞争气氛；（3）政府能够监测承包商的工作绩效；（4）承包的条件和具体要求，在合同文本中有明确规定并能够保证落实。①

政府通过购买的方式提供公共服务在世界范围内已经得到了广泛运用。以美国为例，政府合同承包制度的安排非常普遍，不仅包括政府办公所需要的装备和设备，甚至敏感的军事装备都是外包给私人生产者的；还包括垃圾收集、救护车服务、路灯维修、马路维护和多样化的社会服务。美国各级政府的管理层都在广泛地运用合同外包。统计数据显示，美国最少存在 200 种公共服务是由私营部门供给的，它们均是通过公共服务的外包机制实现的。② 1976 年，美国各级政府花在购买服务上的开支估计有 420 亿美元，包括与私人签订的合同和政府间合同。但到了 1992 年，仅联邦政府在服务方面就签订了 440 亿美元的合同。③ 在英国，1988 年的《地方政府法》要求，6 种基本的市政服务必须通过竞争性招标来安排，包括生活垃圾收集、街道清洁、公共建筑清扫、车辆保养维修、地面维护和饮食服务等。在丹麦，多数城市和私人企业签订合同以提供消防和救护车服务。在瑞典，大约 2/3 的居民从私人承包商那里获取消防服务。④ 欧盟也于 1992 年颁布了《公共服务采购指南》，将电子政务及相关服务、健康与社会服务、文化及体育等 27 类公共服务全部纳入向市场购买的范围，凡是价值超过 20 万欧元的公共服务，一律公开招标购买。据统计，在 1978 年至 1979 年间，欧美发达国家私营公司和民间非营利机构与政府以合同方式承包的社会服务分别占全部社会服务的 35% 和 8%。⑤

---

① ［美］E. S. 萨瓦斯：《民营化与公私部门的伙伴关系》，中国人民大学出版社 2002 年版，第 78 页。

② 同上书，第 75 页。

③ 同上书，第 77 页。

④ 同上书，第 74 页。

⑤ 卡佳：《"购买服务"政府的钱不好花》，《社区》2005 年第 9 期。

党的十八届三中全会明确提出"凡属事务性管理服务，原则上都要引入竞争机制，通过合同、委托等方式向社会购买"。之后，政府购买公共服务在我国有了突飞猛进的发展。这里的政府购买公共服务与之前的政府采购是不同的。我国的《政府采购法》虽然表明，政府采购包括货物、工程、服务三大类，但在之前的采购中，货物采购与工程采购在政府采购总额中所占比重基本上在90%以上，服务采购在政府采购总额中的比重仅为10%左右。① 我们今天所说的政府购买公共服务，更多指的是政府对服务类的购买，而不是具体的货物或工程。就公共服务的购买，我国的空间还很大。首先，从数量上来说，即便加上传统的政府采购，2011年中国政府采购规模是1.13万亿元人民币，占国家财政支出的11%，占当年GDP的2.4%，而发达国家政府采购总规模一般占GDP的比例高达15%—20%。② 其次，从服务内容看，目前我国政府向社会组织购买服务主要局限于养老、社区、社工等领域，而在公共教育、医疗卫生、科学研究和社会保障等很多公共服务领域，政府购买服务的实践还很有限。实际上，可以通过购买实现的公共服务的范围要远远大于我们今天已经实施的范围，国外有学者甚至认为"政府提供的服务和职能都可以被承包出去"③，这种观点虽然有些绝对，但也说明可以使用这种公共服务供给方式的领域绝不仅限于我国目前已经使用的这些领域。更多更为理性的学者对政府购买公共服务范围也提出了一些自己的看法。波斯顿认为，涉及政府核心职能的服务不能外包，除此之外的其他公共服务都可以外包。奥利弗·哈特认为，对于服务质量难以评估的服务，由政府的公共部门承担则会更好，其他公共服务则可以实行外包。④ 国内学者魏娜、刘畅乾将公共服务基于非竞争性和非排他性的属性标准分成了四类，认为除了既有非排他性又有非竞争性的基本公共服务，如公共安

---

① 杨会慧、杨鹏：《中国政府采购总体规模及货物结构分析》，《中国政府采购》2011年第6期。

② 《政府采购增加10倍与精简开支不矛盾》，《人民日报》2012年7月9日第2版。

③ James L. Mercer, "Growing Opportunities in Public Service Contraction", *Harvard Business Review*, No. 61, 1983, pp. 178–188.

④ 转引自姜晓萍、田昭等《基本公共服务均等化：知识图谱与研究热点述评》，中国人民大学出版社2016年版，第170页。

全、国防安全、对外事务等须由政府来直接提供，不得向社会力量购买，属于禁止购买服务范畴之外，其他三类包括：非排他性、竞争性的以物为对象的基本公共服务，如环境服务、公共设施管理服务；非排他性、竞争性的以人为对象的基本服务，如教育服务中的初等教育服务、中等教育服务；非基本公共服务如医疗卫生服务中医院服务、卫生院和社区医疗服务、门诊服务、其他医疗卫生服务等，这三类准公共产品，均可以通过政府购买来提供。①综合来看，本书认为下列几种公共服务不适合服务外包：（1）纯公共产品，如国防、外交和公共安全等；（2）体现社会公平和正义的决策类职能，如法律、法规、政策等的制定以及行政裁决等行为；（3）服务质量难以评估的公共服务。这类公共服务由于无法量化，很难监管和评估，通常无法满足物有所值评价，因而也不适合采用服务外包。除此之外的政府其他公共服务原则上都可以采用外包的供给方式。

（三）特许经营

特许经营最早适用于商业领域。根据中国商务部的定义，特许经营是指通过签订合同，特许人将有权授予他人使用的商标、商号、经营模式等经营资源，授予被特许人使用，被特许人按照合同约定在统一经营体系下从事经营活动，并向特许人支付特许经营费。随着公共服务公私合作机制的探索，这一经营模式又被引入到公共服务领域。根据 2004 年3 月出台的《市政公用事业特许经营管理办法》规定："市政公用事业特许经营，是指政府按照有关法律、法规规定，通过市场竞争机制选择市政公用事业投资者或者经营者，明确其在一定期限和范围内经营某项市政公用事业产品或者提供某项服务的制度。"因为这种特许经营是政府授权的，所以也可称之为"行政特许经营"。基于这种定位，有学者对此概念进行了更进一步的解读，认为特许经营就是"由政府授予某个组织在一定时间和范围内运营某项公共产品或服务以及进行经营的权力，并准许其向用户收费或出售产品以改善服务设施、回收投资利润，政府通过

---

① 参见魏娜、刘畅乾《政府购买公共服务的边界及实现机制研究》，《中国行政管理》2015 年第 1 期。

合同协议或其他方式明确政府与获得特许权的非政府部门之间的权力义务"①。特许经营既可以是排他性特许经营，政府将垄断性特权给予某一经营性企业，让它在特定领域里供给特定服务，通常是在政府的价格管制下进行，比如水、电、气、铁路以及有线或无线网络等具有规模效应的公共服务经营；也可以是非排他或混合式的特许经营，政府把公共设施如机场、码头、体育场馆等租赁给经营性企业从事商业活动，而经营性企业的这些活动并不具有垄断性地位。在特许经营模式下，经营性企业的投资大都靠用户支付的费用来收回，它们比大多数公私合作供给公共服务模式要承担更多的经营和市场风险。一般来说，这些经营商也会拥有对原有基础设施的升级、改造和扩建等义务，但其在承担这些任务的时候，也会考虑到运营周期、定价权的调整以及付费机制等问题，以综合评估出其从事改、扩建等工作的必要性。因为这些资产在经营期满后，将交还给政府，也就是说政府特许给私人企业的只是经营权，而不是所有权，所有权依然掌握在政府手中。特许经营的意义并不在于为公共部门增加新的资产，像基础设施领域的政府与社会资本合作那样，而是帮助公共部门解决现有资产的"经营问题"。特许经营也是公私合作的一种常见且重要的形式，尤其在供水和供电这类政府已经建立起强大的基础设施网络的服务中，特许经营的引入不仅可以避免完全市场化可能导致的重复建设和浪费（基础管网是不需要重复建设的），同时也解决了公共部门垄断性经营所存在的低效和质量差等问题。比如法国利用特许经营为城市供水已有100多年的历史，整体运营效果良好。

特许经营存在两种合作方式：一是作为狭义 PPP 模式的其中一个环节，在政府与社会资本按一定的出资比例合作建设某一公共基础设施的合作模式中，政府特许承担一定出资比例的社会资本或专门成立的公司（SPV）享有基础设施建成之后一定时间的经营权的一种公私合作模式。在这种模式中，政府依靠私人资本的投资，弥补单纯政府财政投资的不足，满足公众对基础设施的公共服务需求，同时特许作为出资方的社会资本一定时间的经营权，社会资本在约定的经营时期内通过向消费该设

---

① 句华：《公共服务中的市场机制：理论、方式与技术》，北京大学出版社 2006 年版，第103 页。

施的公众收取一定的费用，必要的时候也可以由政府提供可行性缺口补贴，来实现社会资本的盈利。这种模式更凸显社会资本在基础设施方面的投资，或者说社会资本之后的特许运营权基本上是与社会资本在基础设施建设过程中的投资行为密切相关的。这种合作机制的好处是可以充分发挥公共资金四两拨千斤的作用，充分调动社会资本参与公共服务供给的积极性，尤其适用于一些投资规模大、建设周期长、公益性高的项目，例如公路、桥梁、隧道、铁路、机场、水处理、电力等新建基础设施领域。民营化大师萨瓦斯就是这种观点的代表性人物，在他列出的长长的民营化模式中，并没有将特许经营单列出来，而只是在"基础设施领域的公私伙伴关系"中，作为其中一些形式比如购买—建设—经营、建设—拥有—经营中的一个环节。二是政府将原来自己亲自运营的公共服务和现有的公共项目交由某个营利性企业来经营，获取特许经营权的企业未必是该公共服务或基础设施的投资者。比如很多国家的水、电、气等公共资源以及机场、运动馆等公共基础设施都是通过特许经营的方式外包给某一营利性企业的。在这两种特许经营方式中，政府都不会直接为公共服务付费，只提供一定的财政补贴，或在必要时提供可行性缺口补贴，获取特许经营权的公司在享受特许经营权期间通过直接向消费者收取费用获取利润。

在特许经营这种公私合作模式中，按照我国《市政公用事业特许经营管理办法》的规定，政府的主要职责是：（1）协助相关部门核算和监控企业成本，提出价格调整意见；（2）监督获得特许经营权的企业履行法定义务和协议书规定的义务；（3）对获得特许经营权的企业的经营计划实施情况、产品和服务的质量以及安全生产情况进行监督；（4）受理公众对获得特许经营权的企业的投诉；（5）向政府提交年度特许经营监督检查报告；（6）在危及或者可能危及公共利益、公共安全等紧急情况下，临时接管特许经营项目等。作为获得特许经营权的企业的职责则是：（1）科学合理地制订企业年度生产、供应计划；（2）按照国家安全生产法规和行业安全生产标准规范，组织企业安全生产；（3）履行经营协议，为社会提供足量的、符合标准的产品和服务；（4）接受主管部门对产品和服务质量的监督检查；（5）按规定的时间将中长期发展规划、年度经营计划、年度报告、董事会决议等报主管部门备案；（6）加强对生产设施、设备的运行维护和更新改造，确保设施完好等。

特许经营这种供给机制既可以利用竞争以及经营者所拥有的先进技术、专业知识和管理经验提高公共服务供给的质量和效率，也可以减轻政府财政负担；同时也为具有良好资质的私人公司参与公共服务的供给提供了机会，这些私人公司在获取特许经营权的同时也获得了长期稳定的盈利机会。这是一种政府与企业双方共赢的公共服务供给机制，通常适用于那些具有一定的外部性、自然垄断性的可收费准公共物品的供给，包括供水、供电、供气、供热、垃圾处理、电视、电信、港口、飞机场、道路、桥梁以及公共交通等。

特许经营与狭义 PPP 模式的不同在于，它既可以作为狭义 PPP 模式的其中一个环节，又可以超越狭义 PPP 模式的适用范围。狭义 PPP 模式是政府与社会资本在基础设施领域几乎所有环节的合作，包括建设、维护以及运营等全过程合作，而特许经营只是狭义 PPP 模式中一个环节，即对基础设施的运营。特许经营也有超越狭义 PPP 模式的使用范畴，比如对已经建成的、具有规模效应的基础设施的运营，就可以直接以特许经营的方式特许给某一营利性企业。特许经营与政府购买公共服务的不同之处在于对服务供应者的支付方式不同。政府购买公共服务是政府以财政支出的方式向服务供应者付费，而特许经营则主要是由享受公共服务的消费者向服务供应者付费。

(四) 凭单制 (vouchers)

凭单就是政府部门给予有资格消费某种公共服务的公民个体发放的代用券，有资格接受代用券的公民个体在与政府合作承担公共服务或产品供给的私人组织中"消费"他们手中的代用券，私人组织则根据其获取代用券的多少到政府财政部门兑换现金的公共服务供给方式。凭单制是政府围绕特定物品或服务而对特定消费群体所实施的一种补贴。实行凭单制的实质就是让服务供给者为争取消费者手中的代用券而展开竞争，通过给消费者"用脚投票"的机会，来促进公共服务水平和质量的提高。实行此制度的公共服务成本主要由政府承担，私人组织只负责供给公共服务或产品。美国就将凭单制广泛运用在食品与营养、教育、培训、医疗、住房等领域，这不仅推动了私人组织与私人组织之间的竞争，也推动了公共部门与私人组织之间的竞争。这就打破了公共部门原有的垄断性地位，迫使它们不得不为了生存而提高服务的质量和效率。如美国的"教育券"制度，英国的"医疗券"制度，都大大地改进了相关公共服务。这些领域原来由公共部门（公立学院和公立医院）垄断性供给时，存在着两个凸显的问题：一是供给总量不足，无法满足公众的消费需求。比如公立医院或者公立学校，由于政府财政资金有限，无法满足所有公民的公共服务需求，即使能满足量的需求，也很难满足不同公众在质量方面的个性化需求。允许私人组织进入原来由公共部门垄断的服务领域，则可以有效弥补政府财政资金的不足。比如在美国的义务教育中允许私人资本开办一些更具特色的私立中小学，就可以满足某些家庭对孩子的特殊教育需求。二是服务质量不高。在原来的公共部门垄断性供给模式下，政府直接把某项公共服务的资金划拨给了提供该项公共服务的垄断性公共部门，比如公立医院或公立学校。这种拨款方式就意味着，这些垄断性公共部门服务质量越高吸引的消费者越多，自己的工作量也就越大，在整体拨款总数不变的前提下，从理性或功利的视角来看，其整体效益反而更低。反之，该垄断性公共部门服务的质量越差，吸引的消费者越少，工作量就越小，在拨款总量不变的情况下，其整体效益反而更高。这实际上发挥的是财政拨款的负激励效应，即鼓励这些垄断性公共部门比谁的服务质量更差、服务的对象更少。而在公共部门垄断性供给的传统模式中，作为消费者公众要么自己花钱选择质量相对较好，但价格也相对昂贵的私人组织所供给的服务，要么就只能选择在这些服务质量差的公共部门中忍气吞声，因为并不是所有的消费者都有能力支付相对昂贵的私人组织所供给的服务。凭单制的引入，则意味着公共部门与公共部门，以及公共部门与私人组织之间竞争机制的形成。对于消费者来说，既可以选择某个公共部门供给的服务，也可以选择私人组织供给的服务，而无论消费者选择哪个主体所供给的服务，都可以使用代用券。当消费者选择私人组织所供给的费用相对昂贵的服务时，只需要支付私人服务与代用券之间的差额，而无须支付所有的私人服务费用，这就弱化了消费者在选择公共部门供给的公共服务与私人组织供给的服务之间的难度，更多的公民将有能力借助政府所发放的代用券的补助选择私人组织所供给的服务。这样，无论是公立医院还是公立学校，要想生存下去，就不能继续维持皇帝的女儿不愁嫁的傲慢，而要躬身向消费者伸出更多的橄榄枝，以吸引消费者选择消费它所供给的服务。只有消费者选择了它供给的服务，它才能得到消费者手中的代用券，也才能得到财政资金，才能生存下去。因此，在这种公私合作模式中，私人组织的介入就如同一条鲇鱼，搅动着原本垄断性的、傲慢而懒散的公共部门，迫使这些公共部门生发出新的活力和竞争力，并想方设法改进服务质量，吸引更多的消费者。当然，同样的竞争在私人组织之间也是一样，当更多的消费者借助政府的代用券有能力消费私人组织供给的服务时，选择哪一家私人组织，也主要基于该组织供给服务的质量和效率，所以私人组织之间也会为了争取更多的握有代用券的潜在消费者而努力提高自身的服务质量和效率。同时，在凭单制安排下，消费者拥有了消费选择权时，理性会促使其理智消费并讨价还价，因为如果他可以用更低的价格购买某一服务，那么同样数量的代用券就可以买到更多的服务，这无形中也提高了财政资金的使用效率。

当然，凭单制的适用也有一定的条件。按照萨瓦斯的界定，凭单制的良好运行需要满足以下条件：（1）人们对服务的偏好普遍不同，且公众认为这些多样化偏好都很合理。（2）存在多个服务供应者之间的竞争，进入成本很低。因此只要有需求，潜在提供者就能很容易地进入市场。（3）个人对市场状况有充分了解，包括服务成本、质量、获取渠道等方面的信息。（4）使用者容易评判服务质量，或者生产者由政府批准并受其监控。（5）个人有积极性去购买该种服务。（6）该种服务比较便宜且人们购买频繁，因此公众能够通过实践来学习。①

凭单制在美国州和地方层级都得到了广泛运用，包括对低收入家庭的食品补助、住房补助、医疗服务、幼儿保健、公立教育、老年服务项目、家庭护理、救护车服务、娱乐和文化服务、药品和酒精管制服务、对有经验的失业工人进行培训等。在司法和环境保护领域，凭单制也在应用，前者如对上缴枪支和假释期间良好行为的奖励，后者如对上缴汽油驱动的割草机和安装小容量马桶的行为的鼓励。

---

① ［美］E. S. 萨瓦斯：《民营化与公私部门的伙伴关系》，中国人民大学出版社2002年版，第84页。

凭单制在英美等国的实践基本是成功的。以美国公立教育领域的凭单制为例,其对传统垄断性公立教育供给模式的冲击还是非常显现的:(1)生源竞争迫使学校提高效率,对学生需求有更高的回应性。(2)教师和学校管理者的企业家精神会带来教学方法上急需的创新。(3)在引用优秀教师方面的竞争,会在教育领域形成一个更加灵活的职业市场,进而激发教师提高教学质量的热情。(4)学校中令人窒息的、没必要的官僚控制将会极大地减少。(5)公立学校中尽力避免的宗教伦理,可以在民营学校中被重新纳入学生教育。①

这种公私合作供给模式在打破公共部门垄断性供给的同时,通过凭单在公共部门与私人部门之间架起了一座桥梁,使原本平行的公私两条线拧在了一起,彼此既竞争又合作,共同供给某种公共服务。借助凭单制将私人组织纳入了公共服务领域之后,既有效弥补了政府财政资金的不足,又借助公共部门与私人组织之间的竞争提高了公共服务的效率和质量,而在这一过程中,政府并没有花更多的钱。

(五)公共服务的社区自治和志愿服务

这种公私合作供给公共服务模式是政府通过授权将社区自身公共事务的治理权交给社区,借助社区的自治和志愿力量自主供给社区自身需要的某些公共服务的一种供给模式。在这种公共服务供给模式中,政府只需要投入少量的公共资源,比如一些基础设施、办公场所和少量的常任制管理人员,大量的社区公民及志愿力量则成为提供日常服务的工作人员。这不仅可以大大减轻政府的财政负担,还可以提高社区公民和志愿者参与公共事务治理的热情,锻炼其自治技巧和能力,并树立起人人为我、我为人人的公益之心和公共利益至上的公共精神。大量的实践已经证明,这种模式在社区安全、幼儿托护以及老人养护等公共服务领域已经被越来越多国家的地方政府所采用。奥斯本在他的那本《改革政府:企业精神如何改革着公营部门》一书中,就列举了美国很多城市在社会治安、儿童照料以及公立学校管理等方面引入社区自治的实践。在奥斯

---

① [美]E. S. 萨瓦斯:《民营化与公私部门的伙伴关系》,中国人民大学出版社2002年版,第278—279页。

本看来，"人们一旦能够控制自己的环境，就比在受他人控制的情况下更能够负责地采取行动"，"当社区被授权来解决自身的问题时，它们就比那些依靠外人提供服务的社区更能发挥作用"。所以，他主张"把所有权从官僚机构那里夺回来送到社区"①。当然，社区自治也并不是说，政府就放手不管了，而是政府与社区之间的一种合作。奥斯本引用一家城市治安基金研究机构的主席休伯特·威廉斯的话说："真正的关键是'警方要有能力起到催化作用，一方面把社区各种资源集中起来，另一方面向社区提供资源、支持和训练'。"② 根据美国城市治安哨全国委员会的报告，全美国有1.8万个"居民治安哨"小组，成员达100万人，同当地警方合作保护自己的社区免受犯罪的祸害。③ 这种模式对正处于现代化进程中的我国很有现实意义。一方面，我们国家还是一个发展中国家，政府还没有足够的实力为公众提供更大范围的基本公共服务。比如，我们的学龄前教育依然还没有纳入义务教育的范畴，而国家"二孩"政策的全面放开，就意味着越来越多的学龄前儿童面临着无园可入的难题。还有我国的养老问题，随着老龄化社会的形成，需要养老的人口比例和数量会越来越高。数据显示，到2018年底，我国60岁以上老人已接近2.5亿。随着第一波独生子女的父母也逐渐迈入老龄人口之后，传统的家庭养老模式对独生子女家庭来说显得越来越不堪重负，政府部门所提供的公共养老机构又无法满足如此庞大的老龄人口的养老需要。另一方面，政府赋权社区自治也有利于提高公共服务的质量和效率。当公民把发生在自己身边的事情都委托给政府时，就会产生对政府的依赖，但这种依赖有时并不可靠。我们国家很大，社区量也很大，社区之间千差万别，需求不一，单靠政府很难满足所有社区个性化的服务需求。而社区居民自身就是社区公共服务的消费者，往往更清楚地知晓自己需要什么样的公共服务，由他们参与社区公共服务的供给，很可能比由政府提供更符合社区公众的消费需求、质量更好、效率更高。所以，那种将社区公共

① ［美］戴维·奥斯本、特德·盖布勒：《改革政府：企业精神如何改革着公营部门》，上海译文出版社1996年版，第28、29页。

② 同上书，第27—28页。

③ 同上书，第27页。

服务单纯交给政府的做法，既不可能满足所有人的公共服务需求，毕竟政府不可能了解每一个社区的个性化公共服务需求，而且其财力和人力都是有限的；也没有必要，因为社区自身更了解自己的需求所在。政府只需提供必要的资源支持和制度安排就行了。这也是一种公私合作供给公共服务模式。

三　公私合作供给公共服务机制对传统供给模式的挑战

公私合作供给公共服务机制的核心意义在于将政府之外的私人治理主体引入公共服务的供给主体范畴，通过竞争挑选最合适的私人治理主体，借助政府与私人治理主体的各自优势，以公私合作的方式最大化地实现公共利益。它需要对公共部门与私人组织就公共服务和公共产品提供过程中的权利、义务、风险、成本、效益、资源和责任等进行重新分配，它"不是一般人所理解的单纯的跨部门参与和融资。它既涵盖又已超越了委托—代理契约关系，致力于以机制创新实现某种共同目标，意味着参与者可以通过协商而缔结合约发挥'1+1>2'"① 的优势。公私合作供给模式不仅仅要发挥"公"与"私"二者各自优势的物理效应，还要发挥"公+私"的化学效应。这种新的合作供给机制，既不同于单纯的政府垄断性供给，也不是将公共服务的供给责任交给市场机制的单纯私有化；它借助了市场的竞争机制，但又没有放弃政府这只手的全程参与及监管；它既保留了政府作为公共组织对公共服务公平和正义等的价值追求，又在公共服务的生产和经营环节引入了私人组织的参与。所以，公私合作供给公共服务不仅仅只是借助私人部门的资金、技术与专业优势，而是形成了新的公共服务供给模式。这种新的供给模式对传统政府垄断性供给模式提出了诸多挑战。

---

① T. Bovaird, "Public-Private Partnerships: From Contested Concepts to Prevalent Practice", *International Review of Administrative Sciences*, Vol. 70, No. 2, 2004, pp. 199 – 215.

（一）重新思考政府与市场的关系

政府和市场是两种可供选择的资源配置机制，公共产品的供给由政府来提供，私人产品的供给由市场来提供，这一直是经济学界和公共行政学界的基本认知。以萨缪尔森、马斯格雷夫为代表的主流公共产品理论倡导者认为，公共产品的特性决定了其不能由市场有效供给，应该由政府供给，而传统公共行政学也将基本公共服务作为精英政府所独有的行为。[1] 这种观点视政府和市场的作用是相互替代的，或者说，我们选择资源配置机制的时候，要么是市场，要么是政府，两者只能择其一。所以，很长时间以来，公共行政研究的重点就是确定政府能做什么，即政府职能的定位。但正如林德布鲁姆所言，"撇开专横残暴的政府与主张自由的政府之间的区别不说，一个政府同另一个政府的最大不同，在于市场取代政府与政府取代市场的程度"[2]。因此，想在政府和市场之间划出一道清晰明确的界限几乎是不可能的，哪些职能是政府的，哪些职能是市场的，也就成了公共行政学界和经济学界研究的一个永恒话题。公共服务的公私合作供给机制则打破了政府与市场对立的二元分离思维定式，更加关注两者之间的相互补充及合作。在这种合作中不仅要发挥各自的优势，还要使二者在合作中形成化学效应，产生"1 + 1 > 2"之结果。大量的公私合作供给公共服务的实践也已经证明，政府和市场不再是非此即彼的替代性关系，在很多时候都呈现出政府与市场的合作和相互依赖。这更类似于青木昌彦提出的第三种观点，即市场增进论。该理论强调政府的职能在于促进或补充民间部门的协调功能，而不是将政府和市场仅仅视为相互排斥的替代物。[3]

---

[1]　Richard Abel Musgrave, *The Theory of Public Finance：A Study in Public Economy*, New York：McGraw-Hill, 1959.

[2]　［美］林德布鲁姆：《政府与市场：世界的政治—经济制度》，上海三联书店1996年版，序第1页。

[3]　［日］青木昌彦等：《政府在东亚经济发展中的作用：比较制度分析》，中国经济出版社1998年版，第9页。

（二）政府不再是唯一的公共服务供给主体

公共服务的合作供给机制也意味着公共服务的供给将不再是政府一家。政府作为唯一的公共服务供给主体的主要理论前提是，公共服务作为一种公共产品所具有的非竞争性和非排他性特征，使得私人组织或市场没有动机来供给这类服务，同时，公众个人又没有能力来供给这种公共服务。但这类公共服务是大多数公民所需要的、与其生产和生活息息相关的产品，必须有相应的主体来承担，既然私人组织无法供给，那就只能由政府来供给。因此，提供公共产品也一直被认为是政府存在的合法性基础。但事实上，公共物品分类理论告诉我们，在日常生产和生活中所需要的绝大多数所谓公共产品并不同时具备非竞争性和非排他性的特征，也就是说它们更多是要么具有非竞争性要么具有非排他性的准公共产品，而准公共产品是可以通过企业或者社会组织来供给的。正如公共选择理论所认为的那样，没有任何逻辑理由证明公共服务必须由政府来提供，相反政府垄断性供给公共服务的结果却往往是质量低劣、效率低下、服务冷漠和成本高昂，因此摆脱困境的最好出路是打破政府的垄断地位，将竞争机制引入公共服务的供给机制之中。只是由于这些准公共产品依然保留了非竞争性或非排他性中的某一个属性，如果完全将其交给市场，政府不参与其中，企业或社会组织是没有积极性主动介入的，所以这些产品在借助市场机制供给的同时，依然离不开政府的介入。政府的介入自然只是发挥政府相对于市场的优势，比如政府作为公共组织具有更广泛的利益代表性，可以更公平和公正地为公众提供公共产品。在这种合作机制中，政府要参与公共服务的供给，但更多承担的是制度安排者和标准制定者以及服务供给过程监管者的角色；企业或社会组织也可以参与公共服务的供给，只是它们承担的主要是公共产品的生产者角色。随着企业或社会组织这些私人力量参与到公共服务的供给，传统公共服务供给的政府垄断性被打破，多元共治的新公共服务供给格局得以形成。

（三）政府政策制定与执行的相对分离

在传统公共行政模式中，政府管理往往是封闭的，即政府自己制定政策后，又将政策方案交给自己的下属或执行性机构来执行。或者说，在封闭的官僚制组织中，政府即是政策的制定者，也是政策的执行者，甚至从决策到执行、从监督到评估的全过程都会在官僚制内部完成。但公共服务的公私合作供给模式则打破了这种传统理念，它将政策的制定与政策的执行分解成两个不同的环节，交给了两个性质完全不同的主体，政策的制定由于牵涉到公共资源或价值的权威性分配，更强调公平和公正，因此应该主要由政府来承担。而政策的执行实际上就是将政策方案转变为具体服务或产品的一个过程，这个过程更强调效率和技术，可以交由更擅长执行的私人组织来承担。这样的分工对政府和私人组织而言，都选择了自己最适合也最擅长的角色。政府在希腊语境中就是"掌舵"的意思，也就是说政府的天然属性是掌舵，而不是划桨。公共政策的制定就是掌舵，而公共政策的执行则是划桨。政府更擅长于政策的制定，而不擅长于政策的执行，政策的执行更适合交给竞争性的私人组织。一旦将政策的执行性任务交由市场中的私人主体来承担，政府就可以更集中精力于自己最本质的掌舵职能，即政策的制定，这样政府才有可能制定出更好的政策方案。如果公共组织最佳的精力和智慧都用在了划桨上，其掌舵的能力将大大削弱。管理大师德鲁克在其著作《不连续的时代》中写道：任何要想把治理和"实干"大规模联系在一起的做法只会严重削弱决策的能力。任何想要决策机构去亲自"实干"的做法也意味着"干蠢事"。决策机构并不具备那样的能力，从根本上说那也不是它的事。① 公共服务的公私合作机制将意味着政府更集中精力于政策的制定，而政策的执行可以交由其他非政府的私人治理主体。

(四) 政府需要拥有"精明"购买的能力

政府不仅要确保制定正确的政策，还要学会制定正确的价格。当政策制定与政策执行相对分离之后，政府将更关注于政策的制定，而政策的制定被认为是政府的核心职能，不可放弃或让渡于私人力量。但这是否意味着政府职能的收缩，政府只需要制定出正确的政策，然后将政策

---

① [美] 戴维·奥斯本、特德·盖布勒：《改革政府：企业精神如何改革着公营部门》，上海译文出版社 1996 年版，第 7 页。

的执行交由私人组织就行了呢？当然不是，当政府从大量的直接执行性任务中解脱出来之后，另一项新的职能也随之而产生，这就是确定政策执行的价格。无论在哪种公私合作供给模式中，要么是政府要么是消费者是要向私人合作者付费的，从一定意义上说，这些付费就是政府购买私人组织执行政策的价格。这个价格是否合理，将决定着公私合作行为是否符合物有所值的原则性要求。所以，在新的公私合作供给模式中，政府不仅要确保制定正确的政策，还要确保制定合理的价格。用卡特尔的话来说就是"政府要确保自己是一个精明的购买者"。反过来说，如果政府从私人合作主体手中得到这些公共服务的价格高于政府亲自生产这些服务的价格，那基本上我们就可以判断这种公私合作供给机制无法满足物有所值评价，也没有实现我们采用这种新的合作供给机制的初衷。由于公共服务的质量很难完全量化，比如政府从社会组织那里购买养老服务，并不是说社会组织吸纳的接受其服务的老人越多，该项公共服务的效果就越好，公共服务的质量和效率很多时候就是服务消费者的一种感受。但判断政府是否以合适的价格购买到了某种公共服务的困难，并不能成为政府放弃确保制定合理价格的责任。确保制定合理的价格将成为公私合作供给机制中政府应该承担起的新职能。之所以说是新职能，是因为在传统的公共行政理念中，精明的计算与政府似乎是格格不入的。政府的主要职能并不是创造价值，而是分配价值，并保持分配的公平和公正，因此政府并不擅长于计算。在政府独自提供公共服务的模式中，政府往往也不太关注价格因素，政府更关注确保提供公共服务的过程符合相关法律法规的程序性要求。在所有行为都符合程序性要求的前提下，最终政府提供这项公共服务的成本就成了一个客观的结果，而这种结果的好坏，或者说提供这项公共服务的最终成本并不会成为政府关注的焦点。只要程序合法合规，就可以不管结果如何。虽然在新公共管理时期，政府开始改变这种只关注程序而不关注结果的弊端，提出以结果为导向的管理新理念。但如若公共服务的提供只有政府一家，即便其关注结果也往往因为没有可比性，使得这种关注更多表现为价值层面的倡导，很难落到实处。公共服务的公私合作供给则为这种比较提供了机会，因为公共服务的合作大多数都是建立在有合作意愿的私人治理主体之间竞争的基础上，政府会在相互竞争的私人治理主体中去筛选一个更具竞争优势的主体作为合作方，而私人组织的竞争优势自然就包括其价格优势。在确保私人组织的技术和资质的前提下，价格越低的私人组织越有竞争力。但由于"低球标"（low-ball bids）的存在，政府并不能轻易地认定价格最低的竞争方一定最有竞争力。所谓"低球标"，是指企业为了中标而给出最低报价，促使政府对其产生依赖性，续约时再大幅抬高要价。[①]最终选择哪个私人治理主体作为合作者，需要政府进行精明的价格计算。江苏省无锡市财政局课题研究组认为，政府购买公共服务涉及的项目多，不同项目的成本构成比较复杂，而且有的成本可以量化有的则不能够直接量化，如果没有借助专业技术机构的力量来进行精确的成本核算，或者在核心定价的过程中，没有结合当地的物价水平、生活水平、居民收入状况、财政支付能力等各项因素进行定价，是不可能制定出合适的价格的，甚至会使服务外包后的政府支出不降反升。[②] 所以，公私合作供给公共服务机制并不意味着政府只专注于做好政策的制定就万事大吉了，还需要学会制定合理的价格，这也是新的公私合作机制对政府提出的新挑战。

（五）政府工作人员需要拥有新的技能

当公共服务的公私合作机制中引入了政府之外的私人治理主体时，就对政府工作人员自身的角色提出了挑战。政府不再是集公共服务的提供者和生产者于一身的垄断性组织，而是更多作为公共服务的提供者与作为生产者的私人治理主体之间合作供给公共服务。但政府在让渡了某些作为生产者的角色时，又不可避免地要担当起公共服务合作供给过程中监督者角色。这一新的角色就要求政府公职人员具备一些新的技能，包括：（1）公共服务价格的计算能力。也就是前面提到的精确计算服务价格的能力。（2）谈判能力。公共服务的公私合作基本上都是通过合同将公与私联系起来的，合同也是公共服务公私合作供给机制中政府作为

---

① ［美］E. S. 萨瓦斯：《民营化与公私部门的伙伴关系》，中国人民大学出版社2002年版，第211页。

② 参见无锡市财政局课题研究组《无锡市政府购买公共服务改革运行机制研究》，《中国政府购买》2013年第4期。

提供者,与某一私人治理主体作为生产者之间的权利和义务之规定。政府如何在合同中为作为公共利益代表者的自己争取到更多的权利,实际上也是为其所代表的公众争取更多的权利,这取决于政府的谈判能力。私人治理主体尤其是其中的企业参与到公共服务的合作供给机制中,并不意味着其追逐利润的组织属性就发生了变化。企业依然是以追逐利润为主要目的的组织,也一定会尽可能为自己争取更大的利润空间。在这种合作供给机制中,私人治理主体的利润往往就是政府财政或消费者公众的支付,因为这些项目获利的方式无非就是消费者支付、政府支付或者可行性缺口补贴,所以政府必须有相应的谈判能力,否则很容易被私人组织所绑架,最终失去采用公私合作供给减轻政府财政压力的目的。

(3) 合作能力。传统模式中政府集提供者与生产者于一身的时候,更多是内部管理,内部管理靠的更多的是正式的上下级关系,以及建立在这种关系之上的权力和权威。在与私人组织的合作供给机制中,政府与私人组织是平等的伙伴关系,政府就必须学会与私人治理主体进行合作的技能。但政府却并不擅长于此,传统管理模式中政府一直是公共服务的垄断性供给者,政府的这种垄断性供给地位,使得政府更习惯于以发号施令者的角色出现。再加上政府作为垄断性公共组织,其所拥有的公共权力和公共资源,使其在与其他私人组织的比较中天然处于优势,所以政府的傲慢、冷漠与强势几乎在所有的官僚制国家中都无法完全避免。在公共服务的公私合作机制中,政府不再是唯一的公共服务供给者,其他私人组织也会参与到公共服务的供给,政府角色的这种变化必然要求政府学会与私人组织的合作。而且这种合作又是基于平等基础上的合作,政府不能再依靠手中公权力的强制性而对私人组织发号施令,只能基于合同对双方权利义务的规定进行协商、谈判和共治。从一定意义上说,政府是否拥有这种合作能力,也是检验公私合作机制能否成功的一个重要因素。无论是计算能力、谈判能力还是合作能力,无疑都是对政府工作人员的一个极大挑战。青岛威立雅污水处理项目就是一例。由于当地政府对PPP的理解和认识有限,缺乏谈判能力,导致政府对项目态度的频繁转变,同时又不了解污水处理的市场价格,缺乏精确计算的能力,与项目公司签订了不平等协议,从而引起后续谈判拖延等一系列问题,最终导致项目失败。

四　公私合作供给公共服务机制应坚持的原则

公共服务的公私合作供给机制相对于传统的垄断性供给有许多优势，但也对政府角色及公职人员的管理能力提出了诸多挑战。要想发挥公私合作供给机制的优势，顺利回应这一新机制的挑战，我们在采用这种模式时就必须遵循以下原则。

（一）多元主体供给原则

公私合作供给机制意味着公共服务的供给主体至少包括公共组织和私人组织这两类，这也是公私合作供给机制最突出的外在特点。传统的公共服务供给基本上是政府垄断性供给，政府垄断性供给往往伴随着高成本、低效率和公共资源的浪费。私人治理主体的引入意味着竞争机制的引入，政府可以在竞争性私人组织之间选择一个最佳的合作伙伴。那些可以成为政府合作伙伴的私人治理主体要想在竞争中脱颖而出，就必须表现出优于其他私人治理主体的竞争优势。所以，供给主体的多元化并不仅仅意味着私人组织的引入，引入竞争性私人组织进而引入竞争机制才是最终目的。只有真正引入了竞争机制，才可能打破公共服务的垄断性供给，促使竞争性的供给主体提供更多更好的公共服务。竞争的前提是主体多元，而且这个多元不仅包括公共部门和私人治理主体的多元，还包括私人治理主体自身的多元，即相互竞争的多个私人治理主体的同时并存。在我国很多地方的公私合作实践中，还大量存在着私人主体的垄断性，即参与公共服务合作供给的私人治理主体往往只有一家，有的甚至还与政府有着千丝万缕的联系。这样的公私合作虽然表面上也实现了供给主体的多元化，即公共组织和私人组织共同参与，但并没有真正打破公共服务的垄断性供给，只是这种垄断由原来的政府或公共部门垄断改变为了由私人组织垄断。事实上，这种私人组织的垄断很可能比公共部门的垄断更可怕，毕竟私人组织是以追逐利润为目的的，并没有保证公共利益最大化的伦理约束。所以，要发挥公私合作供给机制的竞争优势就必须保证供给主体多元，尤其是私人供给主体的多元。

（二）合作共赢原则

在公共服务的公私合作供给模式中，政府与私人组织所秉持的应该是合作共赢的理念。对于政府和私人组织各自"赢"在哪些方面，本书引论中已经详述。这里强调的是政府和私人组织应在合作中树立起共赢的理念。对政府方而言，不能只想到借助私人组织的资金、技术和专业等优势去提高公共服务的质量和效率，而不顾私人治理主体在这种合作机制中是否有利可图。政府应尽可能预留一定的利润空间，允许甚至帮助私人组织获取适当的利润。对于私人组织方而言，也不能只想到借助公共项目的长期性和稳定性获取持续的利润回报，而不顾自己所供给公共服务质量和效率所产生的社会影响，尤其是公众对服务质量和效率的满意度如何，因为这些才是政府方最关心的。政府和私人组织都要明白，只有满足了对方的需求才能获取对方的信任，合作才能持续下去，任何只满足单一一方需求的合作都无法长期存续。所以，只有共赢，才有合作；也只有合作，才能共赢。其实布坎南对"撒玛利亚人的困境"进行分析时就指出：两个人在特定的情况下对利他和利己之间进行选择时，如果两个人都选择利他，那么，他们就会赢得一切。这一结论同样适用于公共服务的公私合作机制，只有双方都采取利他的态度，才能最终实现共赢。

（三）风险共担原则

合作共赢的前提是风险共担，要想实现合作共赢，就必须风险共担。公私合作供给公共服务项目的风险主要源自两个方面，一是资金投入大。大多数公共服务项目无论是基础设施类还是社会服务类都需要大量的资金投入，而公共财政紧张也是许多国家采用公私合作供给机制的主要原因之一。二是建设和运营周期长。无论是基础设施领域的政府与社会资本合作项目，还是政府购买服务项目，政府一旦同某个私人组织建立起合作关系，一般都不会轻易改变合作伙伴。因为这个合作伙伴关系的确立往往需要漫长的谈判、评估或者招投标过程，这一过程的时间成本和资金成本也是很大的，对政府和私人组织双方来说，都不愿也不会轻易改变这种合作关系。有些项目由于前期投入较大，承诺私人组织拥有相对较长的运营期也是公共服务项目吸引私人组织参与公私合作的一个诱因。只有较长的合作周期比如30年甚至更长的时间，私人组织才可能获得相对稳定的收益，这个相对稳定的收益才可能稀释掉初期的竞标成本和投资成本，否则私人组织是没有动力参与公私合作项目的竞争的。但长周期的合作关系，在为私人组织带来可能的稳定收益的同时，也可能会带来各种各样的风险。这些风险有来自市场的、经营的，也有来自法律法规、政策和政府的，还有来自自然的、社会变化的等。各方面的变动都有可能超越合同签订之初的预期，无论对政府还是对私人组织，风险都是存在的，而且是贯穿项目全生命周期的。常见的风险包括政治风险、法律法规风险、市场风险、建设风险以及不可抗力风险等。所谓政治风险，顾名思义，就是有关国家政治环境或者国家相关政策变化对工程项目可能带来的不利影响，包括政府的变动、审批延误、政治决策失误、项目唯一性风险、公众反对、政府官员腐败以及人事变更等。所谓法律法规风险，是指法律法规的变动以及疏漏、歧义、调整等对项目可能带来的不利影响。包括法律法规不完善、法律法规缺失、法律法规条款变更以及合同条款违规等。所谓市场风险，是指项目在运营过程中可能面临的各种风险，包括供给能力达不到需求风险、物资供应及价格风险、收费困难风险、财务风险以及运营管理不善风险等。所谓建设风险，是指项目建设过程中可能遇到的各种风险，包括融资风险、地质勘探风险、设计风险、施工条件风险、工程质量风险以及环境保护风险等。所谓不可抗力风险，是指自然界发生的非人为因素而产生的风险，如各类自然灾害包括地震、洪水、飓风、泥石流等所带来的风险。造成这些风险的原因很多，既有自然的原因，如各种突发事件的发生和不可抗力的影响；也有人为的原因，包括项目方案不合理、私人组织的技术和能力没有达到预期、政府违约或不及时拨付财政资金以及法律法规的变更等。但无论是哪种风险，政府与私人组织作为合作的双方都要有共担的理念，相互抱怨或推脱是解决不了问题的，唯有同舟共济、互相扶持方是上策。所以，在这种合作机制中，更需要营造一个"不责备"和"结果导向"

的合作文化。①

在风险分配时，政府既不能利用自身的权力和资源优势，将那些不该由私人组织承担的风险强加于私人组织；也不能为了吸引私人组织参与，给予超出政府承受能力或违背合作机制初衷的承诺。相对于拥有公共权力和公共资源的政府而言，私人组织毕竟处于相对弱势，如果政府以其强势地位把本不该由私人组织承担的风险转移给了私人组织，不仅会损伤私人组织参与公共服务项目的积极性，也可能导致因风险超出私人组织的承受能力而最终还是不得不由政府买单。同样，如果政府过度承诺，通过或明或暗的方式把本该由私人组织承担的风险保留给了政府，这不仅违背了采用公私合作模式供给公共服务的初衷，而且有些风险即便政府承诺了也担当不起，并最终导致两败俱伤。1994 年，英国财政部大臣肯尼斯·克拉克（Kenneth Clarke）在英国产业联合会（Confederation of British Industry，CBI）的一次演说中就提醒，"私人部门必须真正承担风险，不得利用纳税人的钱来对项目进行担保"，"为了确保风险的真正转移，政府不会授予私人部门任何固定回报率的承诺"。② 事实上，公私合作供给公共服务机制本身就包含着公共服务供给风险的转移，即由政府独立承担转移成了政府与社会资本共同承担，尤其是生产经营性风险就应该主要由私人组织来承担。我国在引入 PPP 模式的初期，就曾出现过以承诺回购、最低回报率等来吸引私人资本的做法。由于当时国内基础设施建设落后，财政资金远远不能满足建设需求，为引进社会资本，个别地方政府甚至向社会资本承诺至少 15% 的回报率。事实上地方政府很难有这样的财力，因为这些地方政府之所以引进 PPP 模式，主要就是因为财政资金不足，同时，15% 的回报率承诺也不符合风险共担原则。最后，国务院不得不专门下发《关于妥善处理现有保证外方投资固定回报项目有关问题的通知》，要求各地方政府对固定回报投资项目进行清理和妥善处理。例如在鑫远闽江四桥项目中，福州市政府为了吸引社会资

---

① ［英］达霖·格里姆赛、［澳］莫文·K. 刘易斯：《PPP 革命：公共服务中的政府与社会资本合作》，中国人民大学出版社 2016 年版，再版序第 23 页。

② The Private Finance Initiative（PFI），Economic Police and Statistics Section，House of Commons Library，2001，p. 15.

本投资，曾向社会资本方福州鑫远城市桥梁有限公司承诺，保证在9年之内从南面进出福州市的车辆全部通过收费站，如果因特殊情况不能保证收费，政府出资偿还外商的投资，同时保证每年18%的补偿。但随着2004年5月16日福州市二环路三期正式通车，大批车辆绕过闽江四桥收费站，政府做出的保证在9年之内从南面进出福州市的车辆全部通过闽江四桥收费站的承诺（该承诺根本没有考虑未来社会的发展速度以及可能的变化）无法兑现，公司收入急剧下降，致使福州鑫远城市桥梁有限公司数亿元投资血本无归。而政府做出的"在不能保证收费的情况下，政府出资偿还外商的投资，同时保证每年18%的补偿"的承诺，也因不符合国务院办公厅发布的《关于妥善处理现有保证外方投资固定回报项目有关问题的通知》的精神而无法兑现。最终，福州鑫远城市桥梁有限公司不得不向中国国际经济贸易仲裁委员会提出仲裁申请，要求受理其由于政府违约与福州市政府之间高达9亿元人民币的合同纠纷。该申请使福州市政府陷入两难境地：如果兑现承诺，福州市政府将支付巨额补偿且违背国务院的新政策；如果不兑现承诺，则政府信用将受到严重损害。这个案例说明，政府过度的承诺很多时候不仅无法兑现，还会降低私人资本的风险意识，反而会使双方陷入更大的风险。

至于哪种风险主要由哪方承担，不能仅基于合作双方博弈的能力和谈判的结果，更要遵循一些具体的原则。包括：（1）风险控制力与风险分担相协调原则，即风险要由风险控制能力更强的一方来承担。风险的控制能力是指项目参与方对各种风险的判断、识别和规避能力。参与方要综合考虑自己和对方对某一风险的控制能力，基于风险控制能力与风险分担相协调原则，让最有能力控制某种风险的主体承担相应的风险。一方对某一风险最有控制能力，也就意味着他处在最有利的位置，最有可能减少风险发生的概率，也最有能力应对可能发生的风险，将风险发生的损失降到最低。"如果每一种风险都能由最善于应对该风险的合作方承担，那么毫无疑问，整个基础设施建设项目的成本就能最小化。"[①] 整个项目的风险最小化，也就实现了整体项目的利益最大化，而整体项目

---

① ［美］E. S. 萨瓦斯：《民营化与公私部门的伙伴关系》，中国人民大学出版社2002年版，第265页。

利益的最大化，才能实现合作双方利益的最大化，因为在合作项目中合作双方已经是利益共同体。只有双方努力将合作项目这个蛋糕做大，每一方才有可能分得更多。（2）风险分担与收益分配相一致原则，即风险应该由规避该风险后收益更大的一方来承担。这一原则基于两方面考虑：一方面，由风险规避后收益更大的一方来承担，易于激发风险承担者规避风险的积极性。风险共担设计原则并不是只考虑风险发生之后由谁来承担的问题，无论谁来承担，风险一旦发生，损害的都是双方的利益。因为双方已经是一荣俱荣、一损俱损的共同体，在真正的风险来临时，谁都无法独善其身。我们希望所有的风险都不要发生，所有的风险都能有效规避。要达到这种境界，就要调动双方规避风险的积极性，而让规避某一风险之后收益更大的一方来承担该风险，就是因为规避风险后收益更大的一方规避风险的积极性也更大。比如经营性风险，一般来说都会交由私人组织来承担，因为如果经营好，也就是说规避了经营中的风险，其带来的主要收益是由私人组织来享有的，所以私人组织更有动力好好经营来规避经营中可能出现的各种风险。另一方面，这一风险分担原则也体现了相对公平。对于合作项目的各参与方来说，从利己的理性思维角度，谁都愿意承担较低的风险，而不愿承担较高的风险。所以，制度设计就应该允许高风险带来高收益，这是公平的。而当高风险与高收益挂起钩时，为了获得更大的收益，合作方特别是私人组织方就有动力去冒这个高风险。其他合作方就不能见钱眼开，看到承担高风险的一方获取了丰厚的收益回报，就犯红眼病，并想方设法地分一杯羹，或者随意毁约。（3）风险上限原则，即风险分担不能超过任何一个合作方的能力上限。对于政府方而言，主要就是其财政承受能力。我们国家已经明确规定了 PPP 项目的投资额度不能超出其所在政府当年财政预算 10% 的红线，这就是政府的风险上限。这也是很多国家，在 PPP 项目中都要做物有所值评价和财政承受能力评价的主要原因。对于私人合作主体而言，虽然没有硬性的红线规定，但对其资质、融资能力、管理水平和技术实力等的综合能力评估也是十分必要的。任何一方都不能也无力承担超过其承受能力的风险，即便我们在合同中，将某一风险赋予了某一合作方，如果超越了其承担上限，真的发生了这样的风险，它也无力承担。比如政府做出的超出其财政承受能力的回报承诺，或者私人组织做出的超出其能力的工期、产品质量和数量等各方面的承诺，一旦发生，不仅无法兑现，还可能导致合作关系的中断甚至终止。最终影响的还是公共服务的质量和效率，受损的还是消费该公共服务的公众。如20世纪90年代，哥伦比亚政府就曾因为多个机场和收费项目供给担保及配套承诺，而不得不向私人资本支付多达20亿美元的资金。这不仅直接导致政府债务负担的加重，也违背了借助私人资本减轻政府财政的初衷。

基于上述三个具体的风险共担原则，一般来说项目的设计、融资、建设、财务、运营维护等商业风险主要由私人组织方承担；政治、政策、法律和最低需求风险等主要由政府承担；宏观经济、突发事件、不可抗力风险等则由政府和私人组织方共同承担。但我们也必须看到，政府作为公共服务的提供者，将会是所有不确定性风险的最后接受者和承担者。合作项目一旦失败，也就是说公共服务无法有效供给，无论失败的原因是什么，政府都无法逃脱公共服务供给失败的最终责任。这是政府的公共属性赋予其的不可推卸的责任，对这一点政府必须有清醒的认知。澳大利亚克莱姆琼斯隧道PPP项目由于需求量不足，在运营2年之后就进入了破产程序。整个隧道建设花费30亿澳元，最终卖价仅为6亿澳元。在这种情况下，政府不得不和投资人一起承担巨大的经济损失。

（四）平等合作原则

在公私合作供给公共服务模式中，无论是"合作"的概念，还是"伙伴关系"的概念，都包含着"平等"的核心意涵，即政府与私人组织在合作供给公共服务的过程中，双方是平等的。双方都不能仅仅局限于短期利益的考量，而是必须致力于培养一种长期的、休戚与共的"生命共同体"关系，通过持续的默契培养和信任投资来最终达成这一目标。[1] 这一点对政府来说尤其要强调，因为传统上在政府与私人组织的关系中，政府因为掌握着公共权力和公共资源而言天然处于优势地位。尤其是在

---

[1]　K. Cherrett, "Gaining Competitive Advantage Through Partnership", *Australia Journal of Public Adiminstration*, Vol. 53, No. 1, 1994.

一些强政府治理模式中,政府尤其要改变自己优越于私人组织的思维惯性。政府不能高高在上,更不能颐指气使,而是要和私人组织基于平等的地位商量着办事。其实在中国语境中,"合"字本身就包含着合作主体之间平等关系的内涵。根据《现代汉语词典》的解释,所谓"合作"是指"相互配合做某事或共同完成某项任务"。① 这种合作关系的建立并非可有可无,相反,对于公共服务合同外包的绩效结果有着重要影响。如果政府与合作方之间仅仅是纯粹的监管关系,处于相互对立和敌视的状态,公共服务合作的绩效目标将难以实现。遗憾的是,现行理论解释框架对政府与合作方之间的合作关系并未给予足够重视,事实上这种合作关系是成功开展公共服务合同外包不可或缺的一个重要前提。② 这种平等合作精神对政府和私人组织的要求是一样的,但基于政府的特殊性,平等合作精神对政府的要求更为迫切也至关重要。这种精神对于一个更擅长于以权力发号施令的政府而言,无疑也是一个更大的挑战。因此,在平等合作方面政府要做出表率。第一,政府要有与私人合作主体的平等意识。若没有真正的平等意识,即便表面上强调平等,在实际的行动中也会习惯性做出不平等的行为。尤其是在项目遇到困难的时候,政府更应该秉持平等的意识和私人合作主体协商着办事。第二,政府选择私人合作伙伴的过程要公平、公正。选择私人合作伙伴是公私合作模式中私人组织与政府实质性接触的首要环节。这个环节中政府要做到公平、公正,对所有参与公共项目竞争的私人组织一视同仁、机会均等。政府选择合作伙伴主要基于竞争者的资质、出价、融资能力以及在业内的过往表现等,而不是基于人情关系或慑于领导权威等与私人组织综合能力无关的因素。实践中,有些公共项目的招标过程中,存在的围标、串标以及陪标等现象,都是有悖于平等原则的。随着越来越多的竞标由原来的以"最低出价选择"为刚性原则向"最优价值选择"原则的转变,政府在选择私人合作伙伴时有了更大的自由裁量空间和权力,秉持平等原则选择最终的合作伙伴就更为重要。第三,要有平等的合同约定。在签订

---

① 《现代汉语词典》(第5版),商务印书馆2005年版,第550页。
② 詹国彬:《公共服务逆向合同外包的理论机理、现实动因与制度安排》,《政治学研究》2015年第4期。

合同的时候也要体现这种合作关系中的平等概念，尤其是风险的分担和权责的界定。政府决不可以行政权力的强制力逃避风险、推卸责任。事实上，政府作为公共服务最终的责任承担者，也是无法逃避风险和责任的。合同越体现平等，对私人组织越有吸引力。更多的私人组织参与竞争，政府就能从众多的参与者中挑选出最佳合作伙伴。这个最佳合作伙伴才有能力为政府分担风险，帮助政府提供更多更好的公共服务。反之，一个不平等的合同约定是无法吸引到私人组织的，即便有私人组织参与进来也很可能不是最佳的合作者。如果私人组织明知合约不平等也要参与进来，则要么是慑于政府压力不得不参与，要么想通过某一项目的合作将政府与自己捆绑在一起，以在其他方面获取更大的利益。无论是哪个原因促使私人组织参与进来，其帮助政府分担风险和改进公共服务的能力都可能不是最佳的。从这个意义上来看，平等也是政府真正规避风险和改进公共服务质量和效率的必要前提。第四，公私双方都要有契约精神。所谓"契约精神"，简单说就是一种基于自由、平等选择基础上的守信品格。对契约精神可以从以下几个方面来理解：首先，政府和私人组织是否采用公私合作模式供给某种公共服务，是双方自主选择的结果。私人组织参与某一个公私合作项目是基于其对风险、盈利机会等综合评估后的自主选择。政府选择某一私人组织作为合作伙伴也是基于对私人组织的技术、管理、资质以及融资能力等综合评估后的自主选择。无论是政府对私人组织还是私人组织对政府都没有任何强制性权力。其次，政府和私人组织在公私合作模式中是平等的合作伙伴关系。二者之间既不是雇佣关系，更不是科层制中领导与被领导关系，以及基于这种关系而产生的命令和服从关系。再次，项目如何实施、政府对项目的绩效评价体系以及具体指标、监管权限、私人组织的参与模式、获利方式、特殊情况下的再谈判机制等，都需要在合同中尽可能详细约定，任何一方都不能跳出合同，单方面采取行动。最后，要有基于平等原则的救济制度安排。尽管合同一方当事人是政府，但是双方合同的主要内容是对合作项目进行的约定，合同签订完全遵循平等、自愿、等价有偿的原则，不存在行政命令和强迫的意思。因此对于公私合作协议即合同的履行、变更、解除等行为，都应体现当事人平等、等价协商一致的合意，其内容不受单方行政行为强制。合同内容包括具体的权利义务及违约责任，这部分内容应该属于民事法律关系的范围，一旦其中一方认为对方违约或自己的某些权利受到侵犯，应当按民事纠纷向法院提起诉讼，而不能以行政纠纷处理。

（五）竞争择优原则

将竞争机制引入到公共服务的供给机制之中是采用公私合作供给机制的核心要旨之一。政府在多个相互竞争的私人组织中选择某个私人组织作为合作供给的伙伴，主要基于该组织更能为公众供给高质量和高效率的公共服务，也就是说政府选择合作伙伴的过程本身就是择优的过程。服务供给中引入竞争机制是极端重要的，完全依赖单一的供应者，不管它是政府部门还是私人企业，都是很危险的。保持私人组织的适度竞争十分必要，有适度竞争的私人组织存在，政府才有择优的机会，否则，私人组织的垄断很可能比政府的垄断更糟糕。美国学者约翰斯通和罗姆泽克在案例研究中就发现，即便是非营利性私人组织，一旦形成垄断，其主要关注的也是与政府的讨价还价，而不是公共服务的质量和效率，更不要说本身就是营利性的组织了。比如在堪萨斯州老年医疗服务外包项目中，由于政府只与非营利组织合作，导致没有足够的供应商，在竞争有限的情况下，非营利组织就获得了与政府谈判的能力，进而影响政府对供应方评估标准的制定。[1] 德霍格通过对比不同购买模式，也证实了缺乏竞争是政府购买公共服务这种模式内含的一个风险。[2] 凯特尔同样认为，没有竞争市场，或被某些私人组织垄断也是供给方缺陷的主要表现之一。实际上，竞争不仅对政府优选私人合作伙伴是必要的，对私人组织来说，也是其主动提升管理水平和服务能力的动力。一旦政府从直接供给公共服务的领域退出，就意味着这些领域将向私人组织开放，这种开放也必将为私人组织提供更多的盈利机会和更大的舞台。但在相互竞争的私人组织中，谁能进入这个舞台，拥有更多盈利的机会，则主要取

---

[1]　Jocelyn M. Johnston and Barbara S. Romzek, "Contracting and Accountability in State Medicaid Reform: Rhetoric, Theories and Reality", *Public Administration Review*, No. 5, 1999, p. 59.

[2]　Ruth Hoogland DeHoog, "Competition Negotiation and Cooperation: Three Models for Service Contracting", *Administration and Society*, No. 3, 1990.

决于其自身的竞争实力，也就是其拥有的资质等级、技术和资金优势等。为了获取进入舞台的机会，私人组织就会努力提升其管理水平和服务供给能力，有了更好的管理水平和供给公共服务的能力，也就有了更多进入公共服务舞台和盈利的机会，从而形成一个良性循环。当然，竞争也并不意味着一定能择优。在一些竞标项目中，也可能存在"低球标"现象。由于公私合作机制中合约的制定、竞标的过程等都比较复杂而且成本很高，政府一旦与某一私营部门签约，终止合同的成本对双方来说都很大。同时，政府内部管理文化中又弥漫着"不愿担责"风气，即政府往往不愿意承认原有竞标活动是失败的。加之，公共服务中断供给的社会影响大。所以，政府一般不会轻易终止合同。有些私人组织就抓住政府的这一心理，先以"低球标"中标，合同一旦开始执行再以各种借口讨价还价，或者在第一个合同期内以"低球标"运营，让政府产生对其的依赖，在下一个合同期再抬高价格，迫使政府就范。政府往往只能选择给予更多的财政资金或者自己雇员返工的办法，这也正好落入私人组织的圈套。正如美国一位官员在议会听证时诉苦道："我猜想进入大脑中的词语应该是'灰心丧气'。当你考虑一项要历经数年才能完成的研究时，当你看见承包商低价进入而 6 个月后又食言的时候，当你看到承包商进来以后不好好干而需要政府雇员回来重新返工的时候，我无法说这是一种有效的政府管理工具。"① 我国宁波慈溪生活垃圾焚烧发电厂就是一例。在该案例中，社会资本方最初以 20 元/吨的超低价中标，然而实际运营后发现仅成本价就达 80 元/吨（这也是全国各地的平均成本价）。所以，2009 年该厂正式投入运行后，企业就要求将价格涨至 85 元/吨。慈溪市政府因此陷于两难境地，一旦答应企业的涨价要求，政府将自毁信誉，同时又会引起其他外包的连锁反应，如果不答应企业的涨价要求，企业可能随时停工，每天 1500 吨生活垃圾无人处理。要避免这种"低球标"的发生，真正选出优质的合作伙伴，政府就必须严格遵循相关的招投标制度、独立的第三方评价制度、信息公开制度，并接受公众和媒体的监督等。从一定意义上来说，竞争是择优的条件，而择优才是竞争最

① Efficiency in Government Act, Hearings before the House Committee on Post Office and Civil Service, 101 Cong. 2 sess.（GPO, 1990），Statement of Eddie Smith, p. 37.

终的目的。

（六）物有所值原则

物有所值（Value for Money，VFM），简单说就是政府采用公私合作供给公共服务模式是否比传统的政府垄断性供给模式更划算。该原则也是国际上普遍采用的一种评价传统上由政府提供的公共产品和服务，是否适合运用公私合作供给模式的一个底线原则。由于私人组织可能的逐利性、公私合作供给契约的不完全性和公共服务的复杂性，政府引入公私合作供给公共服务模式并不能保证预期的公共利益会自然而然地实现。从世界范围内来看，公私合作供给公共服务模式的社会效应并非全是正面的，即便是在市场竞争相对充分、采用公私合作供给模式经验比较丰富的国家，失败的公私合作供给项目仍不胜枚举。理论和实践都已经证明，公私合作供给模式可能成为改善政府公共产品供给的有效模式，但并不是万灵药。没有一种单一的因素可以明确地决定公私合作供给公共服务模式是否比传统政府垄断性供给公共服务模式对社会和公众产生更大的利益，因此，政府必须对项目准入进行严格规制。而判断是否采用公私合作供给模式的一个重要标准就是"物有所值"评价。"物有所值"概念最早起源于20世纪90年代的英国，英国审计署将其定义为"将可用资源最优化以获得想要的结果"[1]，旨在实现公共资源配置效率的最大化，通常细化为"4E"原则——节约性（Economy）、效率性（Efficiency）、有效性（Effectiveness）、公平性（Equity）[2]。时至今日，包括我们国家在内的很多国家都将"物有所值"评价作为评估公共服务项目是否采用公私合作供给模式的一个主要原则。虽然到目前为止，大家对物有所值概念（见表2.2）的表述不同，但核心内涵基本是一致的，即都希望在公私合作项目全生命周期的运营和管理中，力争以最小的资金投入尤其是公共资金投入获得最大的项目产出，实现资金价值尤其是公共资金

---

① Thomas N. S., Wong M. W., "Factors Influencing the Success of PPP at Feasibility Stage-A Tripartite Comparison Study in Hong Kong", *Habitat International*, Vol. 36, No. 4, 2012, pp. 423 –432.

② C. P. Gomez, M. M. Gambo, A Constructivist Orientation to Effectively Align VfM Objectives in PPP Infrastructure Projects, Proceedings of the 19th International Symposium on Advancement of Construction Management and Real Estate, No. 4, 2015, pp. 787 –797.

价值的最大化。

表 2.2　　　　　　　　　　对"物有所值"概念的不同界定①

国家和地区	文件出处	物有所值的定义
世界银行 PPP 基础设施发展咨询机构（Public Private Infrastructure Advisory Facility）	《PPP 参考指南（第 2 版）》（Public-Private Partership Reference）	在提供客户服务的基础上，实现收益和成本的最佳组合
欧洲投资银行欧洲 PPP 专业技术中心（Euopean Investment Bank Expertise Center）	欧洲 PPP 专业技术中心网站（EPEC PPP guide）	与其他可供选择的采购模式相比，可以为社会提供更多的净收益
英国财政部（HM Treasury）	《物有所值指南》（Value for Money Assessment Guidance）	为了满足用户的需求而对商品或服务全生命周期的成本与质量（或者可用性）的最优化组合
加拿大 PPP 中心（PPP Canada）	加拿大 PPP 中心网站	在同一时点，采用传统采购模式的项目全部费用（即公共部门比较值，Public Sector Comparator，PSC）与同一项目采用 PPP 模式的全部费用（即影子价值，Shadow Bid，SB）的比较
澳大利亚基础设施中心（Infrastructure Australia）	《国家 PPP 政策框架》（National Public-Private Partnerships Policy Framework）	私人部门提供服务的结果与风险转移程度对政府财政的综合影响

---

① 袁竞峰：《PPP 项目物有所值的国别比较》，2016 年 5 月 13 日，"财政部 PPP 中心"网站（http：//www.cpppc.org/zh/plt/3478.jhtml）。

续表

国家和地区	文件出处	物有所值的定义
新西兰政府审计长办公室 (Office of the Auditor-General)	《政府机构采购指南》(Procurement Guidance for Public Entities)	经济、有效和无浪费地利用资源,综合考虑一种采购安排的总成本和效益,以及这种安排对要实现结果的贡献
美国联邦公路管理局 (Highway Administration)	《PPP 物有所值评估》(Value for Money Assessment for Public-Private Parterships)	为了满足用户需要的产品和质量(或目标的使用性)的最佳组合
中国香港特区效率促进组 (Efficiency Unit, Hong Kong)	《PPP 入门指南》(Introductory Guide to Public-Private Parterships)	在全生命周期中,综合考虑所有的收益、成本和风险的最佳结果

　　成本效益分析法和公共部门参照标准法是国际上比较常见的物有所值评估方法。成本效益分析法是将所有备选方案的成本和收益进行量化,并计算每个方案的现值代数和即为该方案的净现值,并以此作为评价指标来评估项目的收益价值,寻求在投资决策上以最小的投资成本获得最大收益的途径。公共部门参照标准法是基于量化工具和数据对公私合作供给项目全生命周期成本,与传统项目采购的成本、收益和风险进行详细计算和比较,帮助政府决定是否有必要采取公私合作供给模式的方法。如果拟建项目的公私合作模式总成本小于传统政府提供的标杆成本,说明对该拟建项目的所有投入物有所值。反之,则可以认定该项目不适合公私合作供给模式。英国在项目可行性研究阶段,就要对传统政府采购模式与公私合作供给模式采购成本进行比较,以保证公私合作供给模式能够实现物有所值,并明确界定公私合作项目的产出要求,以规范项目的实施和交付。其具体流程是:第一步,先计算假设采用传统政府采购模式下政府的成本,即公共部门比较值(Public Sector Comparator, PSC)。PSC 是指在全生命周期内,政府采用传统采购模式提供公共产品和服务的

全部成本的现值，主要包括建设运营净成本、可转移风险承担成本、自留风险承担成本和竞争性中立调整成本等。第二步，计算出采用公私合作供给模式下政府所要负担的成本，包括公私合作供给项目全生命周期内股权投资、配套投入、运营补贴、风险承担等各项支出的现值。第三步，将 PSC 值与采用公私合作模式下政府负担的成本进行比较，来决定是否满足物有所值原则。如果 PSC 值大于公私合作模式下的政府负担，满足了物有所值原则，可以采用公私合作供给模式；如果 PSC 值小于公私合作模式下政府负担的成本，无法满足物有所值原则，不能采用公私合作供给模式。澳大利亚、加拿大等国政府也纷纷借鉴英国的这一做法，建立起了本国的 VFM 评估体系和 PSC 决策流程及方法。但是，由于这种定量化的评估方式忽视了对长期合同内（有时长达 40 年）财务计算、成本、贴现率和风险的变动性，很可能导致对采用公私合作供给模式的可行性依据做出不恰当的结论。为了弥补这种缺陷，一些国家又引入了一些定性评估来做补充。比如，澳大利亚就强调长期评估中的非财务因素，包括理解不同采购模式的各个方面以及它们之间的关系、风险的转移变化以及间接政府成本等。加拿大在定义 VFM 时，要求政府对以前的类似项目采购进行审查，并咨询其他部门或机构，在可能的情况下要与先前参与采购的政府官员进行协商，了解采购的经验，并获取关于项目的潜在挑战和关键成功因素的建议，以便综合起来使用物有所值评价方法。

由于对公共部门比较值的分析是一种假设，即假设某项目由政府采用传统供给模式自己垄断性供给所产生的资金成本。所以，如果该项目政府之前有垄断性供给的先例，公共部门比较值的计算就相对简单和精确些；如果政府之前并没有垄断性供给的先例，则公共部门比较值的计算就要复杂和困难得多。计算时就要充分考虑政府垄断性供给的所有可能的成本，包括增加政府机构和人员的人力资源成本以及垄断性部门的官僚主义行为所产生的内耗等成本，而不是单纯的财政投入。另外，我们也不能用政府垄断性供给的理想化绩效成本作为公共部门比较值，因为毕竟政府内部的消耗、人工成本以及浪费等官僚主义行为所产生的成本有时候是十分惊人的。如果将一个政府垄断性供给的理想化绩效成本与私营部门供给同一项目的实际资金成本相比较，并得出公私合作供给机制无法实现物有所值的结论，显然是对公私合作供给模式的不公。我们在对公共部门比较值进行计算时，必须充分考虑到政府垄断性供给的所有可能的风险，并预留一定的弹性空间。根据英国私人融资项目的经验，公共项目经理们普遍认同物有所值的决定因素主要有六个，即风险转移、合同的长期性（包括全生命周期成本）、产品说明书的使用、竞争、绩效评估与激励以及私营部门管理效能。其中，竞争和风险被视为最重要的因素。因此，实现物有所值所需的是：在竞争的环境中授予项目；要严格应用经济评估技术（包括适当的风险评估），公共部门和私营部门分析风险，这样可以最大限度地实现预期的资金最佳使用价值；以及公平、现实和全面地对待公共融资和私人融资。[①]

我国的物有所值评价主要借鉴的是英国的方法，目前以定性评价为主。由项目本级财政部门或其部门下属的 PPP 中心联合项目所属行业的主管部门，组织召开专家组会议，以项目全生命周期整合程度、潜在竞争程度、风险识别与分配、可融资性、绩效导向与鼓励创新、政府机构能力等六项基本评价指标，并辅以六项基本评价指标未涵盖的其他影响因素，如全生命周期成本测算准确性、运营收入增长潜力、项目规模大小、行业示范性等作为补充指标进行评价。专家通过充分讨论，对评价指标逐项评分，然后根据各指标权重计算加权平均分，得到评分结果并形成专家组意见，最终形成定性评价结论。

坚持"物有所值"原则也要防范"低球标"现象。"低球标"会使一项公私合作项目比较容易通过物有所值评价。但"低球标"项目一旦通过后期运营抬高价格，就可能导致项目全生命周期评价无法满足物有所值要求。这也提醒我们在进行物有所值评价时，一定要基于全生命周期的视角综合考虑私人组织的资质、技术和管理水平等，而不能只关注竞标阶段的出价。

（七）信息公开原则

信息公开是公私合作供给机制应坚持的原则之一，也是对公私合作

---

① [英] 达霖·格里姆赛、[澳] 莫文·K. 刘易斯：《PPP 革命：公共服务中的政府与社会资本合作》，中国人民大学出版社 2016 年版，第 150 页。

供给机制的基本要求。首先，公众对公共项目的相关信息有知晓的权利。公私合作供给所涉及的项目基本上都与公众的切身利益直接相关，公众本身就有知晓的权利和监督的意愿。所以，公开是一般性要求，不公开是例外。项目信息的公开和透明是满足公众知情权的保障。孟德斯鸠早有预言"单有知情权，而没有信息公开的法律制度，知情权就会落空"[①]。其次，公众对财政资金的花费有着天然的敏感性。在公私合作供给公共服务机制中，无论是基础设施领域的政府与社会资本合作，还是公共服务领域的政府公共服务购买，一般都会牵涉到大量的财政资金投入。政府在合作伙伴的选择、项目的建设运营及管理过程中，是否存在财政资金的浪费甚至权钱交易等腐败问题，需要通过公开的方式消除公众的疑惑和担心。再次，公众和媒体对公私合作项目的监督也需要信息的公开。由于公私合作项目涉及复杂的利益相关者，所以对其的监督更为困难。单靠政府自身的监管很难到位，需要公众和媒体的监督来弥补政府监管的不足。公众和媒体监督权利的行使也需要公开透明的信息披露制度。最后，项目信息的公开也是赢得公众支持的前提条件。公共服务自然和公众的利益息息相关，无论是政府自己直接生产还是采用公私合作供给的方式，都离不开公众的理解和支持。而一个公开透明的信息公开制度就是赢得公众支持的前提。实践中"如果公民们感到某个决定强行封杀了他们的喉咙，就算这项决定是最有效率和效力的，他们仍然会群起而攻之"[②]。

英国是公开 PPP 信息最为详细的国家之一，在英国 PPP 模式从 PFI 升级为 PF2 后，更是强调了公开透明的重要性，并将之视为 PF2 的核心。除了一般的合同公示外，英国政府采取了大量措施来提高 PF2 的透明度。这些措施包括：政府需要出版年度报告，详细列出政府所有股东和所有项目的完整项目和财务信息；要求社会资本方提供实际和预测的股权回报信息以供出版；在财政部网站上引入商业案例审批跟踪器，通过政府的审查和批准程序提供有关项目进展情况的最新情况；发布现有 PFI 和未来 PF2 项目以及基础设施的信息。实践证明，详细的公私合作项目信息

---

① ［法］孟德斯鸠：《论法的精神》，商务印书馆1982年版，第152页。

② ［美］唐纳德·凯特尔：《权力共享：公共治理与私人市场》，北京大学出版社2009年版，第15页。

公开不仅能够及时发现公私合作过程中可能出现的不良行为，而且有利于提高公众对公私合作供给公共服务模式的理解。如加拿大通过鼓励媒体对公私合作项目的报道，使得公众对 PPP 模式的支持率从 2004 年的 60% 提高到 2011 年的 70%。①

五　公私合作供给公共服务机制的优劣

全面理解公私合作供给机制是我们使用这种模式供给公共服务的前提。虽然这种模式在许多国家的实践中都已经被证明是一种有效的供给模式，尤其相对于传统的政府垄断性供给模式，其效率和管理优势是非常明显的，但它也有自身的缺陷。要真正发挥这种供给模式的优势，还需要我们对其进行精细的制度设计、审慎的方式选择。凯特尔对这种公私合作供给机制的评价或许更为中肯。他说："政府依赖私人伙伴关系从事公共事务，这一趋势的发展产生出一种新的公共管理模式。这种新公共管理的实践极少会有统一的模式，公私伙伴关系会产生各种形态迥异的关系，政府经常进入截然不同的市场，与根本不同的组织打交道，而且经常会出人意料地得出不同的结果。所以，在公私伙伴关系发展重新塑造公共管理基础的同时，伙伴关系本身也产生了广泛的问题，而且没有一种管理模式能够解决所有的问题。"② 是的，没有任何一种管理模式能够解决所有的问题，公共服务的公私合作供给机制也不是包治百病的良药。我们既不要过分推崇它，似乎只要是公私合作供给就一定优越于政府的垄断性供给；也没必要过分贬低它，因为它毕竟为我们提供了一个新的替代性方案。

（一）优势

1. 弥补财政资金的不足

借助私人组织尤其是企业的资本优势，以弥补政府垄断性供给公共

① InterVISTAS Consulting Inc. , 10 – *Year Economic Impact Assessment of Public-Private Parter- ships in Canada* (2003 – 2012)，Toronto：The Canadian Council for Public-Private Parterships，2014.

② ［美］唐纳德·凯特尔：《权力共享：公共治理与私人市场》，北京大学出版社 2009 年版，第 17 页。

服务的财政资金不足，是许多国家采用和欢迎公私合作供给机制的主要动因。由于公共服务项目一般都要求较大的早期资金投入，虽然一段时期后运营性支出会相对较少，但初始的大规模资金投入是很多国家的财政所无法承受的。公私合作模式的引入则意味着在项目的早期，政府可以少投入甚至可以不投入。比如许多基础设施领域政府和社会资本合作的项目，政府只是在项目公司建设完成并交付之后的运营时期，才需要根据项目公司供给的公共服务质量和数量支付相关的服务费用。这一点对那些基础设施不完善、公共服务供给不足、需要大量资金投入来改善基础设施和提高公共服务质量和数量的国家，尤其具有吸引力。事实上，联合国已经将PPP描述成一种"战略需要而不是政策选项"，认为PPP模式是执行基础设施项目的一种独特灵活的方式。我们国家在经济发展进入新常态之后，开始在更大范围的公共服务供给领域引入公私合作模式，其主要原因也在于此。在我国经济进入新常态的背景下，财政运行也进入以收支缺口持续扩大为特征的新常态，而长期以来地方政府以土地财政为主要的资金缺口弥补办法已不可持续。一些地方政府投融资管控失当，预算约束松弛，以政府为主体的投融资体制的运行难以为继。公私合作供给模式的引入，可以缓解当前财政对基础设施和公共服务的支出压力，控制政府债务增量和化解债务存量。2014年《预算法》（修订）和《国务院关于加强政府性债务管理的意见》出台后，公私合作供给模式作为地方政府公共项目融资机制被正式确立。我国社会通过改革开放40年的发展，公共部门之外的力量包括私人企业以及社会组织也日益强大，其所拥有的资金实力和公共资源也越来越多，这些资金和资源借助公共服务的公私合作机制可以有效弥补地方政府的财政不足，缓解地方政府面临的财政压力。根据萨瓦斯就实施民营化的动因对美国地方政府官员的调查，基本也可以得出同样的结论，即美国地方政府采用公私合作供给公共服务模式的主要动因也是基于地方财政所面临的压力。在萨瓦斯提出的采用民营化动因的8个选项中，90%的地方政府将"试图削减机构内部支出"列为首要原因，53%的地方政府将"财政方面的外部压力"列为首要因素。① 这两个原因显然都和政府财政压力有关。所以说，当政府面临公众既要越来越多、越来越好的公共服务需求，又不愿意承担过多的税收负担的局面时，采用可以借助私人组织资本优势的公私合作模式就是最好、很可能也是唯一的选择。何况，一些营利性私人组织借助现代多样化的金融衍生手段，确实拥有雄厚的资金实力。这些资金在原有的政府垄断性供给公共服务的模式下，是没有途径进入公共服务的供给领域的。在公私合作供给模式下，大量的准公共服务和公共产品的供给领域向私人资本开放，私人资本有能力也有动力介入公共服务的供给领域，政府与私人资本由此实现双赢。

公私合作供给模式还拥有节约资金的内生动力。这种内生动力来自于两个方面：一是公私合作供给公共服务模式中，私人组织一般都会全程参与项目的设计、融资、建设以及后期运营等。这种全生命周期的参与特性，也迫使私人组织更全面地考虑项目的成本和预算，而不是只关注建设环节，从建设环节中迅速回本甚至盈利。大量的实践表明，如果前期的项目建设质量高，后期运营的维持成本就会大量降低，整体的运营效率就会提高，项目公司的利润也更丰厚；如果项目前期的建设质量低下，过度压缩成本，表面上在建设环节得到了更多的利润，但相对之后几十年高昂的运营成本而言，项目整体运营的效率反而更低，整体盈利率也会更低。所以，项目公司更知晓应该如何分配资金才能实现自身利润的最大化。二是私人组织承担公共服务项目的运营，还会因其竞争压力和企业管理的成本观念，比政府亲自运营更有效率，也更节约资金。作为营利性的私人组织，其生存压力是与世俱来的。能否盈利就是其能否生存的关键，有盈利就可以生存，盈利多就可以生存得更好，所以其成本观念和节约意识，相对于依靠财政预算的政府而言是更加强烈的，这是私人组织的本质属性所决定的。同样质量的公共产品和公共服务，由私人组织供给往往会比由政府亲自供给的效率更高，也更能节约资金。以公交系统为例，很多国家合同承包前后的对比研究都证明，私人组织所带来的费用节约是十分明显的。（见表 2.3）

---

① ［美］E. S. 萨瓦斯：《民营化与公私部门的伙伴关系》，中国人民大学出版社 2002 年版，第 121 页。

表 2.3　　世界部分城市公交系统实行合同承包前后的费用节约情况①

公交系统	承包带来的费用节约（%）
哥本哈根	22
丹佛	33
休斯敦	37
印第安纳波利斯	22
伦敦	46
拉斯维加斯	33
洛杉矶 1988	38
洛杉矶 1989	48
迈阿密	29
新奥尔良	50
圣迭戈	44
斯德哥尔摩	32

在其他公私合作供给公共服务的领域如基础设施运营、财税评估、清洁服务、日托服务等，相关研究也证明，私人组织负责公共服务的供给相对于政府垄断性供给都表现出了明显的成本节约优势。

2. 借助私人组织的技术、管理和专业优势

如果说公私合作的原初动力是因为政府财政紧张，不得不借助于私人组织的资金实力来弥补政府公共服务的不足的话，政府与私人组织一旦开始合作很快就会意识到私人组织带给政府的不仅仅是资金，还有私人组织所拥有的专业知识、管理技术和管理能力。对于垄断性公共组织政府的管理，私人组织的管理在这些方面都表现出明显的优势。这是因为，私人组织基本上都处于竞争压力之下，为了在激烈的市场竞争中立于不败之地，最起码能够在竞争中生存下来，它们对那些能带来高效率

---

① 转引自［美］E. S. 萨瓦斯《民营化与公私部门的伙伴关系》，中国人民大学出版社 2002 年版，第 157 页。

的管理新技术和新理念往往更关注，更愿意尽早运用到组织的管理之中。而作为垄断性的政府显然没有这样的压力。从管理学理论的发展史中就可以发现，一个新的管理技术和理论一般都会先在私人组织里使用，而后才会引入到公共管理领域。20世纪80年代兴起的几乎席卷全球的新公共管理理论中，管理主义者就明确表达了对政府管理的不信任，认为就公共管理和私人管理而言，私人管理通常都优越于政府管理，因此要将私人管理的方法和经验引入到公共管理之中。为此，这些学者甚至不惜抹杀公共管理与私人管理的本质性不同，提出管理就是管理，公共管理和私人管理在所有重要的领域都是相通的，而它们之间的不同更多表现在一些细枝末节的领域。事实上，政府管理和私人管理毕竟还是分属两个领域的管理，一个是对公共事务的管理，它追求的除了效率之外还有社会的公平和正义，甚至从一定意义上说，政府对公平和正义的追求还要高于对效率的追求；另一个是对私人事务的管理，它追求的更多的是效率，以及效率基础上的利润。二者之间的区别依然是本质性的。当二者在公私分离，分别在不同的相互平行的领域遵循着各自的管理信条进行管理的时候，很难进行谁好谁坏的比较和评判。但公私合作供给机制则将两类原本很少交叉的管理主体因为某些公共项目而捆绑在了一起。在这种捆绑一起的密切合作中，私人管理相对于公共管理的优势就会显现出来。私人管理相对于政府管理的示范效应，常常会使媒体和公众发出"同样的服务为什么私人组织的效率要远高于政府"的疑问，促使政府不得不向私人组织学习其成熟的管理经验、技术和专业知识，以提升政府的管理能力并解决合法性危机，进而促进整体公共服务质量的改善。这也是公私合作机制为我们带来的好处。

3. 借助竞争机制提高公共服务的供给质量和效率

采用公私合作供给机制的一个主要目的就是打破政府独自供给的垄断性。政府垄断性供给所带来的低效、浪费、官僚主义和缺乏回应性等弊端是有目共睹的。竞争性私人组织介入公共服务领域，也将竞争机制引入了公共服务领域。这种竞争机制相对传统公共服务的垄断性供给机制的优势是十分明显的，许多学者都表达了对竞争的肯定。奥斯本和盖布勒认为：竞争相对于垄断有诸多好处，包括可以提高效率，即投入少产出多；竞争可以迫使公营（或私营）垄断组织对顾客的需要作出反应；

竞争奖励革新，而垄断扼杀革新；竞争还可以提高公营组织雇员的自尊心和士气。[①] 因此，竞争往往与高效的合同履行有直接的联系。凯特尔认为，公共服务外包中的竞争不仅能弥补政府垄断的不足，更能改善服务供给的效率，因为一方面供应商出于失去合同的担忧，会更加对顾客负责，提供尽可能优质的服务；另一方面竞争能够使供应商以更加接近真实成本的价格去赢得合同。[②] 萨瓦斯也认为，竞争是民营化成功的关键。任何民营化努力的首要目标是（或者说应该是）将竞争和市场力量引入到公共服务、国企运营和公共资产利用过程中。[③] 相对于竞争的优势，垄断所存在的问题也是非常明显的。萨瓦斯就认为垄断机构具有低效、无能和缺乏回应性的天然倾向。[④] 在缺乏竞争的情况下，作为垄断者的政府在公共服务提供中缺乏有效利用资源的动力。政府不会因产品和服务的质量和效率而出现生存压力。公私合作供给机制则意味着将一套以前与竞争无关的经济行为推向竞争。在公私合作模式中，政府能够以最低的可能成本保证服务的提供，同时又能保留控制合同行为的权力，包括对绩效的监督，以及当绩效不达标时对私人合作伙伴的惩罚甚至是变更合同。这些权力也会进一步促使私人合作伙伴改进绩效，提高公共服务的质量和效率。政府之所以在公私合作供给模式中拥有这样的约束力，也是基于竞争性市场的存在，即政府有机会在私人合作伙伴绩效不佳时变更合同，还可以至少在下一周期的合同内重新选择合作伙伴。私人合作伙伴为了维持合同的存续，会尽可能满足政府对绩效的要求。如果没有一个竞争性市场的存在，私人组织对政府的监管行为可能就不会那么灵敏。政府即便对私人合作伙伴的绩效不满意，也无法轻易获取新的合作伙伴替换原有的私人合作伙伴。这也是为什么萨瓦斯一直强调，公共服务的绩效不佳"问题的实质不是公营还是私营，

---

① ［美］戴维·奥斯本、特德·盖布勒：《改革政府：企业精神如何改革着公营部门》，上海译文出版社1996年版，第58—62页。

② ［美］唐纳德·凯特尔：《权力共享：公共治理与私人市场》，北京大学出版社2009年版，第12页。

③ ［美］E. S. 萨瓦斯：《民营化与公私部门的伙伴关系》，中国人民大学出版社2002年版，第124页。

④ 同上书，第125页。

而是垄断还是竞争"。① 也就是说,并不是公营一定没效率,私营一定有效率,而是垄断一定没效率,竞争一定有效率。或者说,无论是公营还是私营,只要没有竞争,就没有效率。英国财政部曾对运行中的 500 多个 PPP 项目进行调查,数据显示,当项目供给的服务不能满足合同要求的标准而受到支付削减的惩罚后,几乎所有受惩罚的项目随后供给的服务都达到了合同要求,72% 的受惩罚项目甚至在受罚后提供了比合同要求更好的服务。英国的 PFI 项目也由此取得了显著的成效,89% 的项目按时完成,没有任何一个项目使政府的建设成本超支。而在引入 PFI 项目之前,70% 的项目不能按时完成,73% 的项目超出预算。这就是竞争带来的直接影响。同竞争性私营供应商签订合同,往往"价格更便宜,效率更高,货色更可靠,灵活性更大,适应性更强"②。

4. 降低公共服务的总成本

这里的成本不仅仅是财政成本,而是公共服务的总体成本,包括私人组织提供的劳动力和资金以及管理成本等。成本的节约一方面来自引入私人资本的竞争,另一方面来自私人合作组织本身的努力和审慎。这一优势在政府直接支付的公私合作项目中尤为明显,因为在这种模式中,私人部门只有在提供政府要求的产品或服务后,才能获得政府的支付。这类项目在建成和供给服务之前,政府并不支付资金。因此,私人部门会尽可能地按期完成项目,以尽早获得支付。同时,政府部门支付的只是私人部门已供给服务的费用,并不支付私人部门造成的项目超支费用。因此,私人部门会在投标时非常谨慎地计算整个合同周期的费用,主动将其控制在合理的范围内。这种将建设风险几乎全面转移给私营承包商、只有在服务成功交付后才能付款的合作模式,无疑也传达了这样一个信息——绝不允许延期、超支或存在质量问题,如果这样的情况发生,报偿体系将受到影响。③ 这种激励效应是传统供给模式所不具备的。在传统

---

① [美] E. S. 萨瓦斯:《民营化与公私部门的伙伴关系》,中国人民大学出版社 2002 年版,第 81 页。

② 参见 [美] 戴维·奥斯本、特德·盖布勒《改革政府:企业精神如何改革着公营部门》,上海译文出版社 1996 年版,第 12—13 页。

③ [英] 达霖·格里姆赛、[澳] 莫文·K. 刘易斯:《PPP 革命:公共服务中的政府和社会资本合作》,中国人民大学出版社 2016 年版,第 264 页。

的供给模式中，无论是超支还是延期等项目所遇到的财务困难最终都将由纳税人来承担，政府并没有节约成本的内生动机。公私合作供给公共服务模式所带来的这种成本节约，从很多国家的统计数据中都可以得到证实。2003年7月，英国财政部公布了对61个PFI项目的研究结果，项目涉及许多服务领域，包括监狱、警察局、道路、桥梁、火车、医院、学校、国防设备。其结果是：80%的项目按时或提前交付；所有英国财政部案例中的PFI项目交付时都未超过公共部门的预算。没有发现任何PFI项目在签署合同后改变公共事业服务费——除非用户的要求发生改变；3/4的公共部门管理者认为项目达到了最初的预期目标。英国国家审计署1999年的早期研究发现，只有30%的非PFI大型建设项目是按时交付的，27%的项目是在预算范围内交付的。但对PFI项目的调查发现，PFI项目按时或提前交付的比值是76%，在预算内交付的比值是78%。而且即便是PFI项目超出了预算，公共部门也不承担超支部分。[①]　自1992年正式实施PFI以来至2010年2月，英国共完成667个项目的签约，涉及金额560余亿英镑。其中大部分项目都已经完成融资封闭并进入实施运营阶段，大大节约了政府的财政开支。艾伦咨询集团也曾对澳大利亚的21个PPP模式项目和33个传统模式项目进行比较研究，发现：从项目立项到全部结束，PPP模式的成本效率提高了30.8%；从绝对值来看，所有考察的21个PPP项目的总合同成本为49亿美元，项目生命周期的成本超支为5800万美元；33个传统项目的总合同成本为45亿美元，项目生命周期的成本超支达6.73亿美元。从交付时间上看，PPP项目平均完成时间提高了3.4%，传统模式项目平均完成时间延误23.5%。[②]　由此可以看出，公私合作模式不仅仅能节约财政资金，也能实现公共服务总体成本的节约，这对节约社会资源来说也是十分有利的。

　　5. 扩大政府公共服务的范围

　　传统由政府垄断供给公共服务的范围往往只能局限于公众的基本公

---

　　①　[英]达霖·格里姆赛、[澳]莫文·K.刘易斯：《PPP革命：公共服务中的政府与社会资本合作》，中国人民大学出版社2016年版，第89—90页。

　　②　Duffield Colin, Peter Raisbeck, Performance of PPPs and Traditional Procurement in Australia, *Report to Infrastructure Parterships Australia*, 2007.

共服务需求和普惠性公共服务，对于这类服务政府追求的是均等化提供，每个个体的公民从政府那儿得到的基本上都是一样的，而且往往也是唯一的，公众对此是没有选择机会的。而公私合作机制中，私人资本的加入必然会扩大公共服务的数量和范围，甚至可以为小范围的群体提供更个性化的公共服务。一个社会随着发展程度的提高，公众对公共服务的质量和数量，以及个性化的需求也会随之而提高。由于政府财力有限，一般只能投入到关系公民基本权利的基本公共服务，对于那些少数群体需要的更为个性化的公共服务，如运动场馆、大型娱乐设施等，单靠政府的财力显然无法满足。通过公共服务公私合作供给机制，整合整个社会的资源，构建一个多元化的公共服务供给网络，一定程度上就可以满足某些群体的非基本需求，也为这类群体选择自己个性化的公共服务需求提供了机会。比如在美国的凭单制中，私立中小学校的介入，就为那些高收入家庭的选择提供了一个机会。所以，公私合作机制中还可能为公众带来更多更大范围的公共服务。

6. 公私合作机制本身内涵激励机制

传统的政府垄断性供给公共服务虽然也有激励机制的设计，但基于公共部门及其工作人员本身的公共属性，决定了对其的激励往往更强调精神激励而不是物质激励。因为物质激励的来源基本上都属于公共财政，而公共财政的预算及监督等都是十分严格的。同时，对公务员的激励也会受到国家相关预算法以及公务员相关奖励制度等的约束。这种有限的物质激励制度也是公共部门往往绩效不佳的原因之一。公私合作供给意味着私人组织通过竞争获得了供给公共服务的权力，但私人组织从事公共服务的责任定位并没有改变私人组织的组织属性。私人组织能够使用的激励手段也不会受国家预算法和公务员法的约束，因此其激励措施可以更丰富一些，既可以是精神激励，也可以是物质激励。私人组织的激励力度也可以更大，尤其是物质方面的激励，只要某一部门或员工为整个项目带来了丰厚的利润回报，私营组织就可以基于其贡献大小相对自由地实施奖励。公私合作供给机制的很多制度安排都可以引入激励机制，发挥激励效应。包括：（1）交付后付费制度。在部分政府与社会资本合作项目中，公共部门往往会选择交付后付费机制，也就是将建设环节的全部风险都移交给了私营组织，这就激励着私营组织必须按时甚至是提前完成项目建设、提前交付，因为延期所造成的任何损失公共部门一般都是不承担责任的。（2）全生命周期的合作制度。在公私合作项目中私营组织与政府的合作是全生命周期的，而不是仅仅在建设环节。私人组织参与公共基础设施的公私合作并不能只承担其中的建设环节，而必须参与该项目的后期运营，也就是公共服务的供给。这样，建设环节的投入只有在交付之后的运营环节才会有持续的现金流，来保障利润的实现。这样的制度安排就激励着私营部门即使在建设环节，也要为之后运营环节的工程质量、维护与运营成本的降低进行创新。因为，只有建设环节保证了工程质量，之后的运营环节的维持和维修成本才更低，才能有更大的利润空间。（3）私人融资制度。私人融资制度的设立，也为私人组织设置了新的激励机制。融资方的加入意味着，融资方要在资金流的安全性和及时性等方面对私人组织进行监督，以使工程失败的风险降到最低。私人融资公司的加入也意味着它和私营组织成了命运共同体、休戚相关。事实证明，私人组织确实对这些激励信号做出了反应，并能经常做出正确的决定。在 PPP 模式出现之前，英国 75% 的主要基础设施项目不能如期交工或超支，而在 PPP 或私人主动融资安排下，75% 的项目都能如期并在预算内交工。[①]

　　这些优势表明，公私合作供给公共服务机制在诸多方面都是优于传统公共服务供给机制的。即便是凯特尔提出的那些由于政府无法详细表述而不适合公私合作机制的公共服务，也未必由政府供给就一定好过这种合作供给机制。正如萨瓦斯所言：如果一项服务不能被准确表述，任何人或任何安排方式都难以保证其满意供给。具体而言，如果一项服务的具体要求不清楚，也不知道"满意"的标准是什么，政府机构或其他任何组织又怎能满意地供给该项服务呢？在这种情况下，只能通过广泛的监测、严密的控制、消费者对生产者的经常性信息反馈、生产组织中上下层之间的紧密合作、经常的调整和矫正、消费者和生产者之间的持久性对话以协调期望、能力和成就等，才能使该项服务得到

---

　　① ［英］达霖·格里姆赛、［澳］莫文·K. 刘易斯：《PPP 革命：公共服务中的政府和社会资本合作》，中国人民大学出版社 2016 年版，第 264 页。

满意供给。① 而对这一系列管理活动而言，对象是私人合作主体往往会好过对象是政府。

（二）缺陷

自 20 世纪 70 年代末 80 年代初新公共管理兴起以来，公共服务的合作供给机制就开始在很多国家流行起来，在获得很多赞誉和肯定的同时，也一直受到许多学者的质疑和批评。有学者认为，"在政府购买公共服务问题上，我们表现出的热情有些过度，因为我们不但缺乏经验数据证实政府购买高效率和节省成本的承诺，而且对这一模式中隐藏的风险知之甚少"②。凯特尔认为，无论是需求方（政府）还是供给方（市场）方面都存在一定的缺陷，所以"在私有化问题上，我们表现出的热情有些过度"③。还有学者提出，"政府购买的真正功效很缺乏研究，而各国在政府购买公共服务的过程中没有减少政府膨胀和财政赤字的上涨"④。所以，"民营化只有在市场良好、信息充分、决策张弛有度和外部性有限的情况下才能发挥最佳效用。而在外部性和垄断性存在、竞争受到约束、效率不是主要公共目标的情况下效果最差"⑤。这些学者的观点都在告诫我们要理性对待公私合作供给公共服务机制，它自身确实存在着缺陷。这些缺陷包括：

1. 私人组织的逐利本性可能损害公共利益

私人组织尤其是那些营利性组织，本身就是以逐利为目的的。因此，私人组织不可能自动把公益性和公共性看得比项目的营利性更重要。正如有学者所言，"作为代理人的私营承包商有着天生的趋利性，在不受约

---

① ［美］E. S. 萨瓦斯：《民营化与公私部门的伙伴关系》，中国人民大学出版社 2002 年版，第 93 页。

② Thomas Bredgard, Flemming Larsen, "Quasi-Markets in Employment Policy: Do They Deliver on Promises", *Social Policy and Society*, Vol. 7, No. 3, 2008.

③ ［美］唐纳德·凯特尔：《权力共享：公共治理与私人市场》，北京大学出版社 2009 年版，第 31 页。

④ Graeme A. Hodge, *Privatization: An International Review of Performance*, Oxford: West view Press, 2000.

⑤ John R. Chamberlin and John E. Jackson, "Privatization as Institutional Choice", *Journal of Policy Analysis and Management*, Vol. 6, Summer, 1987.

束的情况下，他们很可能通过降低服务质量和提高服务价格来追求利润的最大化，这是与政府寻求公共利益最大化的目标背道而驰的"①。政府和社会资本都有可能采用机会主义行为来维护自己的利益，但社会资本的动机更强。承包商的逐利行为可分为签约前的逐利行为和签约后的逐利行为。在获取合同之前，私人承包商的主要目标就是尽可能以更高的标的得到政府的合同，但标的太高肯定是没有竞争力的。为了获取合同它们可能采取串标的方式与个别竞标者合谋形成利益共同体，一起打击利益共同体之外的其他竞标者，或者故意恶意暗中竞价抬高外包价格，迫使政府接受它们的价格，支付更多的费用或补贴；有的还会采取造假、隐瞒、歪曲甚至行贿等手段，以达到通过不正当和不合法的方式影响和破坏竞争机制，获取合同。在获取合同之后，私人承包商的逐利行为就表现为尽可能以更低的投入获取更好的收益。为达此目的它们可能就会千方百计地利用信息不对称，以及监管机制的漏洞逃脱监管与约束，通过提高消费收费和租金、降低服务质量和标准、削减公共设施的维护成本和频率等来取得更高的利润，从而达到以最小的付出得到最大收益的目的。有的承包商为了得到政府额外的资金援助和优惠条件，甚至可能以破产来要挟，迫使政府为了延续公共产品的提供而不得不就范。以英国伦敦地铁项目为例，当项目公司 Metronet 于 2007 年宣布破产时，伦敦地方政府和部门才愕然发现，自己需要承担 95% 的责任和大概 38 亿英镑的遗留债务。在该项目中，私人承包商提供一系列合同条款，向政府和银行转嫁了很大一部分风险，而自己仅承担了微乎其微的责任。这些问题显然都和私人资本的逐利本性有关。私人组织的逐利本性并不会因为它们参与了公共服务的供给而改变，甚至更加严重。因为，相对于与同样逐利的其他私人资本合作，与政府合作牟利的机会很可能更多也更容易，毕竟政府对资金的敏感性不如私人资本。当私人资本与私人资本合作时，每个资本方都有强烈的利润意识，谁也不会以牺牲自身利润而成全对方的利润。但是公共部门就不一样了，由于公共资金的所有者主体虚置，参与合作的公共部门工作人员对投入的公共资金并没有强烈的归属意识，对资金的监管动机和节约意识就相对要薄弱一些，这就为私人

---

①　陈薇：《政府公共服务外包：问题及对策》，《兰州学刊》2005 年第 3 期。

资本逐利提供了可乘之机。再加上公共部门绩效考核的固有特色,即:一方面由于公共服务的绩效测评往往无法完全量化,而不得不掺杂更多的定性评价指标,从而使得整个公共部门的绩效考核体系更具柔性和人为因素;另一方面公共部门对官员的选拔晋升机制又与其绩效水平密切相关。为了获得更多的晋升机会,官员不仅不愿轻易承认其参与项目的绩效不佳,还会寻找种种借口为这种不佳的绩效开脱,甚至在明知私人组织存在问题的情况下因害怕牵连到自身的绩效问题而不愿公开和承认。公共部门这种尴尬的绩效考核机制也为私人组织牟利提供了机会和空间。因此,在与政府合作供给公共服务的过程中,如果政府没有足够的计算、谈判和监管能力,就很可能陷入私人组织逐利的陷阱之中。这也是各国政府要坚守物有所值原则的根本原因,但物有所值的评估并不容易。有学者通过对不同公共服务购买模式进行分析,指出任何一种购买方式都内含着不同的风险:投机取巧与非法行为容易在竞争模式中找到;政府主导谈判、内幕交易、购买程序不透明等问题则多发生在谈判模式中;而广受追捧的合作模式,尽管能够发挥供应方的优势,能够实现政府与社会组织的合作,但也隐含着由合同关系转化为依赖关系,甚至政府被供应商"俘获"的风险。① 有研究也证明,欧美国家实施市场化改革以来,公共管理在目标、结构、功能、规范等方面的商业化转变严重挑战和侵蚀了公共服务的公共性与公益性,主要表现为公私差别的模糊,服务对象范围缩小,公共责任意识弱化,公共部门作用淡化,以及公众信任度降低。② 英国在推行公共服务的公私合作供给中也出现了部分公共项目大大超越预算的情况。例如,盖思医院预算 3600 万英镑,实际结算1.24 亿英镑;法斯莱恩三叉戟潜艇泊位预算 1 亿英镑,实际结算 3.14 亿英镑;苏格兰议会大楼预算 4000 万英镑,实际结算 3.14 亿英镑。为此,英国 PPP 委员会提出了一系列防范原则,包括透明度、责任和响应。透明度意味着供给公共服务的组织必须披露关键信息,让组织的决策接受

---

① Ruth Hoogland DeHoog, "Competition, Negotiation or Cooperation: Three Models for Service Contracting", *Administration and Society*, Vol. 22, 1990.

② M. S. Haque, "The Diminishing Publicness of Public Service under the Current Mode of Governance", *Public Management Review*, Vol. 61, No. 1, 2001, pp. 65 – 82.

公众的监督；责任就是明确对特定决策和行动过程负责的组织或个人；响应是指服务能够顺应民主的需求，能急民众之所急，想民众之所想，并且在出现错误时能快速为个人提供赔偿。① 这些原则性规定实际上都是试图遏制私人组织的牟利动机，确保公共利益的实现。但效果如何依然需要实践检验。

2. 政府对私人组织监管难度大

由于公共服务公私合作供给机制中的委托—代理关系有其独有的特性，即委托方和代理方的组织属性是截然不同的，作为委托方的公共部门追求的是公共利益，而作为代理者的私人组织追求的却是组织的利润或者说私利，因此政府必须对私人组织的这种逐利本性进行监管，以遏制其过分逐利的冲动，并实现公共利益与私人资本利益的大致均衡。所谓均衡就是既保证私人资本一定的合理的利润空间，又不能以牺牲公共利益或者更昂贵的公共资金投入为代价。政府必须有相应的监管能力，"以确保民间机构所提供之物资、劳务，其数量及品质皆能符合一定标准，并以公平机会提供民众，如有收费，亦能适当"②。而且对私人合作主体的监管和公共利益的维护"应提前于政府规划民间参与公共建设计划方案时即予开始，并持续至后阶段之招商公告、甄选程序、契约缔结，以及计划执行等各个阶段"③。一旦政府监管能力不到位，私人资本的逐利本性就可能导致公私合作供给机制比传统的政府垄断性供给公共服务的成本更高。在公私合作机制中政府对项目全过程的监管理念得到了广泛的认同，认为这是政府必须担当起的职责，但真正监管到位却并非易事。这是因为：首先，在公私合作机制中，参与方多元而复杂。比如在狭义 PPP 合作项目中既有融资公司，也有建设公司以及运营公司，或者为该项目由这些公司共同组成的新的特殊目的公司（SPV）等，它们之间的关系本身就非常复杂，政府监管起来就更加不易。其次，公私合作项目很多都涉及比较专业的技术和知识，政府工作人员很可能并不具备这

---

① ［英］达霖·格里姆赛、［澳］莫文·K. 刘易斯：《PPP 革命：公共服务中的政府与社会资本合作》，中国人民大学出版社 2016 年版，第 177 页。

② 转引自周佑勇《特许经营权利的生成逻辑与法治边界——经由现代城市交通民营化典型案例的钩沉》，《法学评论》2015 年第 6 期。

③ 刘姿汝：《从消费者权益观点谈 ETC 案》，《台湾本土法学杂志》2006 年第 82 期。

些专业知识和技术。很多时候政府部门不得不将监管职责再外包给某个具有这些专业知识和技术的私人组织,这就又增加了合同的复杂性和监管难度。即便政府部门拥有具备专业知识和技术的人才,这些人才也很容易被私人组织以更好的薪酬等激励措施而挖走。因为相对私人组织,政府部门在薪酬等各方面的激励并没有优势。最后,私人组织的信息披露有时并不是那么及时和充分,这也给政府监管带来了麻烦。私人组织毕竟不同于政府部门,它们原本是不需要就自己的运营、管理、资金使用情况以及重大决策等向社会公开的,这些都可以作为商业机密而免于信息公开,只是因为它们参与了公共项目的合作才需要公开相关的信息。但私人组织并不习惯也不擅长信息公开,相反它们常常有意无意地规避信息的公开。而在公私合作的公共项目中,私人组织又掌握着大量的信息,它们与政府部门之间存在明显的信息不对称。"合同造成的信息梗阻和合作者刻意隐瞒信息等,都使得政府对合同承包商的行为缺乏准确把握因而无法进行有效控制。"[1] 而一旦"社会组织得知政府对其行为细节不很了解或保持着'理性的无知',因而自己能采取机会主义行为而不受惩罚,那么社会组织就会受诱惑而机会主义地行事。如果政府要想发现代理人(承包商)实际上在干什么,就需耗费很高的监督成本"[2]。有学者研究发现,合同外包的平均监督成本占了总项目成本的20%。[3] 从在某种程度上说,在公私合作项目中实际上不可避免地存在着职责逃避现象。逃避有可能意味着私人组织根本不会简单地像政府所信任的那样卖力地干活。代理人(私人组织)总是能转向合同激励之外的各种激励机制(利益冲突问题),而委托人(政府)却永远不可能侦查和阻止所有的逃避现象(监控问题)。[4] 委托人必须了解代理人的工作情况,研究他们一般的工作习惯。否则,委托人永远也不可能知道整个事情的来龙去脉。

---

① 李洪佳:《超越委托代理——以"管家理论"重塑政府购买公共服务行为》,《理论导刊》2013 年第 12 期。

② 柯武刚、史漫飞:《制度经济学:社会秩序与公共政策》,商务印书馆 2000 年版,第77 页。

③ 转引自胡伟、杨安华《西方国家公共服务转向的最新进展与趋势——基于美国地方政府民营化发展的纵向考察》,《政治学研究》2009 年第 3 期。

④ [美]唐纳德·凯特尔:《权力共享:公共治理与私人市场》,北京大学出版社 2009 年版,第20 页。

而且，一旦代理人知道自己不会受到监测，他们的绩效也会表现欠佳。代理人会有强烈的动机保护自己，因此他们不仅只是传递好的消息，掩盖坏的消息，还会本能地阻止任何人过于密切地关注他们的工作情况。要想获得代理人方面正确的绩效信息却又不想让委托人埋头于各种文件是相当不容易的，而要开发既不打扰代理人的工作又能向委托人提供所需信息的反馈系统更是难上加难。如果委托人的鼻子伸得太长，过多地介入代理人的工作，那么委托人和代理人之间的分界线就会消失。如果委托人不能充分深入地观摩代理人的工作，就有可能遗漏各种丑行和潜在的灾难。① 所以，在承包商依约生产公共服务的过程中，政府部门可能由于自身行政强制权力的缺失而难以对承包商生产公共服务的行为进行全面、系统、深入的实地调查和有效监督。承包商也极有可能利用对公共设施设备的占用优势，恶意拒绝、妨碍、逃避政府部门的合法监管，甚至煽动社会公众，伪造反馈意见，虚构有利于自己的信息或资料、制造假象等，导致监督工作无法取得实效，处于"虚监、弱监、伪监、不监、假监、难监"的反常状态。② 这是公私合作模式客观存在的一个缺陷，对此我们必须有清醒的认识。

3. 责任追究困难

责任追究是建立在绩效考核基础之上的。公共部门由于其价值追求多元相较于单纯追求效率的市场主体而言，绩效考核本来就很困难，建立在绩效考核基础上的责任追究自然也很困难。在公私合作供给公共服务机制中，因为私人组织的加入，会使得原本就比较困难的责任追究更加困难。这是因为：首先，公私部门的目标不同导致私人组织不愿承担政府责任。"私营部门追求的效率与公共部门不单纯追求效率而更注重责任与公平之间目标的不同，导致在高度民营化与合同出租中存在缺乏责任问题，结果是减少了公共责任与公共精神的范围，责任机制不能很好落实。"③ "私有化以及试图模仿私人部门的种种努力缩小了责任的范围，

---

① ［美］唐纳德·凯特尔：《权力共享：公共治理与私人市场》，北京大学出版社 2009 年版，第 23 页。

② 石佑启、邓搴：《论政府公共服务外包的风险及其法律规制》，《广东社会科学》2016 年第 3 期。

③ 任立兵、李冰：《中西城市公共服务比较分析》，《东北财经大学学报》2007 年第 4 期。

并且把关注的焦点放在了达到标准和使顾客满意上。这样的方法并没有反映公共部门中多重的、重叠的责任途径，因为私人部门的标准更缺乏严格性。"① 其次，公私合作供给机制可能导致公共部门责任意识降低。在公共服务的合作供给机制中，公共服务供给职能转移给私人组织之后，会使政府部门在认知上产生错觉，认为公共服务的供给责任也一并转移给了私人部门，导致政府的责任意识降低，更倾向于推卸原本承担的公共服务供给责任。事实上，无论采取怎样的公共服务供给机制，公共服务供给的最终责任都还在政府身上，一旦公共服务供给的质量和效率不能让公众满意，政府依然要担责。最后，责任主体确认困难。当公共服务的供给由政府一方担当的时候，所有的责任都是政府的，一旦需要追究责任，政府就责无旁贷，因此责任主体是清晰的。但采用公私合作供给模式之后，供给主体增加了。合作供给的全生命周期涉及项目发起、物有所值评价、财政承受能力论证、政府采购、风险分担、回报机制、绩效评价、资产移交等多个环节。每个环节的参与主体都不尽相同，各主体之间法律关系复杂、利益诉求多元。这无疑加大了一旦出现问题之后责任主体的确认难度。有学者就认为"公共服务移交市场后，公共部门的首长不可能经常深入公共服务的具体操作环节，也使政府难以承担与以前相同的公共责任"② 。到底哪些责任应该由政府承担，哪些责任转移给了私人组织，鉴定起来也并不容易。更尴尬的是，无论在合作供给中双方如何划分责任关系，一旦公共服务的最终结果不能满足公众的消费需求，公众就会把不满发泄给政府，即便主要责任在于私人组织，政府在事实上也不可能完全置身事外。更可能的办法是政府先承担责任，之后再按合作机制的约定追究私人组织的责任。但若私人组织并不具备承担责任的能力，政府的追究也就形同虚设。这就导致了事实上"公共服务可以民营化，但公共责任不能民营化"③ 的矛盾。或者说，无论供给

① Richard Mulgan, "Comparing Accountability in the Public and Private Sectors", *Australian Journal of Public Administration*, No. 1, 2000, p. 12.

② 刘美萍:《西方公共服务市场化与我国公共服务领域的改革》,《中国矿业大学学报》（社会科学版）2005 年第 2 期。

③ 王乐夫、陈十全:《我国政府公共服务民营化存在问题分析——以公共性为研究视角》,《学术研究》2004 年第 4 期。

公共服务的方式如何变化，政府依旧承担着公共服务供给的最终责任。正如有学者所言，"合同外包是建立在契约关系基础上的公私合作，政府在契约之下间接提供服务，市场在监管之下直接提供服务。政府始终担负着公共服务的最终责任，不能因为缺乏直接的控管渠道而淡漠监督、忽视服务质量"①。这就要求，在公共服务的合作供给机制中，政府在把"划桨"的任务移交出去之后还要能牢牢地"掌舵"，②以确保私人合作主体尽职尽责地完成任务；否则，一旦需要追责，可能最终只能追到政府自己身上。

4. 可能产生特殊的负外部性问题

在公共服务的合作供给机制中，私人组织一般来说更关注于生产的效率，奉行的是"生产至上"。这是由以下原因决定的：一是私人合作伙伴主要承担的本来就是生产任务，它们关注生产效率是自然而然的选择。二是私人合作伙伴的本质属性也决定了它们更关注生产效率。因为很多参与公共服务合作供给机制的私人组织本就是营利性组织，追逐利润是它们的生存法则，而利润一定是建立在更高的生产效率上的，所以关注生产效率，而不是公共利益也是其组织属性所决定的。三是合作供给机制中的绩效考核方式也会激励私人合作组织更关注生产效率，因为合作供给合同约定中对私人组织方的绩效考核也更多的是生产过程中的相关数量指标。四是可能的认知缺陷也会导致合作双方更关注看得见的绩效，忽视潜在的外部性问题。有些外部性影响力是需要一定的认知能力和相关知识和理念支撑的。比如对环境的影响，可能在生产某种产品的时候，合作双方都没有意识到其对环境的影响力，但之后随着人们的环保意识以及认知能力和知识的提高，才发现了这种生产行为对环境所产生的负面影响。所以说，生产至上在某些情况下很可能产生特殊的负外部性行为。如果这种负外部性行为不被政府方所发现和知晓，私人组织方是不会去关注的。由于政府与作为生产者的私人组织在信息方面的不对称，

①　江亮演、应福国：《社会福利与公设民营化制度之探讨》，《社会发展季刊》2005年第1期。

②　叶托：《超越民营化：多元视角下的政府购买公共服务》，《中国行政管理》2014年第4期。

政府未必全面了解私人组织的生产过程是否会产生负外部性问题，以及所产生的负外部性行为的影响力到底有多大，所以负外部性影响就会被隐藏下来。但既然有负外部性行为，其影响力一定会在某个时间点上显现出来，这个时间点有可能是在合作行为结束之后。由于公共服务供给的责任终究是政府的，政府就要承担这种负外部性影响，哪怕有时这种影响所带来的成本损失很可能远远超越公私合作供给所带来的成本降低。美国政府在核武器生产的合作供给机制中就产生了大量这种负外部性问题。美国联邦政府在"二战"期间研发原子弹的时候，围绕着核武器的生产而发展了错综复杂的公私伙伴关系，结果能源部差不多就变成了一个大型承包商帝国的行政躯壳。到1992年，核武器集团已经在13个州建立了14家重要的生产设施，致使能源部80%—90%的预算完全是由承包商花掉的。但无论是政府还是承包商都没有花时间解决生产所带来的负外部性问题，即那些源于生产经营本身的安全和环境问题，以及生产经营所产生的大量的放射性和有毒废料。位于丹佛西北16英里的科罗拉多州落基山兵工厂就是一例。落基山兵工厂负责为氢弹制造钚引爆器，由于当时合作的双方都更加关注于生产的效率，对生产可能带来的污染没有给予足够的关注，所以在几十年的生产过程中，产生了大量的钚污染废料，包括用来擦拭机器的抹布以及生产线上卸下来的金属刨等。对于这些废料，工厂的操作人员原本的处理方式是将废料放在地面上喷湿，以便让液体蒸发掉，其他的废料则被放进金属桶中，密闭埋入地下。但随着时间的推移，金属桶发生泄漏，导致废料污染了周边的土壤和地下水。这一严重的外部性问题当时并没有引起合作双方的重视，一直到1987年《纽约时报》的调查记者将全国的核武器生产场地所存在的环境和安全问题公之于众，才引起公众和政府的关注。为此美国联邦政府不得不启动超级基金项目来清理这些废料，最终花费多达10多亿美元。由于这种负外部性影响是在合作结束多年之后才被发现，此时的私人合作方或许已经退出了该服务领域，即便没有退出，其偿付能力也往往有限，因此这种负外部性的后续成本就只能由政府来承担。这可能导致原本绩效很好的公私合作项目因此而产生更为高昂的行政成本，不仅销蚀了原有的绩效，还带来了更深远的包括环境安全方面的负面影响。在上述美国落基山兵工厂的例子中，如果说其中可见的负外部性影响还可以通过花钱来修补的话，那么，更为隐蔽的外部性影响——公众对政府的信任，修补起来可能要花费更多的时间和精力。这也是我们采用公私合作供给公共服务模式必须关注的一个问题。

5. 可能引发新的腐败

传统政府垄断性供给公共服务模式下有可能导致腐败，在新的公私合作供给模式中同样也可能引发新的腐败。多位学者对此发出过警告。钟明霞认为这种公私合作机制"使公与私广泛接触，腐败最容易发生"[1]。项显生认为"政府购买公共服务过程中不可避免地存在政府滥用权力的可能"[2]。唐纳休提出"腐败问题充斥整个购买过程，形形色色的操纵招投标、贿赂和回扣现象从来没有被消除过"[3]。民营化的推崇者萨瓦斯也坦言，"政府的承包合同、特许经营权和补贴可以通过贿赂、串谋和勒索来获得。凭单制也会受到一系列诈骗行为的威胁，如伪造、盗用、出售以及非法收购食品券。一个潜在的承包者会向政府官员行贿（或提供竞选赞助）来影响其决策，官员也可能主动索要回扣"[4]。因为，有些公私合作项目确实有着丰厚的利润回报。数据显示，英国的私营企业通过 PFI 模式可以获得非常可观的利润，由于英国建筑市场的相对成熟，通常施工企业的边际效应值为 1.5%，而通过 PPP 项目的运营，投资回报率一般在 13% 左右，而通过投资股权的获利高达 20%—70%，如果项目运营稳定，项目再融资的回报率甚至可以达到 30%—70%。对私人组织来说，要获取这些合作项目，并拿到更多的财政资金。一般来说无非有两种手段。一种当然是通过提高自身的资质等级、经营能力、业界口碑以及资金实力等竞争实力，得到公共部门的青睐而获取合作项目的合同，并通过高效的运营、优质的服务得到政府的财政支付，实现自身利润。但也会有另一种可能性，即私人组织采用拉拢腐蚀、承诺给官员工程回扣款

---

① 钟明霞：《公用事业特许经营风险研究》，《现代法学》2002 年第 5 期。

② 项显生：《我国政府购买公共服务监督机制研究》，《福建论坛》（人文社会科学版）2014 年第 1 期。

③ John D. Donahue, *The Privatization Decision: Public Ends, Private Means*, New York: Basic Books, 1989, p. 131.

④ ［美］E. S. 萨瓦斯：《民营化与公私部门的伙伴关系》，中国人民大学出版社 2002 年版，第 324—325 页。

甚至直接送钱送物等方式贿赂官员,以达到操纵投标过程、最大化公共预算等目的。而且,官员也可能会利用手中的权力主动"寻租",索取财物、返利、回扣、分红等,来帮助某个竞标者排斥其他竞标对手,甚至与竞标人达成幕后协议,使整个招标过程形同虚设。在巨大的利益诱惑以及私营部门的逐利本性面前,这些腐败现象即便在公私合作实践相对成熟的国家也无法完全避免。比如,在加拿大投标数十亿加元的麦吉尔大学健康中心(McGill University Health Centre)PPP 项目中,就出现了腐败现象,而且贿赂金额高达数百万加元。在英国这样政府购买运行稳定的国家,其购买中的腐败行为已经成为整个国家腐败行为最重要的来源。据英国警方统计,1996 年英国公共部门有 130 起严重违规案件,绝大部分与购买服务中的回扣现象有关,很多案件中均具有通过行贿取得项目合同的现象,1990—1996 年间法院此类案件激增,也进一步印证了这一判断。在美国,也有数据表明,这些合同中约 1/3 被联邦官员私下交给他们喜欢的承包商。① 正像有学者所感叹的,"政府项目令人惊诧的浪费、造假和渎职事件中往往包含了政府私人伙伴关系的贪婪、腐败以及经常是犯罪的活动,而孱弱的政府却无法及时地发现并更正这些问题"②。所以,公私伙伴关系必须伴随着信息的公开、严格的监管以及充分的竞争,否则传统垄断性供给公共服务过程中存在的腐败现象绝不会随着公私伙伴关系的引入自然而然地得到解决,类似的腐败问题依然还会出现,甚至更甚。在公私合作供给的过程中,是否出现了政府被私人合作主体俘获后的"政商同盟""官商勾结",进而诱发权力与资本的合谋,侵蚀神圣的公共利益,是我们不得不严加防范的。

6. 适用范围有限

虽然公共服务的公私合作供给机制有诸多优势,但它显然还无法适用于所有的公共服务领域。在某些公共服务领域,这一机制很可能是失灵的。从这个意义上来说,那些因将私人部门引入公共服务的供给领域而有可能使国家陷入空心化的担忧也是完全没有必要的。正如有学者所

---

① [美]尼古拉斯·亨利:《公共行政与公共事务》,华夏出版社 2002 年版,第 318 页。

② Paul Staff, "The Limits of Privatization", in Steve H. Hanke, ed., *Prospects of Privatization*, New York: Academy of Political Science, 1987, pp. 60–73.

言，"实行政府公共服务外包，也并非所有公共服务都可以外包。政府公共服务外包需要有一定的边界，必须合理界定政府公共服务外包的范围，以发挥其效用"①。对于哪些公共服务适合以公私合作的方式提供，哪些不适合公私合作方式，很多学者也都做出了自己的界定。约翰斯通和罗姆泽克认为，适于进行购买或者在购买中容易导致竞争的服务一般都会具备如下特征：私人获益、产出容易测量、产出测量时间短、产出是有形的、具有足够的供应商；反之，当私人收益降低、产出衡量困难、产出衡量时间长、产出无形、供应商不足时，政府购买公共服务合同管理的难度增加，市场或者竞争可以起到的作用降低。② 德国行政法学者毛雷尔认为，"所有涉及公法上主权并以国家强制力为后盾的行政任务，如秩序行政和税捐行政属于禁止委托的服务项目，而给付行政通常不需要运用强制力，只要公法没有限制性规定，可被允许交付私人执行"③。波斯顿认为，涉及政府核心职能的政策建议和制定、规划、规制、法律强制执行及应急服务等不能外包。④ 奥利佛·哈特认为，那类质量难以度量的服务，由公共部门承担则会更好。⑤ 唐纳休就指出，与私人承包商追求利益最大化不同，政府公务员对公共服务更有责任心，因此，在对提供者的判断力、耐心及公正性有更高要求的服务领域不适合外包，例如社会福利及监狱服务等。⑥ 借鉴上述学者的观点，结合公私合作供给机制的特性，本书认为至少以下几类公共服务是不适应公私合作供给模式的：（1）政府的核心职能，包括法规、政策和标准的制定以及纯公共产品的提供等。这类职能体现的是社会发展的方向，也就是"掌舵"的功能，

---

① 杨桦、刘权：《政府公共服务外包：价值、风险及其法律规制》，《学术研究》2011 年第 4 期。

② Jocelyn M. Johnston and Barbara S. Romzek, "Contracting and Accountability in State Medicaid Reform: Rhetoric Theories and Reality", *Public Administration Review*, Vol. 59, No. 5, 1999, pp. 383 – 399.

③ ［德］哈特穆特·毛雷尔：《行政法学总论》，法律出版社 2000 年版，第 37 页。

④ J. Boston, *The State Under Contract*, Wellington: Bridget Williams, 1995.

⑤ Oliver Hart, Andrei Shleifer and Robert W. Vishny, "The Proper Scope of Government: Theory and an Application to Prisons", *Quarterly Journal of Economies*, Vol. 112, No. 4, 1997, pp. 1127 – 1161.

⑥ J. D. Donahue, *The Privatization Decision: Public Ends, Private Means*, New York: Basic Books, 1989.

而私人组织显然没有能力承担这类事务。这类服务通常包括国防安全、外交、货币、税务、司法、行政处罚与强制、行政征收与征用、治安秩序的维护等，都是绝对国家保留事项，原则上不得进行合同外包；而对城市公共设施、园林绿化、社会保障、医疗卫生、健康照护、自来水、能源、交通控制、道路、邮政、环保、电力、电信、资讯、培训、专业资格认定、垃圾处理、医事检验、登记、广播电视、法律服务、文学艺术与娱乐项目运营、道路停车拖曳、危险物清理等一般国家保留事项，如果由私人部门执行更专业、更有效率、更能满足社会公众的期待，则允许进行合同外包。[①]（2）无法量化的公共服务。政府无法确切地知晓需要什么、需要多少，也很难进行绩效测度，或者说政府无法进行精明的计算，这类公共服务也不适合公私合作模式。因为，这些无法量化的公共服务使得政府在选择私人合作伙伴、评价私人合作伙伴的绩效等方面都没有一个客观标准，政府也就很难拿出需要与私人组织合作供给的理由和依据。同样。无法量化的公共服务往往也很难进行物有所值评价。（3）体现社会公平和正义的公共服务。有些公共服务不以效率为主要目标追求，而更追求实现社会公平和正义，这类公共服务就不适合由私人组织承担，因为私人组织没有动力也不擅长于此类事务。我国在探索公共服务的公私合作机制进程中就出现了把不该外包的公共服务外包出去的案例。比如，2002 年至 2003 年，杭州市余杭区将原由政府和集体开办的 29 所卫生院全部拍卖，共拍得 7500 万元。但由于拍卖后的运营出现了诸多问题，2010 年 7 月，其中的 28 所卫生院由政府财政斥资 3 亿元收回。[②] 有人将此作为公共服务市场化机制失败的证明，显然就是对公共服务市场机制的误解，这一失败案例只能说明我们对公共服务市场化机制并不了解，恰恰是把政府的核心职能、不该市场化的市场化了，结果自然不尽如人意。（4）没有竞争性市场的公共服务。在没有竞争性市场的前提下，政府要与某一垄断性私人组织合作，这种合作就意味着由原来的政府垄断性生产，变成了私人组织的垄断性生产。而如果我们对一个

---

① 郑旭辉：《政府公共服务委托外包的风险及其规制》，《中南大学学报》（社会科学版）2013 年第 3 期。

② 周志忍：《认识市场化改革的新视角》，《中国行政管理》2009 年第 3 期。

定位于以追求公共利益为己任的公共组织的垄断性生产都不能放心的话，那么我们又如何对一个本身就是以追逐利润为目的的私人组织的垄断性生产放心呢？这很可能陷入一场"前门拒虎、后门引狼"的闹剧，所以这类服务也不适合公私合作模式。（5）政府缺乏相关专业知识和信息的公共服务。若政府对委托给私人组织的公共服务缺乏专业的了解和认知，也就很难获取有价值的信息，没有有价值的信息支撑，政府的监管就很难发挥作用。这种情况下，政府很容易就被私人合作组织绑架，公众的利益就无法得到保障。这类公共服务也不适合交由私人组织供给。（6）小型公共服务项目。这里的"小"主要是资金的投入量小。这些小型项目一般也不适合采用公私合作供给机制。因为公私合作供给机制牵涉的主体多、过程复杂、监管成本高，这样的供给模式对于小型项目来说，显然负担过重。以一个一般的政府与社会资本合作项目为例，其私人参与主体就可能包括融资公司、建设单位、运营单位以及专门为此项目设立的 SPV 公司，这些部门在整个项目合作过程中的权利义务以及各自的责任等，在初始的谈判过程中都要有大致清晰的定位，包括对未来运营情况的预测和论证等，参与竞标的私人力量在前期谈判阶段就要投入大量的时间和资金成本，后期的项目建设和运营也十分复杂。比如澳大利亚维多利亚州一个县法院项目的合同框架就包括了皇室契约租赁许可、法院服务协议、针对融资方的多方融资协议、商业场所和楼房、债券发行合同以及运营、维护和融资的分包合同。① 如此复杂的合同应用于那些规模较小的公共服务项目，无异于"杀鸡用牛刀"了。交易的成本很可能会超越项目本身为私人合作者所带来的潜在利润。国外有学者对大量的社会服务外包案例进行研究后得出，合同的复杂性、政府官员监管缺失等因素也是合同失败的主要成因。② 因此，在英国，2003 年 7 月的财政审查决定，项目成本小于 2000 万英镑的项目不再实行 PFI 模式，依据就是投标成本和企业成本太高致使项目如果实行 PFI 模式将失去价值。正是

---

①　[英] 达霖·格里姆赛、[澳] 莫文·K. 刘易斯：《PPP 革命：公共服务中的政府与社会资本合作》，中国人民大学出版社 2016 年版，第 119 页。

②　Jocelyn M. Johnston，Barbara S. Romzek，"Contracting and Accountability in State Medicaid Reform：Rhetoric Theories and Reality"，*Public Administration Review*，Vol. 9，1999.

考虑到 PPP 项目谈判成本太高,澳大利亚已经开始对参与竞标而没有得到合同的公司进行补贴。比如在墨尔本城市连线公路项目中,在融资结束时,中标人已经花费了 2400 万澳元的前期成本。而未中标的(备选投标人)差不多也投入了那么多。所以,最后政府就支付了 300 万澳元,以弥补因延长投标过程而为未中标者带来的额外成本。① 不仅参与竞标的私人组织要花费巨额的前期成本,政府实际上也一样要花费巨额的前期谈判成本。在加拿大阿伯茨堡医院项目上,不列颠哥伦比亚省政府就支付了 700 万加元行政成本和 2470 万加元的法律与咨询费用。② 加拿大安大略省政府为宾顿市民医院项目选择最优竞标者也支付了 3390 万加元顾问费。③ 这些例子都说明,公私合作模式的交易成本是很昂贵的,这样的交易费用对小型项目来说是得不偿失的。当然,针对这种小型项目,也有学者提出可以采用捆绑的方式,即将多个同类的小型项目打包委托给某一个私人组织,以稀释其交易成本。但这种捆绑也只适合相似或互补的项目,而且很可能牵涉到不同的行政区域,这无疑又提出了更有效的协调要求,也更加剧了这些项目交易过程的复杂性。实际的运作如何,还需要进一步的实践检验。

综上,公共服务的公私合作供给模式本身也存在着很多缺陷,并不适合于所有的公共服务领域,已经实行公私合作供给机制的项目也未必一定会比传统模式更好。以美国为例,1989 年,美国联邦政府管理与预算办公室应参议院政府事务委员会的要求,共认定了 73 个"高风险"的渎职项目,其中将近 80% 的项目建立了实质性的公私伙伴关系,而且几乎一半的项目都要依赖承包商。一年以后,美国联邦审计总署又公布了一份载有 14 个高风险项目的名单,在这份名单中,12 个项目涉及公私伙伴关系,6 个项目中有承包商的广泛参与。1991 年由美国众议院预算委员会开展的一项研究中,对 20 世纪 80 年代期间遭遇实际管理问题的 10

---

① 〔英〕达霖·格里姆赛、〔澳〕莫文·K. 刘易斯:《PPP 革命:公共服务中的政府与社会资本合作》,中国人民大学出版社 2016 年版,第 41 页。

② Partnerships BC, Project Report:Achieving Value for Money:Abbotsford Regional Hosptial and Cancer Centre Project, Victoria:Partnerships BC, 2005.

③ 转引自王天义、杨斌主编《加拿大政府和社会资本合作(PPP)研究》,清华大学出版社 2018 年版,第 118 页。

个项目进行评审，结果发现，所有项目都在依赖公私伙伴关系，而且一半的项目都被政府承包了出去。① 这些事实都说明，是否采用公私合作模式供给公共服务还需要我们基于公私合作供给公共服务模式本身的优劣进行审慎的评估和选择。

六　公私合作供给公共服务机制的适用条件

由前述公共服务公私合作供给机制的优势和缺陷可知，不是只要通过公私合作供给的途径来供给公共服务，公共服务的供给效果就一定优于政府的直接生产。公私合作机制将私人组织引入之后，使公共服务的供给过程更为复杂，处于一种不确定性境遇之中，其供给绩效并不必然优越于传统的政府垄断性供给模式。那种"假定仅仅将活动转向民营部门就可以奏效，而毋须其他变革，这种怀有良好愿望的思想和旧的发展行政模式如出一辙"②。那么，在什么样的条件下才适合采用公私合作供给机制呢？很多学者对此也提出了自己的看法。罗姆泽克和约翰斯通认为，有很多因素会影响合同外包的选择。包括："供应商的良性竞争、充足的资源、承包商绩效测量的合理规划、政府合同管理人员的强化培训、承包商工作人员的能力评估、承包商财政管理能力的评价以及充足的外包理论基础等都会对合同管理产生积极影响；而顾客支持群体的政治实力、分包商的复杂性以及承包商的风险转移等因素则加大了合同管理的难度。"③ 萨瓦斯认为，承包合同的有效实施所需要的相关条件有：（1）工作任务能清楚地界定；（2）存在若干个潜在的竞争者；（3）政府能够监测承包商的工作绩效；（4）承包的条件和具体要求在合同中有明确规定并能够保证落实。④ 凯文·纳维利认为，采用合同外包提供服务的

---

① ［美］唐纳德·凯特尔：《权力共享：公共治理与私人市场》，北京大学出版社 2009 年版，第 3—4 页。

② ［澳］欧文·E. 休斯：《公共管理导论》，中国人民大学出版社 2001 年版，第 262 页。

③ Barbara S. Romzek，Jocelyn M. Johnston，"Effective Contract Implementation and Management：A Preliminary Model"，*Journal of Public Administration Research and Theory*，Vol. 12，No. 3，2002，pp. 423 –453.

④ ［美］E. S. 萨瓦斯：《民营化与公私部门的伙伴关系》，中国人民大学出版社 2002 年版，第 73 页。

三个基本条件是：服务的要求和标准能够被清晰地表述；监督成本不是很高；存在提供服务的竞争性市场。① 格里姆赛和刘易斯认为，成功的伙伴关系取决于以下因素：（1）能够清晰地表明和衡量服务成果；（2）存在一定空间和激励措施以引进设计创新和运营变革，从而提高效率；（3）改进支付体系，鼓励运营商保证服务质量；（4）将项目开发成本和项目监管成本纳入考虑之后，实现资金最佳使用价值；（5）通过服务商之间良好的工作关系和沟通提供综合服务；（6）具备透明的问责制实施程序，尊重公共利益。② 保罗·布思等认为，PPP 模式适合具有以下特征的项目：（1）项目规模较大。通常情况下，项目的规模越大，传统交付模式成本超支和工期延误的可能性越大，而 PPP 模式有利于这一问题的解决。（2）相对复杂的项目。但是，PPP 模式不适合缺乏监管部门的批准或所有权问题难以评估的项目，这一类项目可能影响风险转移的定价问题，增大管理和竞争难度。（3）存在私营部门创新空间。通过私营部门提供想法和方案，可以使项目运行更高效，提高服务质量。（4）需要保证公平的竞拍环节，有利于激励私营部门节约成本和进行创新，确保私营部门有能力控制风险。（5）产出可以量化。该项目通过数量参数可以客观评估项目结果。（6）新项目。实践经验表明，新建项目中，政府部门可以更好地将风险转移给私营部门，而且翻新或扩建的项目可能存在较高的潜在缺陷风险，这对于私营部门困难较大。③

结合上述学者的观点，我们认为，公共服务公私合作机制的适用条件至少包括以下几个方面。

1. 政府的非核心职能

哪些公共服务可以以公私合作的方式来供给，一个基本的共识就是这些公共服务不能是政府的核心职能，政府的核心职能依然必须由政府

---

① Kevin Lavery, *Smart Contracting for local Government Services*: *Processes and Experience*, Westport: Praeger publishers, 1999, pp. 1 – 13.

② ［英］达霖·格里姆赛、［澳］莫文·K. 刘易斯：《PPP 革命：公共服务中的政府和社会资本合作》，中国人民大学出版社 2016 年版，第 266 页。

③ Paul Boothe, Felix Boudreault and Dave Hudson, The Procurement of Public Infrastructure: Comparing P3 and Traditional Approaches, Lawrence National Centre for Policy and Management, 2015, p. 24.

承担。那么，哪些是政府的核心职能呢？在这里，我们可以借助一下弥尔顿·弗里德曼对"小政府"概念的经典描述，即认为政府的基本职责就是"提供一种我们可以用以修改规则的途径，调解我们在规则含义上存在的分歧，以及强制少数不遵守游戏规则的人遵守规则"①。简言之，政府的基本职责就是制定并维持一整套规则体系，并将这一套规则体系执行下去。当然，弗里德曼所说的这个"规则"是个广义的概念，应该既包括法律、法规，也包括政策以及其他抽象行政行为。这些行为基本上都是"决策"行为，是对公共资源、权利和义务的权威性分配，其遵循的基本原则是公平和正义，其发挥的作用就是为国家和社会掌好舵、把好向。这类职能只能由政府来承担。除此之外的大量执行类职能则基本上都是可以采用公私合作模式的，包括很多人认为的政府应该承担起的对弱势群体的关照和救助。该如何关照的政策或标准自然由政府做决策，具体事务也就是对标准的执行还是可以借助私人组织来完成的。在实践中，我们长期以来却是扩大了政府的核心职能，将大量的准公共产品的供给也交给了政府。如果我们对由政府提供的服务假设性交由私人力量来供给，分别进行资金最佳价值检验的话，就会发现，实际上大量的公共服务，尤其是那些准公共物品的供给，由政府垄断性供给不但没有比较优势，反而存在比较劣势。因为"政府在为管理人员制定激励措施，使其以商业化方式开展活动时存在困难。大多数情况下，创新活动以及风险承担活动的下行风险要大于收益，因而'照章办事'显得更为容易。另一个问题是，政府通常被宽泛地授权，因此不能形成明确的目标，很多特殊利益集团都在为引起注意而大肆叫嚣，在这样的环境下公共部门机构面临相当多互相冲突的目标，而对其中任何一个目标都只承担较少的责任。目标太多的结果通常是一个也实现不了"②。正是认识到政府亲自生产公共服务所存在的弊端，新公共管理理论引入了公私合作供给公共服务的新模式。在许多国家原先看来显然属于公共性质的服务

①　M. Friedman, *Capitalism and Freedom*, Chicago：The University of Chicago Press，1962，p. 25.

②　［英］达霖·格里姆赛、［澳］莫文·K. 刘易斯：《PPP革命：公共服务中的政府与社会资本合作》，中国人民大学出版社2016年版，第107页。

如今已经习惯性由私人机构来提供——监狱和托管服务、消防服务、电力供应、电信、公路、桥梁、隧道等。机场和办公大楼的保安工作现在也由私营公司来提供（在澳大利亚等许多国家，私人警察比公共警察还要多）。警察和紧急呼叫线路现在由私营公司来管理并负责雇佣人员。职业介绍中心由私营代理机构运营。供水和污水处理可以由私人特许经营公司来完成。税费要向政府缴纳，但可以由私营企业征收，许多法律纠纷也可以通过私人仲裁机构来处理。① 而且，这些国家的实践证明这样的公私合作模式效果还是不错的。所以，我们承认政府的核心职能不能与私人组织合作供给的同时，也要弄清楚哪些才是政府的核心职能，而不是以政府的核心职能不能引入私人组织为由而随意扩大政府核心职能的范畴。在很多即便属于政府核心职能的领域，也并不完全排除私人组织的参与。比如，医生和护士在公立医院内提供的服务、教师在政府教育机构内提供的服务，以及法官在法院提供的服务，由于其公益属性，仍被广泛认为是必须由政府提供的一种职能，但并不意味着这些领域的支持性基础设施和辅助服务不能由私营部门来供给。

2. 存在竞争性市场

竞争是采用公私合作供给机制的核心原因之一，从一定意义上说，引入私人组织进入公共服务的供给领域，就是要借助私人组织的竞争所带来的活力。在竞争充分的市场中，交易方寻找交易对象、了解产品和服务信息，甚至进行监督的成本都要小得多，合同风险能够大大降低。② 竞争在很大程度上能够促使服务承包商不断创新管理方式，改进服务质量与水平，降低服务生产成本，对顾客的需求做出及时回应，以达到提高公共服务供给效率和节约成本的目标。③ 如果没有竞争，则意味着公共服务的公私合作供给将从原来的政府垄断性，改为私人组织垄断性供给。实践证明，当没有竞争时，企业和非营利组织会像最没有效率的政府一

---

① ［英］达霖·格里姆赛、［澳］莫文·K. 刘易斯：《PPP 革命：公共服务中的政府与社会资本合作》，中国人民大学出版社 2016 年版，第 108 页。

② 句华：《公共服务合同外包的适用范围理论与实践的反差》，《中国行政管理》2010 年第4 期。

③ ［美］戴维·奥斯本、特德·盖布勒：《改革政府：企业精神如何改革着公营部门》，上海译文出版社 1996 年版，第 46—49 页。

样浪费。① 在美国堪萨斯州向地区性老龄非营利性组织 AAAs（Area Agencies on Aging）购买老年人医疗服务的案例中，就存在这种垄断性。地方政府出于稳定性的考虑，常常并不寻找更多的服务供应者，长期的合作使得服务供应者事实上垄断了这一服务，并形成了与政府谈判的能力，政府与之的合作关系转变为依赖关系，服务承接方甚至可以影响政府评估标准的制定。② 米杨格·拉姆斯和斯科特·拉姆斯在对美国佛罗里达州政府外包项目的历史比较中也发现，外包的项目数量越来越少，而购买的金额却越来越大，这表明，合同越来越集中于大的供应商手中。③ 私人组织的垄断性供给不仅无法避免政府的垄断性供给所产生的种种弊端，还可能使服务消费者付出更大的成本，毕竟私人组织比政府有着更大的利润需求。民营化大师萨瓦斯一针见血地指出："政府服务通常成本高而质量差，其原因并不是政府部门雇员的素质比私营部门雇员差。问题的实质不在于公营还是私营，而在于垄断还是竞争。在提供低成本、高质量的服务方面，竞争往往优于垄断，而大多数政府活动又毫无疑问地以垄断的方式组织和运营。"④ 大量的实践也证明，市场竞争机制是迄今为止最具效率和活力的运行机制和资源配置手段，它具有其他机制和手段不可替代的功能优势。政府在借助公私合作机制供给公共服务的过程中，必须确保一个竞争性市场的存在，否则很可能会损害公共利益。美国印第安纳波利斯市就对竞争者提出了"黄页标准"，即如果地方黄页上包含了至少三个可能的供给主体，则该项服务才可以外包。美国在 1984 年颁布的《合同竞争法》也明确要求，联邦机关在招标时，要向所有符合资格的公司公开其招标过程，当然采取非竞争程序缔结的合同除外。一般

---

① John Donahue, *The Privatization Decision*：*Public Ends*，*Private Means*，New York：Basic Books，1989，pp. 4 – 5.

② Jocelyn M. Johnston and Barbara S. Romzek，"Contracting and Accountability in State Medicaid Reform：Rhetoric Theories and Reality"，*Public Administration Review*，Vol. 59，No. 5，1999，pp. 383 – 399.

③ Meeyoung Lamothe，Scott Lamothe，"Beyond the Search for Competition in Social Service Contracting：Procurement，Consolidation，and Accountability"，*American Review of Public Administration*，Vol. 39，No. 3，2009.

④ ［美］E. S. 萨瓦斯：《民营化与公私部门的伙伴关系》，中国人民大学出版社 2002 年版，第 161 页。

而言，一个竞争充分的市场结构必须具备几个苛刻的条件：第一，存在大量的卖方和买方，且所有产品没有差别，这样才不会出现价格垄断；第二，买方与卖方保持一定的距离，如此才能避免私下勾结的现象；第三，买方与卖方之间不存在信息不对称，不然就会频繁出现投机行为。[①]维持一个竞争性市场的存在，要求政府在投标之前，确保寻求到数量足够且条件合适的承包商参与竞标；在投标之后确保中标的承包商不会演变为新的垄断者。[②]所以，充分的竞争性市场是公私合作供给机制有效发挥作用的前提条件之一。英美等国在公私伙伴关系中一些失败的案例大都和缺乏一个竞争性市场有关。

为了维持一个竞争性市场的存在，一些政府甚至不惜做出暂时的牺牲来培育新的竞争主体。在确保一个竞争性市场的存在方面，美国联邦电信 FTS - 2000 系统采购案例给我们提供了一个很好的范本。[③] 1985 年 2 月 13 日，美国联邦总务署公布了一项为整个联邦政府提供一套新电话系统的合同竞争方案，即 FTS - 2000 系统（Federal Telephone System for the year 2000），该采购方案总价值高达 250 亿美元，是美国历史上最大宗的非军用品公共采购。公布采购方案的初期，美国电信市场在放松规制的大环境下，参与合同竞争的公司还是相对充足的，但之后由于出现一次重要的产业淘汰过程，美国的长话服务公司的数量减少到了只有三家。所以，1987 年 1 月 7 日联邦总务署实施 FTS - 2000 系统的公开招标时，只有三个团队参与了竞标，它们是美国电话电报公司（AT&T）与波音公司联合组成的第一个竞标团队；马丁·玛丽埃塔公司（Martin Marietta）、北方电信公司（Northern Telecom）、微波电信公司（MCI）和贝尔地区公司共同组成的第二个竞标团队；Sprint 公司和电子数据系统公司（EDS）组成的第三个竞标团队。由于合同以及相关的法律纠纷等各种原因，很快这个竞争局面也被打破了。到 1987 年仲夏的时候，就只剩下 AT&T 和玛丽埃塔两家公司愿意参与竞争了。在仅剩两家竞标公司参与的情况下，

①　叶托:《超越民营化:多元视角下的政府购买公共服务》,《中国行政管理》2014 年第 4 期。

②　Ruth Hoogland Dehoog, "Competition, Negotiation, or Cooperation: Three Models for Service Contracting", *Administration & Society*, No. 3, 1990, pp. 320 - 324.

③　井敏:《竞争性市场:PPP 模式有效运行的前提》,《学习时报》2015 年 10 月 12 日。

是"赢者通吃"还是"蛋糕分享"，联邦总务署一开始更倾向于前者，因为这样管理起来更简单，政府采购的花费也更小。但在联邦众议院政府工作委员会主席杰克·布鲁克斯——这个在政府信息技术问题上长期以来拥有不可替代作用的人物的强有力干预下，联邦总务署不得不放弃操作更加简单的"赢者通吃"做法。联邦政府放弃"赢者通吃"的做法也为 Sprint 和 MCI 公司参与竞争提供了可能性，它们宣布重新参与竞争。布鲁克斯在政府采购信息技术问题上一直主张竞争，在其努力下国会通过的《布鲁克斯法案》里最著名的短语就是"全面而公开的竞争"。实际上，所有人都明白，如果采用"赢者通吃"的做法，赢者一定是更具技术和资金优势的 AT&T，因为 FTS－2000 系统的技术要求非常高，它不仅要求在一个网络中要同时集合语音、数据和图像，还要求这一系统必须是上百万政府顾客可以信赖的可靠系统，并且符合国家的安全和保密性等特殊要求。对于这样的要求，本来就一直控制政府电话业务的 AT&T 显然更具优势。但问题是，如果 Sprint、MCI 等这样的小公司失去了政府的采购合同，它们在私人市场的竞争力也将大打折扣，并很可能被淘汰出局。而一旦它们被淘汰出局，政府和公众面临的就将是一个由 AT&T 一家垄断的电信市场，这就会使美国电信业的发展再次回归 20 世纪 70 年代以前的格局，即 AT&T 一家公司既掌控着私人和商业电信市场，还控制着政府的电话业务。这种情况不仅使美国 70 年代以来在电信市场放松规制的成果化为乌有，还将使政府未来的采购竞争降到最低限度，甚至完全没有竞争而受制于 AT&T 的意志。为了避免出现这种状况，联邦总务署重新设计了采购方案，将合同一分为二，政府会将 60% 的合同出售给标价最低的承包商，而将 40% 的合同出售给标价第二低的承包商。AT&T、玛丽埃塔团队和 Sprint 三家参与了最后的竞标，结果 AT&T 以出价最低者获得了合同 60% 的份额，Sprint 公司以第二出价最低者获得了 40% 的份额。合同同时还规定，在为期 10 年的合同期限内，竞争还会在第四年和第七年重新开始，到时候或许只有 AT&T 和 Sprint 两家公司竞争，但如果Sprint 标书更好，那么 40∶60 的比例很可能就会颠倒过来，或许还有新的公司参与竞争，因为那些在此次竞争中输掉的公司，已经展开了强烈的攻势，力图说服联邦总务署在未来的竞标中增加其他公司，而不仅仅局限于 AT&T 和 Sprint 两家。这样，无论是 AT&T 还是 Sprint 都不可能躺在已获得的合同上睡大觉，还必须以更优质的服务换取联邦政府各部门这些消费者的满意，否则很可能几年之后会将现在到手的蛋糕拱手让与他人。很显然，这一采购方案肯定不如将所有的合同全部交给 AT&T 价格更低，而且政府维持两家公司的制度成本、管理成本也会高于与一家公司打交道，但这种采购方式能够保证至少有两家重要的公司共同为政府提供服务。鉴于电信业的淘汰机制，联邦总务署相信这对于联邦电信系统的采购项目来说还是有利的，而且该系统的运行也取得了很大成功，在其运行的头三年就比老系统节省了 3.46 亿美元的成本费用。更重要的是，它为美国政府和公众保留了一个竞争性的电信市场，时至今日，美国电信业物美价廉的服务不能不说与政府在这一采购过程中的良苦用心关系密切。这一案例也再次提醒我们，政府要想在 PPP 模式中真正采购到物美价廉的产品，就必须保证该产品的供应领域存在一个相对充分的竞争性市场。如果没有现成的相对充分的竞争性市场，政府宁可作出暂时的牺牲，也要尽可能培育出一个新的竞争性市场，否则政府面临的就将是一个垄断性的公共服务供应商。而一旦该供应商的垄断地位形成，政府讨价还价的余地就会大打折扣，供应商也很难再有动力去改进公共服务的效率和质量。这一案例中，美国联邦总务署最终采用的是"分享蛋糕"而不是"赢者通吃"的做法，就是政府在面临一个并不充分的竞争性市场时，培育和保证市场竞争的很好做法。一旦竞争充分，则意味着政府甚至可以不设计服务的相关指标、不制定价格，而只需要在充分的竞争性市场上选择一个最好的合作者就行了。服务可以实现的指标以及价格，正是这些竞争者说服政府与其合作的重要依据，它们自己就会进行充分的论证和宣传。所以，确保一个竞争性市场的存在至关重要。

3. 政府拥有较强的合同管理能力

政府垄断性供给公共服务存在着诸多缺陷，但也绝不意味着，通过与私人组织合作，一纸合同就一定比政府亲自提供公共服务的效果更好。即便政府在竞标阶段已经挑选出最佳合作伙伴，也无法保证之后项目全生命周期的合作都是最佳的。要真正发挥公私合作供给的优势，使合作项目全生命周期的绩效整体大于政府的垄断性供给模式，还需要政府拥有较强的合同管理能力。正如库珀所言："为公众做个好交易，不只是取决于是否要签个合同、合同给谁，而是取决于合同从头到尾整个过程的管理。"① 即"在每一个阶段，政府均需要具备相对应的合同管理能力：议程设定阶段的需求测评能力、合同规划阶段的合同设计能力、合同执行阶段的服务网络管理能力、合同评估阶段的绩效测量能力"②，以及"将谨慎的合同管理理念贯穿于公共服务市场准入、公共服务生产、公共服务验收与评估等各个阶段，保证全程监控，将服务承包商因趋利性通过降低服务质量或减少生产费用以获取私利的不良企图和动机扼杀在摇篮中，从而确保政府作为公共利益的代理人能够在公共服务外包过程中为公众做个好交易"③。良好的政府合同管理能力需要具备的要素包括：清晰的外包管理规则与程序、有效合规的绩效监督、标准的绩效评价体系、对项目技术的熟练掌握、对项目成功关键点的准确认知、部门间较强的合作意愿等。此外，领导支持、法律支撑、政府间竞争等政治因素，也会对政府的合同管理能力产生中介效应。④ 这些都要求政府不仅要有能力制定出一个权责清晰的合同，通过合同建立起政府与私人组织之间相对清晰的权责关系，还要在之后的每个环节都拥有管理合同的能力。因为，这个合同规定的权责关系并不能自动实现，也不能完全依靠私人组织的自我管理。正像一直致力于主张政府与社会资本合作提供公共服务的美国联邦管理与预算办公室在进行了很多的实证调研后所不得不承认的："民间机构基本上没有对合同管理给予充分的关注。他们重点关注的是承包合同的裁定归属，而不是确保合同的各项条款或保证得到合同之后履行采购的各种规章制度。"⑤ 也就是说，相对合同的履行，私人组织

---

① ［美］菲利普·库珀：《合同制治理：公共管理者面临的挑战与机遇》，复旦大学出版社2007年版，第5页。

② Yang Kaifeng, "Contracting Capacity and Perceived Contracting Performance：Nonlinear Effects and the Role of Time"，*Public Administration Review*，No. 4，2009.

③ 詹国彬：《公共服务逆向合同外包的理论机理、现实动因与制度安排》，《政治学研究》2015年第4期。

④ 刘波、崔鹏鹏、赵云云：《公共服务外包决策的影响因素研究》，《公共管理学报》2010年第2期。

⑤ Office of Management and Budget，*Summary Report of the SWAT Team on Civilian Agency Contracting：Improving Contracting Practices and Management Controls on Cost-Type Federal Contracts*，December 3，1992，pp. i – ii.

更关注合同的获取。因为，获取了政府的服务合同，实际上就意味着获取了原本属于政府的某些公共资源，比如公共财政、对某些公共项目的垄断性经营权等。政府要想在公共服务的公私合作模式中购买到物美价廉、符合采购标准的公共产品，就必须既有能力制定权责相对清晰的契约关系，还要有能力对私人合作主体的整个生产和运营过程实施有效的监管，即必须要有全面的合同管理能力。当然，政府并不会干预私人组织的具体运作过程，只是落实合同要求，保证合同所追求的合法性、正当性和实施效果等落到实处。

　　但政府的合同管理能力常常面临挑战。首先，从人员数量上来看，很多公私合作项目中政府工作人员的数量远远低于承包商员工的数量。在美国落基山兵工厂案例中，起初能源部只有50名员工负责在工厂监督8000多个承包商雇员。而且，大部分能源部雇员还都是合同制人员，只是负责处理文件性工作，并没有受训监督承包商的绩效。即便在污染问题被曝光之后，能源部将工厂的雇员数量增加到了原来的4倍，达到200多人，致力于环境问题的员工数量增长了8倍，达到40人左右，技术方面的人员增长了10倍，但相对于庞大的需要监管的承包商员工而言，依然是杯水车薪。其次，信息的不对称。政府与合作伙伴之间的信息不对称，也会导致政府监管出现盲点。在合作项目的合作生产过程中，政府监管人员不可能全程参与，更多的是对相关绩效指标的检验，所以很容易产生信息不对称的问题。对于私人组织方，它们追逐利润的天然属性又很容易导致它们自觉不自觉地屏蔽一些不好的信息，而传达出更有利于项目绩效和自身形象的好信息。在没有充分信息的前提下，政府监管的盲点就会出现。再次，政府管理人员的技术和专业知识很可能不如私人合作方。正如美国华盛顿的决策者所意识到的，当重要决策到达华盛顿的时候，决策者的处境往往非常尴尬，因为他们对关键问题的了解远不及他们所监督的合作方透彻。美国能源部1985年曾公布了一份特别研究成果，这项研究成果的领导人也承认："我们发现华盛顿在认识和理解技术方面远远不及承包商优秀。制定规范的人一定要比那些接受规制的人聪明才行，否则，你就只能简单地数豆子。"① 所谓"数豆子"就是只检查承包商提交报告的文章结构，而不亲自审查操作程序的做法，实际上，这正是美国能源部总部人员绝大部分安全评审的内容。最后，公私合作伙伴关系会产生各种形态迥异的关系。政府经常会进入不同的市场，与属性不同的组织打交道，所需要的知识和技能也会迥异。公私合作关系在重新塑造公共服务模式的同时，也对政府的合同管理能力提出了严峻的挑战。政府如果没有较强的合同管理能力，很可能既不能保证效率，也不能保证质量，甚至造成公共资金的恣意浪费。

4. 政府有能力成为一个精明的购买者

要发挥公私合作供给机制的优势，要求政府自身必须首先成为一个精明的购买者。在公私合作机制中，政府与私人组织的出发点、目标追求等都不一致，甚至存在利益冲突和矛盾。从政府方来说，当然是希望花最少的财政资金获得更多更好的公共服务，而对于私人组织方来说，则是希望以最少的投入获取最大的长期稳定的利润回报。从一定意义上说，这有点像猫捉老鼠的游戏，如果政府更精明一些，私人组织的自利性就要退让一些，反之，政府糊里糊涂，私人组织的自利性就会得寸进尺。所以，政府必须成为一个精明的购买者，才可能抑制私人组织的自利性，保障公共利益最大化。做一个精明的购买者，政府必须能够清晰地回答以下几个问题：(1) 政府所需公共服务的质量和数量标准是什么? 或者政府要实现的目标是什么? 而且"目标一定要能够明确地予以说明，并且一定要简化到法律上可以执行的语言"②，为下一步选择合作伙伴奠定基础。(2) 政府要通过哪种公私合作模式供给这一公共服务? 这一模式的各方权责是否清晰? (3) 政府要与哪个私人组织合作供给这种公共服务? 该私人组织的优势在哪里? (4) 政府是否有健全的激励、惩罚以及绩效考核机制? (5) 政府是否有该私人组织最终是否生产出了符合政府要求标准的公共产品或公共服务的评价方法及相关指标? (6) 政府对社会组织的生产过程是否进行了有效监管? 是否存在外部性问题?

---

① 转引自〔美〕唐纳德·凯特尔《权力共享：公共治理与私人市场》，北京大学出版社2009 年版，第 123 页。

② 同上书，第 21 页。

如果政府不能成为一个精明的购买者，就等于将其权力拱手让给了承包商。如果由承包商确定提供什么服务以及服务的标准的话，我们就很难想象，作为自利性的私人组织会主动将公共利益的实现放置首位，主动放弃可以获取的利益。这样的公私合作供给模式很可能遭遇失败，并最终危及公共利益。美国的超级基金项目就给我们提供了一个很好的反面例证。①

20 世纪 70 年代末，美国全国各地的公共卫生官员们相继发现了一系列的危险废料堆，先是在纽约的爱心运河（Love Canal），接下来是密苏里州的时代沙滩和肯塔基的圆筒大峡谷，最后是遍布全国的数百处垃圾堆。这些废料堆对环境的污染引起周边群众的广泛不满和极度恐慌。在民众的压力下，1980 年 12 月美国国会通过了《环境应对、赔偿和责任综合法案》即超级基金项目，由联邦政府的环保总局组织力量对这些废料堆进行评估和清理。联邦所投入的资金第一个五年为 16 亿美元，第二个五年为 85 亿美元，之后逐年上升，最终耗费达上千亿美元。联邦环保总局在执行超级基金项目时使用的就是 PPP 模式，将评估和清理这些废料堆的服务实行外包，即通过合同的方式交由私人承包商来提供。联邦环保总局作为向承包商购买服务的购买者，它至少要能够回答这样几个问题：（1）当前的污染问题总体上有多大？（2）应该首先清理哪个废料堆？（3）如何清理这些有毒废料堆？（4）清理到什么程度才算是干净的？但在实际的服务供给过程中，联邦环保总局并没有能力来回答这些问题，以至于在超级基金项目的每一个阶段都不得不依靠承包商，即由承包商决定哪一处现场最需要及时清理，清理工作怎么能够做得最好，以及清理工作是不是真的取得了成功，等等。承包商不仅参与实际的清理工作，还参与联邦环保总局的管理和决策环节。它们会帮联邦环保总局答复国会的质询，分析立法并起草规定和标准，甚至还负责起草决策纪要，而这些纪要都是指导承包商清理什么、如何清理的核心文件。一些大的承包商甚至可以就联邦环保总局的政策向其他各方提供咨询。它们与总局签订了承包合同，不仅负责协助编写联邦环保总局雇员的职位说明书，为联邦环保总局其他的承包商准备工作说明书，还向当地居民提供危险

---

① 参见井敏《政府要做一个精明的购买者》，《学习时报》2015 年 9 月 28 日。

废料问题是如何求得帮助和支持的咨询,分析影响超级项目的各项立法,起草各种文件并制定各种规章制度,甚至连年度报告都由承包商代笔。正如参议员戴维·普赖尔所感叹的:"联邦环保总局只是把承包商所交报告的文头纸换成了自己的,然后更改了三个字:两个'和'和一个'这'。"联邦技术评估办公室得出的结论也是:"联邦环保总局只是负责签署文件、政策声明和支票,就算是正式作出了决定。"很显然,当所有的信息、分析和思想都差不多来自顾问和承包商的话,政府已经没有能力控制超级基金项目了。联邦审计总署也直言不讳地指出:"联邦环保总局根本就不知道许多数十亿美元的环境项目是否真正有效地实现了既定目标。"联邦审计总署在审查承包商开给联邦环保总局的费用单据时,甚至发现"在价值高达230万美元的不允许报销费用和另一笔价值高达266500美元的问题性收费中,竟然还包括专业体育赛事的门票费用"。

5. 复杂的大规模公共项目

我们认为,公私合作供给公共服务机制更适合于那些投资大、运营周期长、需要多主体参与的复杂的大规模公共项目。首先,这类项目一般都需要大量的投资。政府财政资金相对紧张,私人资本的引入,可以有效缓解政府的财政压力。其次,这类项目的运营往往需要专门的知识和技术。政府部门的人员往往都是综合性管理人才,缺乏这些专门的技术和知识。但私人组织则不同,它们本身就专注于某类项目的运营和管理,否则也不可能拿到政府的合作合同,因此它们一般都拥有项目管理所需要的专业人才。最后,这类项目一般都有很长的运营周期。较长的运营周期也为私人组织提供了相对稳定的获取利润的时间,私人组织为了获取这个长时间的盈利周期,愿意投入大量的资金,也有动力参与前期投入较大的竞标活动。英国财政部就认为,PFI 仅在"大规模的、复杂的资本项目且需要有大量的后续维护"的项目领域是有价值的。[①] 英国财政部在 2003 年 7 月的一份评论中也指出,PFI/PPP 模式在规划周期较长,要求对建造和交付风险进行有效的管理,且资本密集度足以弥补采购成

---

① [英]达霖·格里姆赛、[澳]莫文·K. 刘易斯:《PPP 革命:公共服务中的政府与社会资本合作》,中国人民大学出版社 2016 年版,第 101 页。

本的项目中应用非常成功。①

6. 公众的理解和信任

公私合作供给机制本质上是一种新的观念，即跳出传统的政府与市场两元分离认知，不再拘泥于公共产品必须由政府来提供、私人产品必须由市场来提供的思维定式，将研究重点放在了政府与市场的合作，试图在政府与市场之间架起一座桥梁。既有政府的参与，以保障公共产品和服务供给中的公平和公正等公共价值的实现，也有市场的参与，以保证公共服务和产品供给的效率和质量。这种新的机制的推行需要得到公众的理解和支持，因为公共服务或产品的最终消费者毕竟是公众，如果他们不接受这种服务供给方式，或者对这种服务供给方式心存疑虑的话，这种机制的推行就会遭受阻碍。政府在财政资金越来越紧缺、公共服务需求越来越多的情况下，比较容易接受这种公私合作供给机制，而公众对这种新的供给机制的接受相对更困难一些。首先，公私合作供给模式毕竟是要打破公众业已习惯的传统的政府垄断性供给模式，而传统政府垄断性供给已经成为很多人的思维惯性或常识性认知。要打破这种常识，推行公私合作供给的新观念，绝非易事。其次，公众对由私人组织来提供公共服务心存疑虑。私人组织毕竟不同于公共组织，私人组织的"私"与公共服务的"公"似乎存在着天生的矛盾。公众很难相信私人组织能以公共利益最大化作为自己的行为准则，甚至有人对私人组织运用公共资金来提供公共服务或产品的合法性提出挑战。要打破公众的疑虑，需要政府在理论上进行宣传和解释，让公众弄明白，这种新的公私合作供给模式，只是将公共服务的生产职责剥离给了私人组织，公共服务的提供责任依然还保留在政府身上。或者说，公共服务供给的终极责任依然是政府，私人组织只是政府提供公共服务的一个合作伙伴。由私人组织通过这种合作机制来提供公共服务比传统上由政府垄断性供给公共服务的效率更高、质量更佳。另外，政府还要建立公私合作项目的信息披露制度，让公众通过具体案例的运作，切身感受这种新的合作供给模式的实际绩效，才可能赢得他们的支持和信任。

---

① ［英］达霖·格里姆赛、［澳］莫文·K. 刘易斯：《PPP 革命：公共服务中的政府与社会资本合作》，中国人民大学出版社 2016 年版，第 105 页。

　　总之，相对于政府垄断性供给公共服务的传统模式，公私合作供给公共服务机制的优势是十分明显的，但我们也不能因为存在着这些优势过分扩大其使用范围，因为它毕竟还存在一些自身无法克服的缺陷。更为可取的做法就是综合认知其优势和缺陷以及适用的条件，具体项目具体分析和评估，并在此基础上进行理性选择。

第 三 章

公私合作供给公共服务（PPP）机制的全球实践

本部分只选取两种主要的公私合作供给公共服务模式来介绍，这两种模式也是我国目前使用最多、影响最大的模式：一种是政府与社会资本在基础设施领域的合作，即狭义 PPP 模式，另一种是政府购买公共服务模式。

一 狭义 PPP 模式的国外实践

（一）国外实践概述

作为一种新型的公共服务供给模式，20 世纪 80 年代以来，随着新公共管理理论的推广，狭义 PPP 模式已在全球很多国家得到了广泛的运用。这种模式不仅兴盛于经济发达的英国、美国、加拿大和澳大利亚等国，也推广到了亚洲、非洲、拉美以及东欧等地区，为这些国家的基础设施改进提供了巨大的资金支持，得到包括联合国、国际货币基金组织、世界银行、欧洲复兴开发银行、亚洲开发银行以及经合组织等国际组织的积极倡导和大力推广。联合国人居署认为，政府部门与民间组织结成的 PPP 模式是提供公共住房最成功的模式。在实际操作中，由政府部门、私营企业、民间社区组织（包括社会团体、住房合作社之类的民间机构、项目所涉及的个人和家庭等）三方共同组成的 PPP 模式是比较理想的形式。尽管各国国情不同，但在社区动员、中介调解、争议缓冲等方面，能力强劲的第三部门组织的参与以及公众参与原则的牢固树立，将对 PPP

住房项目产生非常重要的影响。①

　　据统计，世界银行相关的基础设施项目中 PPP 项目在过去的 20 年间得到了快速发展，尤其在发展中国家发展更为迅速，超过 134 个发展中国家采用 PPP 方式进行基础设施和社会服务提供，约占相关国家基础设施总投资的 15%—20%。2007—2011 财年期间，PPP 投资额每年新增 790亿美元，并从传统基础设施领域扩展至卫生和教育领域。2013 年，世界银行支持发展中国家的基础设施 PPP 项目数量为 291 个，投资金额 1503亿美元，其中 870 亿美元为新增投资，696 亿美元为扩展投资。② 1991—2015 年间，在 121 个低收入和中等收入国家，总投资 5000 多个基础设施项目，共计 1.5 万亿美元。根据布鲁金斯与洛克菲勒基金会在 2011 年发布的报告，1985—2011 年全球基础设施 PPP 项目名义价值为 7751 亿美元。③ 另一个 PPP 研究机构 PWF（Public Works Financing）统计也表明：1985—2011 年，全球基础设施 PPP 名义价值为 7751 亿美元，其中欧洲处于领先地位，占全球 PPP 名义价值的 45.6%，亚洲、澳大利亚占 24.2%，美国占 8.8%，墨西哥、拉丁美洲、加勒比海占 11.4%，非洲和中东地区占 4.1%。④

　　从国际经验看，PPP 相关成功要素包括：一是完善的法律法规与制度安排，政治承诺和法律环境稳定；二是成立专门的管理部门，并得到政府强有力的支持；三是项目选择适当且项目要求（规划、范围、产量、质量等）明确、高效；四是风险分担公平，合同规范，追求全生命周期效率；五是进入体系成熟，融资方便。⑤

　　从全球范围来看，根据 PPP 市场的成熟度和普及度，一般把国际社会的 PPP 发展水平大体分为三个等级或三个阶段：处于最高阶段的是普及度和成熟度较高的国家，包括英国、澳大利亚、爱尔兰和加拿大等，

---

① E. O. Ibem, "An Assessment of the Role of Government Agencies in Public-Private Partnerships in Housing Delivery in Nigeria", *Journal of Construction in Developing Countries*, No. 2, 2010, pp. 23 – 48.

② 转引自吉富星《PPP 模式的理论与政策》，中国财政经济出版社 2017 年版，第 7 页。

③ 同上。

④ 转引自孟艳《公私伙伴关系的全球发展趋势及政策启示》，《理论学刊》2013 年第 5 期。

⑤ 吉富星：《PPP 模式的理论与政策》，中国财政经济出版社 2017 年版，第 239 页。

其中，加拿大 PPP 在 2007 年到 2011 年取得了较快的发展，并从第二阶段跨越到第三阶段；处于第二阶段的是活跃度次高的国家，如日本、法国等；处于第一阶段或发展初期的国家，包括中国、印度等。（见图 3.1）

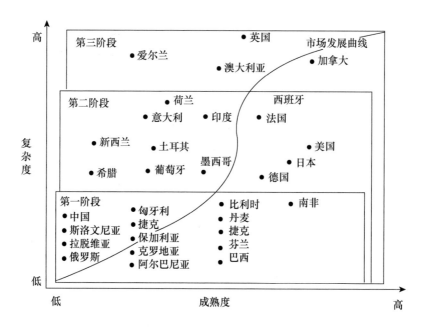

图 3.1　部分国家或地区 PPP 发展阶段及成熟度①

处于不同发展阶段的国家，其 PPP 发展的主要任务和特征也是不同的。概括起来如表 3.1 所示。

表 3.1　　　　　　　　PPP 不同发展阶段的主要任务和特征②

第一阶段	第二阶段	第三阶段
定义政策框架	开展司法改革	清除法律障碍
分析法律可行性	发布政策与实践指南	进一步完善 PPP 模式

①　转引自王天义、杨斌主编《加拿大政府和社会资本合作研究》，清华大学出版社 2018 年版，第 47 页。

②　同上。

续表

第一阶段	第二阶段	第三阶段
确定项目来源	建立专门管理机构	风险分担
发展基础概念	完善 PPP 模式	维持政治稳定性
经验推广	培养新市场	全方位利用资金来源
构建 PPP 市场	扩大项目和资金来源	繁荣的投资市场

由此可以看出：（1）狭义 PPP 模式不仅在欧美发达国家得到率先大规模采用，也推广到了亚非拉等发展中国家。而且，基于这种模式在基础设施领域取得的巨大的资金优势，未来在发展中国家的应用将愈加广泛。（2）狭义 PPP 模式作为公私合作供给公共服务模式中最常见的模式之一，在不同的国家，由于发展阶段的不同，往往表现出不同的任务和特点。这主要基于不同国家对市场竞争机制的理解、本国私人资本的发展程度、整体经济发展水平以及政府对 PPP 模式的认知等都是不同的。（3）虽然狭义 PPP 模式在世界范围内获得了广泛的应用，在很多国家的实践中也取得了很大的成功，但也存在着冷热不均的现象，并伴随着各种争议。从一定意义上说，这种模式还只是政府供给公共服务模式的一种补充，并没有全面取代原有的政府供给公共服务的模式。即便在 PPP 运用比较广泛也比较成功的国家如英国，采用 PPP 模式的公共服务项目占公共部门投资的比例也只在 10% 多一点的水平。所以，我们既不能忽视 PPP 的国际影响，也不能过分夸大它的作用。

（二）英国的狭义 PPP 实践

英国是新公共管理运动中较早引入狭义 PPP 模式的国家，也是狭义 PPP 模式运营最为规范的发达国家之一。英国狭义 PPP 模式的探索和实践可以分为两个大的阶段。

第一阶段：PFI 时期

1979 年英国撒切尔夫人出任首相，面临的是"二战"以来的福利国家政策所导致的财政压力、通货膨胀以及由此产生的公众对政府的信任危机。为了重振英国经济、抑制通货膨胀、赢回公众的信任，撒切尔夫人率先进行了一场轰轰烈烈的行政改革，开启了新公共管理时代。撒切尔夫人的行政改革最先是从经济领域开始的。作为坚定的自由经济主张者，撒切尔夫人一方面采取货币紧缩政策，控制市场上的货币量，从而抑制通货膨胀，其效果非常显现，1979 年英国的通货膨胀率大概为10.3%，到 1986 年已经下降到 3.4%，① 下降了差不多七个百分点，数据证明撒切尔夫人的货币政策有效抑制了通货膨胀；另一方面缩减政府职能范围，减少政府对经济生活的干预，重新回归"小政府"模式。她曾说，"一个国家，如果它的经济和政治生活被国有化和政府控制、统治着的话，是不可能繁荣兴旺的"，"我们从不否认政府对于经济健康发展的重要作用，但是政府对于经济的干预应该有个度，现在在英国，政府对于经济的干预早已超过了这个限度"。② 为此，撒切尔夫人首先从国有企业的改革开始，很多领域的传统国有企业都实现了私有化，包括电信、石油、汽车、航空、供水、电力等。撒切尔夫人的私有化改革虽然在经济上取得了很大成效，缩小了政府职能范围，在减轻政府财政压力的同时也释放了市场经济活力，但私有化同时也遭到了民众的反对。私营公司毕竟是逐利的，其对公司利益的追逐不可避免地会损害公共利益。为了矫正私有化导致的私营公司过分追逐公司利益而忽视公共利益的问题，接替撒切尔夫人的梅杰政府放弃了单纯的私有化改革，于 1992 年开始实施 PFI（Private Finance Incentive）计划，也叫"私人融资计划"。英国财政部认为，PFI 模式是政府采购方式的一种，私营部门通过获取基础设施的特许经营权，与政府签订长期的协议，负责某项基础设施项目的设计、融资、建设、运营以及管理，即私营部门参与基础设施全生命周期的管理。私人公司通常并不拥有这种基础设施的所有权，所有权依然在政府手中。英国政府希望一方面借助私人资本的活力提高公共产品供给的质量和效率，以更好地维护公共利益；另一方面也借助私人资本的活力减轻政府财政压力，同时激发市场活力。PFI 模式主要有三个要点：一是向私营部门融资；二是公共部门和私营部门之间长期合作；三是部分风险向私营部门转移，尤其是其中的建设和运营风险主要由私人公司承担。最著名的案例就是伦敦的地铁项目，伦敦地铁就是以 30 年特许经营权外

---

① 转引自黄安年《评撒切尔夫人治理"英国病"》，《世界历史》1991 年第 2 期。

② 同上。

包给了 Metronet 和 Tube Line 两大联合体控制的 SSL、BCV 和 JVP 三家私营公司。

英国的 PFI 项目是严格按照 PFI 的合同标准进行运作的。英国 PFI 合同标准非常细致,对于涉及的概念都进行了清晰的界定,对于参与方的权利和义务也进行了清晰的划分。英国财政部于 1999 年颁布了《标准化 PFI 合同》第 1 版,然后分别在 2002 年、2004 年和 2007 年颁布了第 2 版、第 3 版和第 4 版。2004 年又出台了《物有所值(Value for Money)评估指导》,2008 年出台了《基于长期价值的基础设施采购法》,对 PFI 项目的推行提供了标准框架。

为了推进 PFI 顺利发展,英国政府还成立了专门的 PPP 管理机构,并随着形势变化进行了多次调整。1992 年在财政部下设 PPP 工作组,主要负责相关政策研究制定工作。1997 年,成立特别任务组(Task Force),进一步加强 PPP 项目的管理和交付。2000 年,财政部牵头成立英国伙伴关系公司(Partnership UK,PUK),作为专门的智库公司,主要从事 PPP 项目管理咨询等业务,协助公共部门和私营部门做好 PPP 项目,为政府提供专业咨询。在 PUK 股权结构中,政府作为第一大股东占比 49%,其他 25 家私人公司合计持股 51%,每家公司持股 2%—2.5%。2010 年,英国政府又在财政部下成立基础设施投资局(Infrastructure UK,IUK)。IUK 整合此前一直存在的财政部 PPP 工作组,回购了 PUK 的私人股权,并将其职责定位为:制定英国基础设施发展规划和基础设施发展的优先领域,促进私营部门和公共部门对基础设施的长期投资,改善基础设施供给效率。2010 年以来,基础设施局每年都发布《国家基础设施计划》(*National Infrastructure Plan*),该计划体现了英国政府对基础设施发展的战略思考。主要内容有:年度新增基础设施投资,40 个优先发展的经济基础设施项目,政府在促进基础设施供给效率方面所做的努力等。

英国政府为了加强对于 PFI 项目的管控,从政策提案与定制、资金支持和项目监督三个方面来着手开展工作,形成了一个公开、透明、高效的 PFI 政府管理体系。财政部下设的 OGC(Office of Government Commerce)负责 PFI 项目的政策提案,OGC 既是一个行政机构又是一个咨询机构,其出台的关于 PFI 项目的文件很大程度上代表了政府的政策态度,具有很大的权威性。PUK 和 PRG(Project Review Group)为项目提供资金支持。PUK 是一个独立的机构,在整个 PFI 项目中主要起到两点作用,一个是对前期的论证和谈判阶段提供支持和帮助,另外一个是协助 OGC 完成项目额度提案和标准设定。PUK 在项目前期开发提供的资金占前期投资的一半左右。PRG 是政府向 PFI 提供资金援助而设立的机构,对 PFI 提出的资金资助申请进行审查,并就资助金额进行拨款。GP(Gateway Process)、DA(District Audit)和 4P(The Public Private Partnership Programmer Ltd.)对项目进行监督,其中,4P 也被称为地方政府的 OGC,可见其地位之重要。[①] 以上机构之间既相互独立又相互联系,共同构建了英国既有清晰分工,又有密切合作的管理组织框架。

英国的 PFI 模式在实践中取得了良好的效果。据统计,1992—2011年,英国累计完成 PFI 项目 700 多个,项目资本支出合计 547 亿英镑,涉及的公共领域包括学校、医院、公路、监狱、住房、废物废水处理设施等。[②] 但在执行中也遇到了一些问题。主要包括:

第一,利润和风险分配不合理。PFI 模式下公共部门所占资金的比重偏少,私营部门所占比重比较高,公共部门在基础设施运营阶段所得的盈利比重偏低,私营部门从中获得的利润远远高于公共部门,这就导致公共利益受到损害。同时,英国采用 PFI 模式的初衷之一就是将风险转移给私营部门,私营部门需要承担更多的风险。但过多的风险转移给私人企业,比如项目需求风险私人企业实际上是没有承担能力的,转移给私人企业会使民间资本产生顾虑,不敢贸然加入 PFI 项目。而加入 PFI 项目的私人企业,在利润导向的定位下有可能出现两种极端表现:一是只关注项目可能带来的利益,而忽视项目可能带来的风险。因此,缺乏应对风险的准备和能力。二是在遇到风险时,为了自身利益又会过分夸大风险,试图得到更大的补偿。这都有可能导致基础设施使用价格的上升,进而损害公众的利益。

第二,未能实现物有所值 VFM 原则。为了吸引民间资本进入基础设

---

① 王铁山:《PFI 项目融资:英国和日本模式的比较研究》,《国际经济合作》2008 年第 1 期。

② 转引自吉富星《PPP 模式的理论与政策》,中国财政经济出版社 2017 年版,第 15—16 页。

施建设的 PFI 项目中来，政府给私营部门提供了一系列的优惠政策，这就导致私营部门为了参与到 PFI 项目中享受政府优惠政策，不能理智对项目是否适合 PFI 模式进行客观评估。一旦不适合 PFI 模式的项目采用了 PFI 模式，无论私营部门的技术如何先进、管理经验如何丰富，最终的结果都很难实现物有所值。

第三，项目信息公开不到位。从英国整体实施 PFI 模式的实践来看，还存在着缺乏信息公开和问责机制的问题。PFI 项目一般时间都长达几十年，如果项目不能公开透明，基础设施和公共服务的享受者，也就是国家的纳税人，不能对项目进行有效的监督，那么项目很有可能会产生腐败，或者项目盈利很有可能会被私营部门私吞。由于英国推行 PFI 经验不足，而且为了吸引私人资本加入，给予了私人资本过多的优惠和保护，私人资本也更注重于自身利益，往往不太愿意公开相关信息并接受公众监督。

第四，PFI 项目提供的服务缺乏灵活性。PFI 项目一般是浩大的工程，从项目着手到建成提供服务至少需要几年的时间，这期间公众的需求是在变化的。但是，双方在合作之前就需要提供什么样的服务，已经通过协商谈判达成协议并签订了相关的合同。因此很有可能会出现基础设施建成运营之后，公众对此项公共服务的需求已经发生了变化，而项目还按原来的合同运营的状况。这种滞后性不但无法满足公众的消费需求，也导致了实际上的资源浪费。由于 PFI 项目缺乏灵活性，即便出现这样的状况也无法及时更改。当年英法海底隧道项目的失败就是一个例证。当海底隧道建设完成的时候，由于航空业的发展，人们的出行方式已经发生了改变，对隧道的需求量大大降低，导致私人经营方无法收回成本。

第二阶段：PFI 的升级版本 PF2 时期

为了解决 PFI 阶段出现的问题，也为了更规范地推进 PPP 模式的发展，经过严格的评估和论证，英国财政部又于 2012 年推出了 PF2 计划，该计划被称为是 PFI 的升级版。实际上，PF2 计划也是对 2008 年金融危机的回应。2008 年金融危机席卷全球，英国的私营公司也遭遇困境，私人公司没有能力继续对 PFI 项目进行投资。为此，英国财政部决定，以有息贷款的方式让私营部门继续参与到 PFI 项目。当时的在野党认为，工党所采用的 PFI 模式已经不再是以前的 PFI 模式，呼吁对此进行改革。国家审计委员会经调查发现，金融危机下的 PFI 模式确实存在着"成本增加、价格过高、质量下降以及管理环节存在缺陷"[①] 等问题。2010 年保守党上台执政后，为对 PFI 模式进行改革，向社会进行了广泛咨询，通过圆桌会议等形式组织各界人士进行讨论协商、听取社会各界的意见。2011 年英国财政部发布文件《公私合作的新方法》（*New Approach to Public-Private Partnership*），并且设立基础设施局（Infrastructure UK，IUK），统一管理、实施 PF2 项目。英国的 PPP 探索由此进入了 PF2 阶段。

为了规范 PF2 项目的发展，2012 年 12 月英国财政部出版了《标准化PF2 合同》，并且表示希望以此达成以下四个目的：

第一，基于"PPP 新路径"来结构化 PF2 合同，在公共和私人之间合理分摊风险，促进大家对 PF2 这种新模式达成共识；第二，将合同条款划分为"强制条款"（不允许修改）和"推荐条款"（为了适应不同行业，可以此为基础进行修改），以增加 PPP 项目灵活性；第三，让合同标准化更加落地，例如提供了标准服务产品模板、格式化的付款机制以及 PPP 股东协议等；第四，让合同当事人无须过多地谈判，从而减少 PPP 采购时间和费用。

2016 年，英国基础设施管理局（IUK）又与重大项目机构（Major Porjects Authority）合并，改为基础设施和项目管理局（Infrastructure Projects Authority，IPA），主要负责大型基础设施和重大项目的规划、审批、竞标、监管、融资、执行和保障等工作。至此，英国的管理体系基本定型：（1）中央层面，主要包括 IPA、行业主管部门和审计署，其中，IPA 处于核心地位，既负责 PPP 政策的顶层设计和项目审批，也提供技术支持和业务咨询等服务；在行业主管部门设立私人融资管理部门，负责对特定领域 PPP 项目提供支持；国家审计署主要负责 PPP 项目事前事中和事后审计，保障项目运作依法合规。（2）地方层面，地方当局享有一定政策自主权，可在一定范围内自行制定 PPP 政策。（3）中央和地方交叉层面，主要包括地方伙伴关系公司、政府采购管理局等，负责协助地方政府开展项目准备、采购和执行等工作。

---

① 苏丹、唐川：《英国 PFI 改革回顾》，"PPP 百人论坛"微信公众号，2016 年 8 月 9 日。

英国 PF2 模式主要是针对 PFI 模式存在的不足而进行的一次改动，其大致框架和精神同 PFI 模式还是一脉相承的。PF2 模式相对于 PFI 模式主要有以下几点改进：

第一，调整了股权结构。鉴于 PFI 模式下私营部门分走了绝大部分的利润，PF2 明确提高了公共部门在 PPP 项目中持有的股份。这在保证公共部门和私营部门合作伙伴关系的基础上，一方面缓解了私营部门的融资压力，另一方面也能保证公共部门在合作项目中发挥更大的作用，同时保证公共部门对利润分成的占有比例，从而维护了公众的利益。

第二，提高了采购效率。PFI 项目有一个共性即采购的效率低下，为此，PF2 有针对性地提出几项规定：由基础设施局等专业部门进行集中采购；规定一般情况下采购的时间不能超过 18 个月，以缩短采购时长；通过 PF2 合同标准细化采购流程，采用简化的采购流程，强化政府采购能力；为了保证采购效率，采购人不能和投资者是同一公共部门。

第三，提高了合同的灵活性。政府可以在项目运营过程中选择添加或删除一些服务可选项等；设置了项目的年度评估和绩效评审程序，以便随时发现项目执行中出现的问题，并进行及时的调整和补救。

第四，提高了项目的透明度。保持项目信息的透明度是 PF2 的核心目标之一。PF2 模式下要求政府及时、有效地披露项目的相关信息。一方面，私营部门可以知晓项目的具体要求和规定，以便结合自身的能力和资质评估自身是否适合参与到 PF2 项目当中；另一方面，信息的及时披露也使消费者对于项目的具体情况有所了解，不仅便于公众的监督，也可借此提高公众对项目的支持度。信息披露的内容包括：政府在年末需要向社会公开全面的财务报告，私营部门有义务向政府提供相关的财务信息；私营部门对项目的资金使用情况要进行公开；在项目公司董事会引入政府和相关代表的观察员制度。[①]

第五，改进了风险分配机制。PF2 对政府承担的风险进行了明确规定，即政府需要承担政策风险，凡是由于政策变更给项目造成的风险需要政府承担、由于项目需求不足或者需求过剩造成的负担也必须由政府承担。政府与私营部门共同承担风险，可以有效避免 PF2 模式下私营部

---

①　邱闯：《PF2：英国 PPP 的新模式》，《中国投资》2015 年第 3 期。

门为了规避风险而产生的溢价风险。同时,要求政府部门改进对额外开支风险的管理等。

第六,丰富了融资方式,允许 PF2 项目获取长期债务融资等。

英国的 PF2 计划是在 PFI 实践基础之上进行的,针对性地对 PFI 模式存在的问题进行了涉及项目全生命周期的改革,从而使英国的 PPP 模式向前推进了一步。在新的 PF2 模式下,政府更深程度地参与到合作项目之中,并更加注重与私营部门的合作,在合作过程中学习私营部门先进的创新意识、竞争能力、管理方式,不断提高政府的参与能力,公共部门与私营部门之间由此建立了良好的伙伴关系。根据英国财政部 2014 年 12 月发布的报告,截至 2014 年 3 月,英国一共有 728 个 PPP 项目,资本总额达 566 亿英镑。主要集中在教育、卫生、交通、国防等领域。基本情况见表 3.2。

表 3.2　　　　　　　　**截至 2014 年英国 PPP 项目基本情况**①

序号	前六名实施 PPP 的政府部门 (不考虑苏格兰和北爱尔兰)	项目个数	投资额 (百万英镑)	投资额占比 (%)
1	卫生/医疗	118 (2)	11614.30	21.23
2	国防	46 (5)	9131.50	16.69
3	教育	166 (1)	7731.10	14.13
4	交通	62 (4)	9349.40	17.09
5	环境、食品和农村事务部	28 (5)	3843.80	7.03
6	社区与地方政府	64 (3)	2240.50	4.10
	总计	717	54712.10	100

英国作为最早引入 PPP 模式的国家,在管理机构、合同标准及管理、融资机制以及信息公开等方面都做了很多有益的探索,不仅为英国的基础设施建设争取到了大量的私人资本,弥补了基础设施财政资金的不足,提高了基础设施的综合服务水平,也为国际社会对 PPP 模式的探索树立

---

① 转引自吉富星《PPP 模式的理论与政策》,中国财政经济出版社 2017 年版,第 17 页。

了典范、积累了经验。

（三）加拿大的狭义 PPP 模式实践

加拿大也是国际社会公认的 PPP 模式运营最成熟的国家之一。加拿大对 PPP 的探索也是始自 20 世纪 90 年代的新公共管理运动时期，这一时期，加拿大基础设施的老化和资金缺口问题日益突出。作为一个高福利国家，加拿大基础设施的国有化比率是很高的，近 60% 的项目都是由政府部门拥有和维护的。每年加拿大政府投资于公共设施的资金都高达上百亿加元，即便这样，由于老龄化、城市化以及移民等问题的影响，加拿大基础设施依然满足不了公众的服务需求，资金缺口依然很大。根据花旗银行（2008 年）的估算，加拿大的基础设施资金缺口每年在 500 亿到 1250 亿加元之间。加拿大 PPP 中心（2012 年）估计，在未来 10 年，为满足基础设施升级的要求，加拿大资金缺口将达到 4000 亿加元。加拿大商会（2013 年）的估计也认为，加拿大基础设施赤字在 500 亿到 5700 亿加元之间。[①] 为了解决基础设施老化和财政资金缺口巨大的双重压力，加拿大政府从 90 年代开始借鉴英国 PFI 的经验，在基础设施领域引入 PPP 模式。2008 年国际金融危机之后，加拿大 PPP 模式发展不仅没有停步，反而有了更快速的发展，其标志性事件就是 2009 年加拿大 PPP 中心的成立。该中心作为指导和推广全国的 PPP 项目的专门机构，在加拿大 PPP 模式的发展进程中起到了巨大的推动作用。时至今日，加拿大的 PPP 市场已经非常规范、成熟，成为世界公认的 PPP 模式运用最好的国家之一。著名的信用评级机构穆迪将加拿大 PPP 模式列为全球较为成熟的代表性国家。甚至英国基础设施管理局首席执行官杰弗里·斯宾塞（Geoffrey Spence）也承认，"加拿大对英国 PPP 模式进行了明显的改善"。截至 2016 年 12 月，加拿大累计拥有 248 个 PPP 项目，总价值达到 1197.34 亿加元，涉及交通、医疗、教育、司法、娱乐文化、政府服务、水和废水、信息技术等多个领域。[②] 具体情况可参看表 3.3。

---

① 王天义、杨斌主编《加拿大政府和社会资本合作（PPP）研究》，清华大学出版社 2018 年版，第 41 页。

② 同上书，第 48—49 页。

表3.3   加拿大 PPP 项目分布情况表

行业	数量/个	总价值（/亿加元）	平均价值（/亿加元）
交通运输	60	523.98	8.73
健康医疗	92	265.81	2.89
能源	11	260.91	23.72
司法	20	54.24	2.71
教育	16	26.30	1.64
建筑	7	25.46	3.64
娱乐文化	16	12.93	0.81
政府服务	4	10.08	2.52
水和废水	18	9.90	0.55
信息技术	4	7.73	1.93
合计	248	1197.34	4.83

根据 InterVISTAS 的研究，2003—2012 年这 10 年间，加拿大 PPP 项目的总价值达 511.7 亿加元。这些项目创造了 290680 个全职工作岗位，带来的直接收入/工资和福利达到 190.1 亿加元，此外，还直接为加拿大贡献了 251.4 亿加元的 GDP。具体见表 3.4。

表3.4   加拿大 PPP 项目贡献和影响①

影响类型	就业（等效全职工作）/个	收入/工资和福利/亿加元	GDP/亿加元	经济产出/亿加元
直接影响	290680	190.1	251.4	511.7
间接影响	133690	84.4	126.1	238.6
诱发影响	93060	47.6	104.1	170.5
总影响	517430	322.1	481.6	920.8

---

① 转引自王天义、杨斌主编《加拿大政府和社会资本合作（PPP）研究》，清华大学出版社 2018 年版，第 73 页。

　　加拿大 PPP 模式之所以能够后来居上，取得很大的成功，主要基于以下几个方面的原因。

　　一是有专门的管理机构。加拿大不仅有联邦层面的专门管理机构，即加拿大 PPP 理事会、加拿大 PPP 中心，还有地方的 PPP 中心，包括亚伯达、魁北克、卑诗、萨斯瓦彻温等六省都设立了自己的 PPP 中心。这些中心的成立，为该区域的 PPP 发展提供了专业指导和政策支持。

　　加拿大 PPP 理事会（CCPPP）成立于 1993 年，是加拿大较早成立的扶持推广 PPP 模式的机构。该机构是一个非营利、非党派的组织，由政府部门和私营部门共同组成，具有独立的董事会。CCPPP 有加拿大和国外的成员组织 400 多个，为政府和私人部门领导人提供咨询和解决方案。其主要职责是：鼓励政府与社会资本合作；为 PPP 项目提供信息支持，建立和维护加拿大 PPP 项目数据库；组织会议和专项研讨会，让参与者分享创新理念和解决问题的方案；在公共项目融资和供给过程中，激励政府部门和私营部门决策者之间进行沟通；对影响合作伙伴关系的关键性因素进行客观研究等。

　　加拿大 PPP 中心是联邦层面的 PPP 专门管理机构，成立于 2009 年。主要职能是：负责 PPP 理论的研究和推广；开展 PPP 项目市场调研与开发，并对成功案例进行推广；促成 PPP 项目的落地和实施；管理和运营加拿大 PPP 基金，对 PPP 模式的适用性和物有所值进行评估等。加拿大 PPP 中心通过加拿大基础设施和社区部部长向国会报告工作。该中心按商业模式运行，设立了一个由 7 位社会资本代表组成的独立董事会，下设 4 个部门，分别为：战略与组织开发部，负责 PPP 市场开发；项目开发部，组织 PPP 项目识别、筛查和商业案例分析；投资部，负责 PPP 项目调查和前期设施；融资、风险与管理部，负责 PPP 项目后期实施。该董事会的主要业务包括：PPP 知识研究与推广；推动联邦层面 PPP 项目实施，包括筛选中央承担的 PPP 项目并提出相关建议；推动省、市等各级地方政府 PPP 项目实施，包括管理、运营加拿大 PPP 基金、对各级政府申请加拿大 PPP 基金和加拿大新建设基金的项目进行 PPP 模式适用性评估等。这种组织形式可以让私营部门通过 PPP 中心的独立董事会监测 PPP 项目的运作。此外，加拿大审计办公室和毕马威会计师事务所还会对加拿大 PPP 中心实行联合审计，以确保加拿大 PPP 中心系统和实践的公开透明和有效。作为地方层面的省级 PPP 中心则在联邦 PPP 中心的指导下，在本省区域内开展 PPP 项目的推广和管理。

二是有专门的政府基金支持。纵然社会资本有热情和积极性参与到 PPP 项目中来，但由于 PPP 项目一般规模都比较大，尤其是初期投资规模大，加之很多 PPP 项目一般都采用交付后付费机制，也就是说 PPP 项目建设时期交付使用之前的所有资金投入都要由社会资本通过融资来解决，所以融资难一直是各国社会资本参与 PPP 项目的最大制约因素。为了帮助社会资本顺利融资，加拿大 PPP 中心专门设立了"加拿大 P3 基金"（P3 Canada Fund），作为推广应用 PPP 模式的专项基金，由加拿大 PPP 中心负责管理、运营。该基金注册资本为 12 亿加元，自 2014 年起，加拿大政府在 5 年内将再向该基金注资 12.5 亿加元，主要用于与省市等各级政府部门合作推广 PPP 模式。"加拿大 P3 基金"重点关注新领域、新行业、新方式；支持领域包括交通、供水、污水处理、固体废物处理等；强调最大限度引导社会资本的参与，其中"设计—建造—融资—运营—维护"模式是优先考虑方式。"加拿大 P3 基金"的支持方式包括无偿补助、有偿补助、贷款和贷款担保等；最高可支持某一 PPP 项目 50% 的开发费用和 25% 的成本费用。

"加拿大 P3 基金"首期的 12 亿加元，已承诺支持 21 个项目，包括供水、交通、污水处理、固体废物处理和房屋重建等项目类型，覆盖 15 个城市。通过"加拿大 P3 基金"，支持了 16 个领域使用 PPP 模式，撬动社会资本超过 60 亿加元。其中的养老基金投资 PPP 模式最具特色，效果也很显著。这些资金雄厚的机构投资者的参与，不仅给 PPP 项目提供了大量低成本的资金来源，提振了社会资本参与 PPP 项目的积极性，同时基金本身也获取了长期稳定的投资收益，可以说一举多得，非常值得我们借鉴。2013 年，加拿大联邦政府又设立"新建设加拿大基金"（New Building Canada Fund，NBCF），计划在未来 10 年调动 140 亿加元用于支持各级政府的基础设施建设。

截至 2016 年，加拿大 P3 基金投资于全国 23 个项目，涉及全国 8 个省区 12 个市，覆盖交通、供水、住房等多个领域，其中交通项目占 13 个，水源和污水处理项目 7 个，固体垃圾处理、土地开发、绿色能源领域各 1 个。①

另外，加拿大政府还建立了总额为 88 亿加元的"建设加拿大基金"（Building Canada Fund）和总额为 21 亿加元的全国边境口岸基金（Gateway and Border Crossings Funds）。这两个专项基金只对 PPP 项目提供资助。根据 2008—2012 年的预算，PPP 项目从"建设加拿大基金"和"全国边境口岸基金"获得了 5000 万加元的基金投资。② 此外，为了应对金融危机。2009 年加拿大又成立了 120 亿加元的短期专项基金用于基础设施建设，同时建立了 10 亿加元的"绿色基础设施基金"，主要用于促进加拿大空气质量的改善，减少温室气体排放，完善水资源净化等项目。

三是有多元的融资途径。加拿大为了解决私人资本的融资难问题，不仅政府设立了专门的基金，还为社会资本融资开辟了多元化的融资途径，包括国际和国内银行贷款、债务资本以及养老基金等资金对加拿大基础设施的支持等。

（1）银行贷款。由于加拿大国内对 PPP 项目具有统一的招标流程，信息透明，同时得到了政府和社会公众的广泛支持，加拿大国内银行和国际银行都愿意为 PPP 项目融资。即便是 2008 年金融危机之后，由于加拿大 PPP 项目发展良好，并取得了极好的业绩，加拿大银行对基础设施的贷款依然提供了多种尝试，包括提供短期贷款，一般为 5—7 年。另外，政府亲自为 PPP 项目提供担保，也增加了银行放贷的信心。在加拿大，70% 的省份拥有融资机构或类似机构向市政当局和其他省份借款人提供银行贷款和融资服务。这些机构提供的贷款利率主要取决于省级政府的信用评级，政府以税收收入偿还借款。加拿大皇家银行、蒙特利尔银行、加拿大帝国商业银行、加拿大枫叶银行和石桥（Stonebridge）金融公司等也进行了各种创新，为加拿大 PPP 基础设施项目提供专业化的融资方案。其中石桥金融公司还与 PBI 精算咨询公司合作成立了基础设施债券基金，该基金得到了加拿大 PPP 中心的支持。加拿大宏利金融

---

① 王天义、杨斌主编《加拿大政府和社会资本合作（PPP）研究》，清华大学出版社 2018 年版，第 77 页。

② PPP Canada, *Summary Amended Corporate Plan* 2008 - 2012, Ottawa: PPP Canada, 2008.

（Manulife Financial）和永明金融（Sun Life Financial）等保险公司也参与到 PPP 基础设施的融资之中，为加拿大 PPP 项目的发展提供资金支持。

（2）债券市场。加拿大拥有发达的债券市场，是发行 PPP 项目债券较多的国家之一。从表 3.5 中可以看出，2010 年到 2011 年，加拿大发行的 PPP 项目债券明显增加。2012 年之后，PPP 项目债券发行数量虽有所回落，但也超过 2008 年金融危机爆发之前的水平。

表 3.5　　　　　2007—2013 年主要国家发行的 PPP 项目债券数量

年份 国家	2007	2008	2009	2010	2011	2012	2013
加拿大	3002	1738	877	4521	4131	2076	2064
美国	7055	5266	3645	4905	4264	7111	13506
英国	4355	2968	2968	—	4732	2538	4214
澳大利亚和新西兰	4359	330	188	4590	1013	—	1944

资料来源：Caselli Stefano，*Guide Corbetta and Veronica*，*Public Private Partnerships for Infrastructure and Business Development*，New York：Palgrave Macmillan，2015.

通过这些债券市场，加拿大 PPP 项目可以获得大量稳定而且低成本的优先债券融资，并且不需要保险公司进行增信。PPP 项目的融资方案通常是高杠杆的，大约 90% 的融资通过长期债券市场（一般为 30 年）和银行融资的方式完成。而且，债券正在取代银行成为 PPP 项目的主要融资来源。加拿大 PPP 中心过去 5 年的发展情况表明，债券融资可以有效增强资金价值，而且债券不需要进行单线包装。对于投资者来说，这些债券风险较低，适合长期投资。债券现金流来自政府的核心基础设施资产，可以作为防御经济不确定性的重要工具。当然，加拿大对 PPP 项目通过债券进行融资也会有一些限制性规定，包括项目最小规模要在1.5 亿加元到 2 亿加元之间，评级为 A 或者 BBB，项目债券至少获得一个评级机构的认可，债券发行必须满足更高的政府监管要求，如加强信息披露等。

另外，加拿大还鼓励发展 PPP 绿色项目债券。作为一种创新性的融资工具，绿色项目债券在绿色 PPP 基础设施项目融资中起到了重要作用。全国第一个 PPP 项目的绿色债券就是北美银行发行的，发行额为 2.315 亿加元，发行期为 32 年，信用等级为 AAA，每年的服务费用由不列颠哥伦比亚省政府支付。由于投资者的强烈兴趣，该债券被超额认购，投资人主要包括保险公司、基金管理人和其他一般购买者。此外，为完成交通和环境等基础设施建设，安大略省也发行了绿色市政债券，该债券也是超额认购，计划发行量为 5 亿加元，而实际市场需求达 25 亿加元，期限为 4 年。2014 年，加拿大绿色债券得到快速发展，其中有三个代表性债券项目：安大略省政府发行的绿色债券，金额为 5 亿加元，主要用于轻轨项目建设；多伦多道明银行（Toronto-Dominion Bank）发行的 5 亿加元绿色债券；加拿大出口发展公司（Export Development Canada）发行的 3 亿美元的绿色债券。

此外，加拿大石桥金融公司与 PBI 精算顾问有限公司合作成立基础设施债券基金，该基金得到了加拿大 PPP 中心和加拿大盛业发展银行的参与和支持。该基金用于解决资金短缺的小规模基础设施项目。石桥基础设施债券基金于 2011 年 11 月发行了第一批债券，金额约为 1.5 亿加元，2012 年 4 月认购完成。第二批于 2012 年底完成，金额为 2 亿加元。债券基金采取的发行方式为长期固定利率，主要为基础设施建设和运营以及能源资产提供债券融资，还包括新兴市政基础设施项目建设。初始投资主要集中于建设社会基础设施和可再生能源。该基金曾发行期限为 40 年的基金，基金的对象主要是小型养老金投资者，他们的投资理念是买入并持有，这种方法类似于人寿保险公司。[①]

（3）养老金。加拿大的养老基金也积极参与 PPP 项目的建设。PPP 项目的长期性、稳定性以及持续的现金流也吸引了养老基金、主权财富基金和保险公司等长期资金的参与。其中，养老金的参与是加拿大 PPP 独具特色的"加拿大模式"，即直接由大型养老金基金计划完成 PPP 融资。据统计，加拿大养老基金中 75% 的资金采用直接投资方式，25% 采

---

① 转引自王天义、杨斌主编《加拿大政府和社会资本合作（PPP）研究》，清华大学出版社 2018 年版，第 91 页。

用间接投资方式。作为一个高福利国家,加拿大拥有巨额的养老金,据统计,其养老基金数量可达5000多家,资金规模在100万加元至1000亿加元之间不等。截至2014年,加拿大养老基金总规模为1.44万亿加元。加拿大养老基金一般都拥有强有力的治理结构,独立、专业的董事会以及经验丰富的投资团队,能够理解复杂的PPP投资项目,进行独立的项目评估,并做出合理投资决策。养老基金参与PPP项目投资的方式主要有两种:一种是以股权形式,另一种是直接持有PPP相关债券。至2011年,加拿大有4.5%的养老金投资于基础设施,远高于国际平均水平的1%。①养老金、保险公司等机构投资者拥有雄厚的资金,这给加拿大PPP项目提供了大量低成本、长期稳定的资金。当然,这些机构投资者同样也从PPP项目稳定的持续的现金流以及特许经营权中获取了长期稳定的投资收益,可以说实现了双赢。

四是有成熟、规范、透明的竞标程序。加拿大虽然不是世界上最早大规模推广PPP模式的国家,但加拿大在PPP模式的推广使用中却走在了世界前列。尤其是2008年金融危机之后,加拿大不仅没有停止PPP的推广步伐,反而取得了更大的进步。加拿大在PPP项目上取得的成就,与其拥有成熟、规范而透明的竞标程序是分不开的。

首先是专门的采购机构。加拿大从联邦到地方都有专门的PPP项目采购机构,即各级PPP中心。这些机构都拥有丰富的采购经验,非常熟悉行业发展动态,可以为参与PPP项目的公共部门和私营部门提供专业化的指导,提高了采购效率,降低了采购成本,也赢得了私营部门的信任,激发了私营部门参与PPP项目的热情和积极性。

其次是标准的采购流程。加拿大的PPP项目采购流程被公认为是世界市场中最有效的采购流程。加拿大的采购流程分为两个大的阶段,第一个阶段是准备阶段,第二个阶段是实施阶段。每个大的阶段又都分成许多具体的小环节。其中,准备阶段又可以分为项目准备阶段、采购文件准备阶段、发布资格预审公告阶段、发出投标邀请书阶段和招标结束阶段。在项目准备阶段,公共部门要对项目进行经济和

---

① Service Works Global, *Public Private Parterships*: *What the World can Learn from Canada*, Report prepared for CCPPP, 2015.

技术可行性分析、环境评估、融资方式选择和采购方案确定等工作。在采购文件准备阶段，公共部门在顾问、建筑师和咨询机构的帮助下，要制定出与项目有关的绩效标准、形成项目协议草案。然后就可以根据有意向参与竞标的私营部门提交的相关资料进行资格预审，并向符合相关资格要求的竞标者发出投标邀请，最后进行投标。选出最优竞标者之后就是融资环节了。实施阶段又可以分为设计、建设和运营维护三个环节。

除联邦政府外，加拿大许多地方政府也积极探索了适合自己的采购流程。阿尔伯塔省专门出台了采购过程管理框架（management framework procurement process），将整个采购过程分为四个阶段：第一个阶段是进行资格预算（RFQ），一般为12—16周，RFQ阶段的主要目的是宣传项目采购的开始，并邀请感兴趣的团队进行投标，它为投标团队的构建预留了充足的时间。该阶段结束时将给出选择的投标人名单，通常是3家。这些投标人将被邀请进入下一个阶段。第二个阶段是发出投标邀请书（RFP），时间为32—40周，RFP阶段的主要任务包括发出招标书、接收和评估阶段报告、接收和评估项目协议草案、发布项目最终协议、接收和评估最终报价以及选择中标财团。分阶段评价方法有利于厘清技术要求、缩短和简化最终评价过程。采购部门和投标者之间采取这种比较标准化的沟通方式，有利于尽可能地消除误解，减少项目采购时间的延迟。第三个阶段是完成项目的融资，时间为8—12周。第四个阶段是项目的建设落实。该时间表主要适合规模较大较复杂的PPP项目，可以根据项目具体情况加以修改，不过该时间表不包括征求意见阶段（request for expression of Interest，REOI）。2004年魁北克省制定了《PPP框架政策》，其中指出，在分析某一项目是否可以采用PPP模式进行采购时，需要进行十个步骤的分析。①

根据加拿大PPP理事会公布的项目数据库，加拿大PPP项目的平均采购时间大约是18个月。毕马威（KPMG，2010）调查发现，加拿大的PPP项目从发布招标到融资结束，时间大概是16个月。相比之下，澳大

---

①　王天义、杨斌主编《加拿大政府和社会资本合作（PPP）研究》，清华大学出版社2018年版，第101—102页。

利亚 PPP 项目的平均采购时间是 17 个月，英国为 34 个月。而且，加拿大的整个采购过程都是公开透明的。公众和私营部门可以公开获取除涉及商业机密之外的，有关项目采购和产出的所有信息，PPP 采购过程中的资格预审公告、发出投标邀请书以及最终协议等有关信息都可以在政府的相关网站上公布，政府通常还专门聘请顾问为项目的所有参与者提供公平、透明的信息服务和咨询工作。

五是有合理的风险分担机制。合理的风险分担机制也是加拿大保证 PPP 项目最终取得成功的关键因素。所谓合理的风险分担，就是让有能力承担风险的一方承担风险。在这方面，加拿大也有其成功的经验：一方面要防止应该由私营部门承担的风险转移给政府。这些风险一般是项目建设完成之前的风险，加拿大对 PPP 项目一直坚持的是交付后付款机制，即在 PPP 项目中只有在私营部门完成项目建设或服务之后，公共部门才会根据服务的供给数量和水平支付相关费用。如果建设没有按时完工，私营部门就会受到惩罚，如延期交付款项。另一方面那些应该由政府承担的风险也不会转移给私营部门，其中最主要的就是需求风险。以交通项目为例，加拿大没有一个项目是依据市场需求情况对私营部门进行偿付的。加拿大只有 10% 的特许经营获得政府支付的条件是满足客流量目标，设施可用性和服务质量才是决定承包商是否可以得到偿付的关键因素。如果设施需求低于预期水平，该风险直接由政府承担。实际上，需求量主要取决于政府对项目的设计而不是私营部门的服务质量，或者说私营部门是无法对需求量风险进行控制的。但需求量风险由私营公司承担的情况在澳大利亚、西班牙、法国和英国还是有一定量存在的，这显然并不符合最有能力承担风险的一方承担风险原则。加拿大政府则明确地将需求量风险赋予了政府一方，这样的风险分担机制应该说更为合理，不仅可以激励私营部门更注重于服务质量，同时为了保证交付后的服务质量，私营部门在建设环节也必须保质保量，因为建设环节的质量如何也将直接决定着运营环节的质量和维护成本，从而使私营部门不得不从项目全生命周期的视角来管理和对待 PPP 项目。同时，还可以激发私营部门参与 PPP 项目的信心和积极性，私营部门只要保质保量地建设和经营 PPP 项目，一般来说都是有利可图的。实际上，加拿大的这种风险分担机制也是在总结前期经验教训的基础上调整过来的。加拿大第一批 PPP 项目曾经试图将需求性风险转移给私营部门，这就意味着私营部门要承担所有因设施使用情况的波动而带来的风险，很显然这种风险分担机制并不合理，因为私营部门无法通过加强管理来降低或规避需求风险，需求风险更取决于公共部门的项目规划和可行性及必要性分析。在第二批 PPP 项目中，加拿大就将需求性风险分配给了公共部门，同时为了激励私营部门提高建设质量和运营效率，开始转为根据私营部门提供设施的可用性进行绩效支付。这样的风险分担机制才最终让私营部门更关注于项目的建设和运营，而不是自身无法控制的需求量。

　　正是由于上述几个方面的原因，加拿大 PPP 的发展才实现了弯道超车，超越了其学习和效仿的对象英国。加拿大 PPP 模式的发展不仅没有使加拿大基础设施的建设受到 2008 年金融危机的影响，还为加拿大公共服务发展注入了新生力量；不仅弥补了基础设施建设资金的不足，还为公众提供了新的就业机会，并直接推动了加拿大经济的发展。数据显示，加拿大在 2003—2012 年间，共有 121 个 PPP 项目完成了融资方案，在建设过程中的资本投入共计 384 亿美元，创造了 37 万个等效全职就业岗位，拉动国民收入增长 230 亿美元，对加拿大国内生产总值贡献超过 338 亿美元，提高经济产出 682 亿美元。PPP 项目运营与维护阶段的资金投入和效益产出也十分可观。121 个 PPP 项目在 10 年间的运营与维护投入共计 128 亿美元，创造等效全职就业岗位 14 万个，拉动国民收入增长 92 亿美元，对加拿大国内生产总值贡献超过 143 亿美元，提高经济产出 238 亿美元。2003—2012 年，PPP 项目相关企业和员工缴纳的税收总额约为 75 亿美元，其中联邦政府取得税收收入近 52 亿美元，省级政府取得税收收入超过 23 亿美元。这些 PPP 项目减少了政府资金投入，在顺利完成项目目标的基础上实现了物有所值。根据加拿大省级采购主管部门评估，2003—2012 年间，121 个 PPP 项目的融资方案实现的物有所值价值约 99 亿美元。①

---

① 转引自刘薇《PPP 模式理论阐释及其现实例证》，《改革》2015 年第 1 期。

二　狭义 PPP 模式的中国探索

（一）我国狭义 PPP 模式的探索历程

中国对狭义 PPP 模式的探索，也是伴随着基础设施的建设而展开的，其进展大致可以分为三个时期。

1. 以引入国外资本为主时期（20 世纪 80 年代到 2001 年）

这个时期的 PPP 模式探索主要表现为在基础设施建设中对国外资本的引进，其主要方式就是 PPP 模式中的 BOT 模式，即建设（Build）—运营（Operate）—移交（Transfer）。随着改革开放的推进，作为现代化基础的基础设施愈益凸显地成了制约中国经济增长的"瓶颈"，为突破这一"瓶颈"，大量的基础设施建设被提上日程。但是当时无论是政府财政资金，还是国内的社会资本，都不足以满足大量基础设施建设的需要。随着改革开放政策的实施，从 20 世纪 80 年代开始，我国东南沿海地区就开始了采用 BOT 方式吸引外商投资于基础设施领域的探索，出现了公私合作进行基础设施建设的最初萌芽。如 1984 年深圳沙头角 B 电厂的 BOT 项目，该项目由深圳经济特区电力开发公司与香港合和电力（中国）有限公司于 1985 年合作兴建，1988 年 4 月正式投入商业运营，采用的就是 BOT 模式，这是我国最早的 PPP 模式探索。1995 年原国家计委选择了广西来宾 B 电厂、成都第六水厂、广东电白高速公路、武汉军山长江大桥项目和长沙望城电厂等五个项目试点 BOT 模式。之后，各地开始出现了一些 PPP 模式的项目，包括上海黄浦江大桥项目、北京第十水厂、北京肖家河污水项目等。由于这些基础设施大都需要较大的资金投入，对技术的要求也很高，当时的国内资本很难满足这些条件，所以这一时期的投资主要以外资为主。当然，也有少数国内资本的介入，其中一个比较亮眼的项目就是泉州刺桐大桥项目，该项目是我国第一个完全由民营资本参与的 PPP 项目，可以说开了民营资本参与 PPP 项目的先河，意义重大。但在当时，民营资本参与 PPP 项目尚属少数。

为规范此类项目的招商和审批，国家集中出台了一系列文件（见表3.6）。

表 3.6　　　　　**这一时期我国政府规范 PPP 发展的政府文件举例**

发文机关	时间	文件名	主要内容
对外经济贸易合作部	1994 年 1 月	《关于以 BOT 方式吸收外商投资有关问题的通知》	外商可以以合作、合资或独资的方式建立 BOT 项目公司。以 BOT 投资方式吸引外资应符合国家关于基础设施领域利用外资的行业政策和有关法律。政府机构一般不应对项目做任何形式的担保或承诺（如外汇兑换担保、贷款担保等）。如项目确需担保，必须事先征得国家有关主管部门的同意，方可对外作出承诺
商务部	1995 年 6 月	《指导外商投资方向暂行规定》《外商投资产业指导目录》	外商投资项目分为鼓励、允许、限制和禁止四类。将外商投资项目分为鼓励类、限制类和禁止类，分别列入《外商投资产业指导目录》。不属于鼓励类、限制类和禁止类的外商投资项目，为允许类外商投资项目。允许类外商投资项目不列入《外商投资产业指导目录》
国家外汇局	1995 年 7 月	《关于境内机构进行项目融资有关事宜的通知》	对"以境内项目的名义在境外筹措一年期以上的外汇资金，以项目营运收入对外承担债务偿还责任的融资形式"进行了专门管理规定
国家计委、原电力部、原交通部	1995 年 8 月	《关于试办外商投资特许权项目审批管理有关问题的通知》	对"拟采用建设—运营—移交的投资方式（通称 BOT 投资方式），试办外商投资的基础设施项目"进行专门规范
国家计委、国家外汇管理局	1997 年 4 月	《境外进行项目融资管理暂行办法》	对"规范境外进行项目融资的行为，加强对我国外债的管理，更有效地利用国外资金"进行专门规范

这些文件不仅对包括BOT项目在内的有关项目融资的问题做出了规定，也明确提出了"外商投资特许权项目"这一概念，进一步规范了外商投资特许权项目的相关问题。这是我国最早的一批对PPP项目进行规范的文件，也开启了我国公共基础设施投资中的政府与社会资本合作的探索。但很显然，这一时期的PPP项目数量还是非常有限的，社会资本主要还是以外资为主，国内资本虽有参与，但数量很少。

2. 国内资本大范围进入时期（2001—2012年）

2001年以后，随着我国加入世界贸易组织，对外开放的步伐进一步加大，同时国内社会资本也有了长足的发展，市场活跃度激增，政府开始关注国内资本尤其是民间资本在基础设施项目中的作用。大量国内资本进入PPP项目领域，形成了国内资本尤其是国企和外资并存，以国内资本尤其是国企为主的新特点。为了吸引更多的民间资本参与PPP项目，2001年以后，我国先后出台了一系列相关文件，引导和鼓励民间资本投资到公共基础设施领域（见表3.7）。

表3.7　　这一时期我国政府出台的规范PPP发展的相关文件举例

发文机关	时间	文件名	主要内容
国家计委	2001年12月	《关于促进和引导民间投资的若干意见》	首次提出要"逐步放宽投资领域，除国家有特殊规定的以外，凡是鼓励和允许外商投资进入的领域，均鼓励和允许民间投资进入"；"鼓励和引导民间投资以独资、合作、联营、参股特许经营等方式，参与经营性的基础设施和公益事业项目建设"；"在政府的宏观调控下，鼓励和引导民间投资参与供水、污水和垃圾处理、道路和桥梁等基础设施建设"
建设部	2002年12月	《关于加快市政公用行业市场化进程的意见》	"鼓励社会资本、外国资本采取独资、合资、合作等多种形式，参与市政公用设施的建设，形成多元化的投资结构。对供水、供气、供热、污水处理、垃圾处理等经营性市政公用设施的建设，应公开向社会招标选择投资主体。""允许外资和民营企业同时在供水、供气、供热、公共交通、污水处理、垃圾处理等市政公用设施项目中公平竞争"

续表

发文机关	时间	文件名	主要内容
中共中央	2003年10月	《中国共产党十六届三中全会公报》	"要大力发展和积极引导非公有制经济,允许非公有资本进入法律法规未禁入的基础设施、公用事业及其他行业和领域。非公有制企业在投融资、税收、土地使用和对外贸易等方面,与其他企业享受同等待遇。要改进对非公有制企业的服务和监管"
建设部	2004年3月	《市政公共基础设施特许经营管理办法》	"鼓励利用社会资本、境外资本,采取独资、合资、合作等形式建设市政公用设施,从事特许经营。政府投资建设的市政公用设施,所有权属于政府。特许经营者按照城市规划投资建设的市政公用设施,在特许经营期满或者终止后,无偿归还政府"
国务院	2005年2月	《关于鼓励支持和引导个体私营等非公有制经济发展的若干意见》	"允许非公有资本进入公有事业和基础设施领域。加快完善政府特许经营制度,规范招投标行为,支持非公有资本积极参与城镇供水、供气、供热、公共交通、污水垃圾处理等市政公用事业和基础设施的投资、建设与运营。在规范转让行为的前提下,具备条件的公用事业和基础设施项目,可向非公有制企业转让产权或者经营权。""支持、引导和规范非公有资本投资教育、科研、卫生、文化、体育等社会事业的非营利性和营利性领域。""鼓励和引导民间资本进入法律法规未明确禁止准入的行业和领域。""鼓励民间资本以独资、控股、参股等方式投资建设公路、水运、港口码头、民用机场、通用航空设施等基础设施项目。""积极引导民间资本通过招标投标形式参与土地整理、复垦等工程建设,鼓励和引导民间资本投资矿山地质环境恢复治理,坚持矿业权市场全面向民间资本开放"

发文机关	时间	文件名	主要内容
国务院	2010年5月	《关于鼓励和引导民间投资健康发展的若干意见》	进一步拓展了民间投资的领域和范围,在鼓励和引导民间资本继续进入2005年2月《国务院关于鼓励支持和引导个体私营等非公有制经济发展的若干意见》里所列出的那些领域的基础上,还提出"鼓励和引导民间资本重组联合和参与国有企业改革,推动民营企业加强自主创新和转型升级,鼓励和引导民营企业积极参与国际竞争,为民间投资创造良好环境,并加强对民间投资的服务、指导和规范管理"
住房和城乡建设部	2012年6月	《关于进一步鼓励和引导民间资本进入市政公用事业领域的实施意见》	提出"充分认识民间资本进入市政公用事业的重要意义","进一步鼓励引导民间资本参与市政公用事业建设","落实政府责任,促进民间投资健康发展"
住房和城乡建设部、国家发展和改革委员会等六部门	2012年6月	《关于鼓励民间资本参与保障性安居工程建设有关问题的通知》	"鼓励和引导民间资本根据市、县保障性安居工程建设规划和年度计划,通过直接投资、间接投资、参股、委托代建等多种方式参与廉租住房、公共租赁住房、经济适用住房、限价商品住房和棚户区改造住房等保障性安居工程建设,按规定或合同约定的租金标准、价格面向政府核定的保障对象出租、出售"

与中央政策相呼应,地方政府开始积极组建城市建设投资公司,负责基础设施融资、建设及运营,采用 BOT 模式建设高速公路、污水处理厂和垃圾焚烧发电厂等公共项目。在中央政策的鼓励和引导下,各地都掀起了 PPP 模式的小规模试点。以北京为例,为举办 2008 年的奥运会而新增的 30 个运动场馆中,有半数都是以特许经营的方式进行的。这一时

期的典型项目见表3.8。

表3.8 **这一时期的主要 PPP 项目**

序号	项目名称	开始时间	投资额(万元)	特许经营期(年)	模式	社会资本方
1	北京国家体育场	2003 年	313900	30	PPP	北京城建集团、北京城市开发集团、天鹅集团、中信国安集团、北京控股有限公司联合体
2	南京长江二桥	2003 年	450000	26	TOT	西班牙 M.Q.M 公司、南京交通建设控股集团有限公司联合体
3	合肥市王小郢污水处理厂	2003 年	48000	23	TOT	柏林水务公司、东华科技股份公司
4	杭州绕城高速公路	2004 年	820000	25	TOT	香港国汇有限公司、浙江国叶实业发展有限公司联合体
5	北京地铁 4 号线	2006 年	1530000	30	PPP	香港地铁、首创集团、京投
6	张家港生活垃圾焚烧发电厂	2007 年	25000	50	BOO	金州环境
7	门头沟垃圾焚烧发电厂	2010 年	216000	30	BOT	北京首钢生物能源、北京市政府合资

续表

序号	项目名称	开始时间	投资额（万元）	特许经营期（年）	模式	社会资本方
8	兰州七里河安宁污水处理厂	2010年	49600	30	TOT	成都市排水有限公司
9	株洲市清水塘工业废水综合利用项目	2010年	17980	30	BOT	株洲市城市排水有限公司
10	太原市生活垃圾焚烧发电项目	2011年	80000	27	BOT	晋西工业集团、上海环境集团
11	西安市第二污水处理厂二期工程	2011年	69700	30	BOT	成都市排水有限公司
12	贵州省道真至瓮安高速公路	2012年	2380000	30	BOT	中交路桥、中交四航局、中交二公院

通过表3.8所示的典型项目，我们可以发现，虽然这一阶段中央在大力倡导民间资本进入PPP项目，但实际上这一阶段国内资本中主要的参与者还是国有企业，而不是民营企业。究其原因，主要有两个：一是民间资本力量弱。改革开放后，虽然我国一直在鼓励民营经济的发展，但由于种种原因，我国民营企业尤其是具有雄厚资金实力的大型民营企业还是很少，适合参与PPP项目的大型民营企业就更少了。而与民营企业不同，国有企业大都资金雄厚、规模庞大，它们更有能力参与PPP项目。二是我国关于PPP的法律法规还不健全，导致部分有资质的民营企业依然心存疑虑。这些PPP项目毕竟投资规模都很大，大都拥有30年左右的运营期，在这么长的运营期内，可能会发生各种各样的状况，怎

么解决，若没有相应的法律法规做支撑，民营资本是不敢轻易涉足 PPP
项目的。

3. 全面规范发展期（2013 年至今）

2013 年召开的党的十八届三中全会明确提出"允许社会资本通过特
许经营等方式参与城市基础设施投资和运营"，这一号召在推进国家治理
体系和治理能力现代化的大背景下，使得治理主体多元化观念得到了更
广泛的认同，社会力量参与国家治理基本成为共识。与此同时，地方政
府债务问题日益凸显。2013 年 12 月 10 日，经中共中央批准，中央组织
部专门印发《关于改进地方党政领导班子和领导干部政绩考核工作的通
知》，把地方债列为地方官员离任政绩考核的重要指标。一方面是日益严
峻的地方债务，说明地方政府已经没有足够的财政投入到更多的基础设
施建设领域；另一方面是随着经济社会的发展，公众越来越高的公共服
务包括基础设施服务需求，而社会资本的引入就为弥合二者之间的矛盾
提供了很好的路径选择，PPP 模式开始出现在更大范围的公共服务领域，
一时间 PPP 成为热词。这个阶段中国 PPP 模式的发展可以冠之以"世界
奇迹"，它所涵盖的范围之广、项目之多、投资额之大等，都是世界其他
任何国家、任何历史阶段所无法比拟的。[①] 这一阶段的特点：一是中央
政府大力倡导借助社会资本加大基础设施投资，改进基础设施服务水
平，并出台了一系列规范和优惠政策。二是地方政府对 PPP 模式表现出
了极大的热情，大量的工程类项目开始采用 PPP 模式，PPP 模式成为一
股热潮。三是 PPP 模式推广中出现了一些不规范的做法，有的项目打着
PPP 的名号，但实际上是政府债务的转移或变相融资；有的项目政府给
出明确保底或回报承诺，违反了 PPP 模式风险分担的基本原则等；过量
的 PPP 项目，超出了地方政府财政承受能力，增加了新的地方政府债务
风险。为了鼓励和规范 PPP 发展，这一时期中央和相关部委出台了大量
规范 PPP 发展的法规和政策（见表 3.9），中国 PPP 发展进入了全面规
范期。

[①]　王天义、韩志峰主编：《中国 PPP 年度发展报告（2017）》，社会科学文献出版社 2018
年版，第 9 页。

表 3.9　　这一时期我国政府出台的规范 PPP 发展的相关文件举例

发文机关	时间	文件	主要内容
国务院	2013 年 8 月	《关于改革铁路投融资体制加快推进铁路建设的意见》	向地方政府和社会资本开放城际铁路、市域（郊）铁路、资源开发性铁路和支线铁路的所有权、经营权，鼓励社会资本投资建设铁路。研究建立铁路发展基金，以中央财政性资金为引导，吸引社会法人投入
国务院	2013 年 9 月 6 日	《关于加强城市基础设施建设的意见》	建立政府与市场合理分工的城市基础设施投融资体制。政府应集中财力建设非经营性基础设施项目，要通过特许经营、投资补偿、政府购买服务等多种形式，吸引包括民间资本在内的社会资金，参与投资、建设和运营由合理回报或一定投资回报能力的可经营性城市基础设施项目，在市场准入和扶持政策方面对各类投资主体同等对待
中共中央	2013 年 11 月	《中共中央关于全面深化改革若干重大问题的决定》	允许社会资本通过特许经营等方式参与城市基础设施投资和运营，研究建立城市基础社会、住宅政策性金融机构
国家发展和改革委员会	2014 年 5 月	《关于发布首批基础设施等领域鼓励社会投资项目的通知》	首批推出的基础设施等领域鼓励社会资本参与的 80 个项目，鼓励和吸引社会资本特别是民间投资以合资、独资、特许经营等方式参与建设及运营

续表

发文机关	时间	文件	主要内容
国务院	2014 年 9 月	《关于加强地方政府性债务管理的意见》	推广使用政府与社会资本合作模式，鼓励社会资本通过特许经营等方式参与城市基础设施等有一定收益的公益性事业投资和运营。对在建项目确实没有其他建设资金来源的，应主要通过政府与社会资本合作模式和地方政府债券解决后续融资
财政部	2014 年 9 月	《关于推广运用政府和社会资本合作模式有关问题的通知》	这是第一份专门针对 PPP 的框架性、指导性文件。文件对 PPP 工作进行了全面部署，包括充分认识推广运用政府和社会资本合作模式的重要意义、积极稳妥做好项目示范工作、切实有效履行财政管理职能、加强组织和能力建设等内容
国务院	2014 年 11 月	《关于创新重点领域投融资机制　鼓励社会投资指导意见》	在公共服务、资源环境、生态建设、基础设施等重点领域进一步创新投融资机制，充分发挥社会资本特别是民间资本的积极作用
财政部	2014 年 11 月	《政府和社会资本合作模式操作指南（试行）的通知》	指南从项目识别、项目准备、项目采购、项目执行、项目移交五个方面做具体规定
财政部	2014 年 11 月	《关于政府和社会资本合作示范项目实施有关问题的通知》	发布首批 PPP 项目，30 个项目遍布全国 15 个省市，涉及城市轨道交通、污水处理、供水供暖、环境治理等多个领域
国家发展和改革委员会	2014 年 12 月	《关于政府和社会资本合作的指导意见》	从项目适用范围、合作伙伴选择、规范价格管理、开展业绩评价、做好示范推进等方面，对开展 PPP 提出具体要求

续表

发文机关	时间	文件	主要内容
国家发展和改革委员会	2014 年 12 月	《政府和社会资本合作项目通用合同指南》	对合同主体、合作关系、项目前期工作、收入和回报、不可抗力和法律变更、合同解除、违约处理、争议解决以及其他约定等方面进行了具体规定
财政部	2014 年 12 月	《关于规范政府和社会资本合作合同管理工作的通知》	进一步规范了 PPP 的合同管理工作
财政部	2014 年 12 月	《政府采购竞争性磋商采购方式管理暂行办法》	对竞争性磋商内容做了进一步细化
财政部	2014 年 12 月	《关于政府和社会资本合作项目政府采购管理办法的通知》	针对 PPP 项目政府采购程序、争议处理和监督检查等方面做了规定
财政部	2015 年 2 月	《关于市政公用领域开展政府和社会资本合作项目推介工作的通知》	规定在城市供水、污水处理、垃圾处理、公共交通基础设施、公共停车场、低下综合管廊等市政公用领域开展 PPP 项目推介工作的目标、原则、要求、实施和保障等
国家发展和改革委员会、国家开发银行	2015 年 3 月	《关于推进开放性金融支持政府和社会资本合作有关工作的通知》	就推进开放性金融支持 PPP 项目发布了指导性意见
财政部	2015 年 4 月	《关于政府和社会资本合作项目财政承受能力论证指引的通知》	为有效规范和控制财政风险，明确和规范了 PPP 项目财政承受能力论证工作流程，提出了每年度 PPP 项目安排的预算占一般预算支出比例应当不超过 10% 的红线

发文机关	时间	文件	主要内容
国家发展和改革委员会等六部门	2015 年 4 月	《基础设施和公用事业特许经营管理办法》	进一步规范基础设施和公用事业的特许经营
国务院	2015 年 5 月	《关于在公共服务领域推广政府和社会资本合作模式的指导意见》	对前期财政部、发改委的文件进一步统一、整合
财政部	2015 年 6 月	《关于进一步做好政府和社会资本合作项目示范工作的通知》	要求加快推进首批示范项目，组织上报第二批示范项目、构建激励相容的政策保障机制
中共中央	2015 年 10 月	《中国共产党十八届五中全会公报》	创新公共服务供给方式，能由政府购买服务提供的，政府不再直接承办；能由政府和社会资本合作提供的，广泛吸引社会资本参与
财政部	2015 年 12 月	《关于规范政府和社会资本合作（PPP）综合信息平台运行的通知》	建立全国 PPP 项目信息的管理和发布平台，规定未纳入综合信息平台项目库的项目，不得列入各地 PPP 项目目录，原则上不得通过财政预算安排支出责任
财政部	2015 年 12 月	《PPP 物有所值评价指南（试行）》	专门针对物有所值评价进行规范

发文机关	时间	文件	主要内容
国务院	2016 年 7 月	《关于进一步做好民间投资有关工作的通知》	各省（区、市）人民政府要自行出台有针对性的政策，坚决取消对民间资本单独设置的附加条件和歧视性条款，加快健全公平开放透明的市场规则，切实营造权利平等、机会平等、规则平等的投资环境。同时，还要着力缓解民营企业融资难融资贵问题、切实降低民营企业成本负担、强化落实地方政府和部门的主体责任，把调动民间投资积极性、促进民间投资健康发展摆上重要议事日程
国家发展和改革委员会	2017 年 7 月	《关于加快运用 PPP 模式盘活基础设施存量资产有关工作的通知》	要求充分认识运用 PPP 模式盘活基础设施存量资产的重要意义，要分类实施，规范有序盘活基础设施存量资产
国务院法制办	2017 年 7 月	《基础设施和公共服务领域政府和社会资本合作条例（征求意见稿)》	条例对项目的发起、实施、监督管理、争议解决以及法律责任等进行了全面规范
国务院	2017 年 9 月	《关于进一步激发民间有效投资活力 促进经济持续健康发展的指导意见》	鼓励民间资本参与政府和社会资本合作（PPP）项目，促进基础设施和公用事业建设

发文机关	时间	文件	主要内容
财政部	2017 年 11 月	《关于规范政府和社会资本合作（PPP）综合信息平台项目库管理的通知》	文件从"存量"和"新增"两个角度对 PPP 项目库内或即将入库的项目提出规范性的要求
国资委	2017 年 11 月	《关于加强中央企业PPP业务风险管控的通知》	对央企的 PPP 业务实行总量管控，从严设定 PPP 业务规模上限，提出纳入中央企业债务风险管控范围的企业集团，累计对 PPP 项目的净投资（直接或间接投入的股权和债权资金、由企业提供担保或增信的其他资金之和，减去企业通过分红、转让等收回的资金）原则上不得超过上一年度集团合并净资产的 50%，资产负债率高于 85% 或近 2 年连续亏损的子企业不得单独投资 PPP 项目
国家发展和改革委员会	2017 年 11 月	《关于鼓励民间资本参与政府和社会资本合作（PPP）项目的指导意见》	要创造民间资本参与 PPP 项目的良好环境，鼓励民间资本积极投身于 PPP 项目的合作，并提出了十个方面的具体措施
财政部	2018 年 4 月	《关于进一步加强政府和社会资本合作（PPP）示范项目规范管理的通知》	对核查存在问题的 173 个示范项目分类进行处置，并要求"引以为戒，加强项目规范管理；切实强化信息公开，接受社会监督；建立健全长效管理机制"
文化和旅游部、财政部	2018 年 11 月	《关于在文化领域推广政府和社会资本合作模式的指导意见》	深化对 PPP 模式的理解认识，加快观念转变。加大在文化领域推广运用 PPP 模式的力度，积极探索有利于解放和发展文化生产力的新举措、新途径，激发文化创新创造活力

续表

发文机关	时间	文件	主要内容
财政部、国家发展和改革委员会等18部门	2019年2月	《加大力度推动社会领域公共服务补短板强弱项提质量 促进形成强大国内市场的行动方案》	鼓励地方政府依法合规采取政府和社会资本合作（PPP）等方式，吸引更多社会力量参与建设、运营和服务。严禁以政府投资基金、政府和社会资本合作（PPP）、政府购买服务等名义变相举债，防范地方政府隐性债务风险
财政部	2019年3月	《关于推进政府和社会资本合作规范发展的实施意见》	针对地方政府在推进PPP项目过程中出现的超出自身财力、固化政府支出责任、泛化运用范围等问题，要求各级财政部门要进一步提高认识，遵循"规范运行、严格监管、公开透明、诚信履约"的原则，切实防控地方政府隐性债务风险，坚决打好防范化解重大风险攻坚战，扎实推进PPP规范发展

在这一系列政策推动下，我国PPP模式的探索进入全面规范时期，也掀起了PPP探索的一个高潮。2014年12月，财政部正式获批设立"政府和社会资本合作中心"（简称PPP中心），其职责主要是承担政府和社会资本合作（PPP）相关的政策研究、咨询培训、能力建设、融资支持、信息统计和国际交流等工作。经过这一时期的努力，PPP模式不仅为我们进一步转变政府职能、重新界定政府与市场的关系、推进供给侧结构性改革、创新投融资机制等新的治理体制和机制探索提供了契机，也在实践中提升了我国以基础设施为主、涵盖多领域的公共服务供给质量和效率。据财政部公布的数据：2014年12月第一批PPP示范项目是30个，总投资规模约1800亿元，涉及供水、供暖、环保、交通、新能源汽车、

地下综合管廊、医疗、体育等多个领域。2015 年 9 月第二批 PPP 示范项目是 206 个，总投资金额 6589 亿元。2016 年 9 月第三批示范项目是 516 个，投资总额逾 1.17 万亿元，覆盖了能源、交通运输、水利建设、生态建设和环境保护、市政工程、城镇综合开发、农业、林业、科技、保障性安居工程、旅游、医疗卫生、养老、教育、文化、体育、社会保障和其他等 18 个一级行业。2018 年 2 月第四批 PPP 示范项目是 396 个，投资额 7588 亿元，涉及的一级领域有 16 个，除传统领域的市政工程、交通运输和水利建设之外，还包括生态环保、旅游、文化、教育、城镇综合开发、体育、农业、养老、科技、能源、安居工程、政府基础设施等领域。截至 2018 年 10 月末，近 5 年来全国已有 4302 个项目签约落地，带动投资约 6.6 万亿元，涵盖市政工程、交通运输、环境保护等 19 个领域，成绩斐然。

（二）我国狭义 PPP 模式实践中存在的问题

我国狭义 PPP 模式在实践中得到极大发展、取得巨大成就的同时，也出现了一系列问题。包括：

1. PPP 项目的泛化和异化

所谓泛化，指的是将一些不属于公共服务的项目，或者虽然是公共服务项目但只有建设环节而没有公共服务运营环节的项目，也打着 PPP 模式的旗号争取相关的政策支持。比如一些商业地产项目或竞争性项目，这些项目原本就不是公共服务项目，也不是政府的供给责任，是不需要采取公私合作供给机制的，但却采用了公私合作供给机制，这实际上是政府财政资金的私用和浪费。所谓异化，就是指地方政府借 PPP 模式变相举债融资，将公私合作供给机制异化为地方政府新的融资平台。有些项目中的社会资本是以信贷或者财政补贴的方式参与进来的，在此过程中更多地扮演了债权方的角色，而非公私合作机制核心思想中所强调的社会资本方对公共服务供给的参与。有的基金和信托公司的投资，表面上看似是股权投资，其本质上实为债权投资，成为"明股实债"，要求政府在一定时期内（如 3—5 年）进行项目本金的回购。有的甚至还约定固定的投资收益，基金或信托公司的投资由政府刚性兑付的保本约定，并不需要担心其本金和收益收回的问题，因而也就不必保障积极有效的项目运营效率。有的项目初期由社会资本垫资，期满后投资方撤资，并不参与公共服务的运营，也就是说根本没有合作供给公共服务的环节，本质是做 BT（build-transfer）项目，而不是真正的 PPP 项目。"PPP 的本质在于公共部门不再是购买一项资产，而是按规定的条款和条件购买一整套服务。"① 据统计，从 2017 年专项整顿工作开始到 2018 年 10 月，共清理退库 2428 个项目，涉及投资额 2.9 万亿元，整改完善 2005 个项目，涉及投资额 3.1 万亿元，约占管理库项目规模的一半。这种情况说明，大量打着 PPP 旗号的项目并不是真正的 PPP 项目。

2. PPP 项目落地难

截至 2017 年 9 月末，全国政府和社会资本合作（PPP）综合信息平台项目库信息显示，管理库项目中：处于准备和采购阶段项目共 4390 个，占 64.8%，投资额 6.0 万亿元；处于执行和移交阶段的项目（已落地项目）2388 个（目前移交阶段项目 0 个），落地率 35.2%（即已落地项目数与管理库项目数的比值）。截至 2018 年二季度，全国 PPP 综合信息平台项目库更新的信息显示，管理库累计落地项目总数 3668 个、投资额 6.0 万亿元，落地率 47.3%。这虽然较上一年有了很大的提升，但仍然不到一半。造成这种落地率低或者落地难现象的原因有很多，归纳起来主要有：

一是 PPP 项目投资规模大、运营周期长，对于这样的项目，无论是政府方还是社会资本方都会谨慎对待，多方评估和论证，这在客观上导致了落地周期长或者说落地难。当然，这未必就是坏事，因为前期的谨慎评估和论证，尽可能考虑到可能出现的各种问题，对后期的长期合作是有好处的。

二是财政承受能力 10% 的红线限制了一些地方 PPP 项目的落地。由于前期地方政府推动 PPP 项目的热情很高，推出了很多 PPP 项目，一时间 PPP 项目成了很多地方政府竞争的新宠。但当地方政府将大量的公共项目采用 PPP 模式之后，很可能出现财政资金无法支撑其中的政府出资部分，这不仅造成事实上的 PPP 项目无法落地，即便落地也可能出现政

---

① ［英］达霖·格里姆赛、［澳］莫文·K. 刘易斯:《PPP 革命:公共服务中的政府和社会资本合作》，中国人民大学出版社 2016 年版，第 6 页。

府因财政资金不足而无法承担支付责任，这不仅影响了政府信用，也打击了 PPP 项目的社会资本方。为了规范地方政府推进 PPP 项目的行为，财政部之后不得不提出地方政府用于 PPP 项目的资金总额不能超过当年财政预算 10% 的红线。财政承受能力 10% 红线的提出，使很多地方政府没有了财政预算空间，导致地方政府前期推出的大量项目无法落地。这也是对前期 PPP 运作不规范进行整治后一个可预料的结果。

三是社会资本的观望态度。我国推进 PPP 项目的过程中，一直都存在着政府和国企热情高、民企热情低的冷热不均现象，这也是我国 PPP 模式推进过程中一个突出问题，大量民间资本基于种种原因的这种观望态度使很多项目吸引不到社会资本的参与，无法落地也就在所难免。

四是某些地方政府自身存在的问题。包括项目决策过程没有引入公众参与环节，最终由于公众反对项目无法落地；某些地方政府为了提升政绩，急于吸引社会资本，向社会资本做出超越自身财政能力和履约能力的承诺，导致最终无法兑现；地方政府越权承诺，而实际上很多项目的审批权不在地方政府手中，最终导致项目无法落地；地方财力有限，很多项目尽管约定了政府的相关补贴责任，但由于地方财力无力承担，也会导致项目无法落地；地方政府主政官员轮换，出现了所谓"新官不理旧账"的现象，导致之前的项目无法落地；地方政府的官僚主义作风包括办事拖沓、程序烦琐、部门打架，以及履约意识差、随意改变项目内容和程序，甚至是以权谋私故意刁难参与合作的社会资本等，也是导致项目落地难的重要原因。对于前两个原因，我们倒不必担心，也不需要为了追求落地速度而忽视项目的质量，但对后两个原因，就不能等闲视之了，需要我们对症下药，为 PPP 项目的落地扫清障碍。

3. 民间资本参与程度不高

我们一直缺乏一套完善的保障民营企业参与市场竞争的体制机制，尤其在适合 PPP 模式的大型基础设施领域，民企进入的难度还是很大。在我国推广 PPP 模式的过程中，国务院出台了一系列鼓励民间资本进入公共服务领域的文件，例如 2010 年出台的《关于鼓励和引导民间投资健康发展的若干意见》、2014 年 11 月国务院发布的《关于创新重点领域投融资机制鼓励社会投资的指导意见》，都提出鼓励发挥社会资本特别是民间资本的积极作用，但这些文件大都是以指导意见的形式出现，其内容基本上是鼓励民营资本参与公私合作,其对地方政府在选择合作方时的约束力不强,民营资本与国有资本公平竞争的环境依然没有完全形成。国有企业在某些领域的势力还是较为强大的,多数优质的 PPP 项目基本上都被国有企业垄断,民营资本面临的各种"玻璃门"现象也依然大量存在,导致在我国 PPP 的落地项目中,民营企业的占比一直不高。据财政部 PPP 研究中心的数据,截至 2018 年 6 月末,866 个落地示范项目中包括 448 个独家社会资本项目和 418 个联合体项目。签约社会资本共1516 家,包括民营 598 家、港澳台 40 家、外商 17 家、国有 821 家,另有类型不易辨别的其他 40 家。民营企业占比仅为 39.4%。民营企业的参与度之所以不高,其主要的担心在于:

一是在与国有企业的竞争中,担心不能得到公平对待。比如,有的地方政府只愿意拿出一些公益性强、含金量低、投资回报小的项目交给民营企业,而把那些含金量高、更容易实现投资回报的项目留给国有企业。

二是担心政府随意改变约定。有的地方政府缺乏契约精神,习惯于行政权力的强势和任性,常常随意变更合同内容。尤其是当它们看到民营资本利润丰厚时,总想也分一杯羹,甚至强制性要求民营企业投资一些公益项目等,导致民营企业利益受损。

三是担心"新官不理旧账"。由于我国的人事管理制度中任期制的存在,地方主政官 3—5 年就可能出现变动,而 PPP 项目的周期至少也在 10年之上,很多甚至长达 30 年,因此可能会出现"新官不理旧账"的现象,这也是民营企业的担心之一。当年的泉州刺桐大桥项目中就曾出现这样的问题。20 世纪 90 年代初,随着厦门机场竣工运营,车流人流急剧上升,迫切需要在晋江咽喉要地建设一座大桥。由于泉州市政府财力有限,因而决定对外招商建设大桥。接洽初期,由于前来商谈的几家外商所提出的条件过于苛刻,大桥建设计划一拖再拖。此时,泉州市名流实业股份有限公司的董事长兼总经理陈庆元提出,愿意不带任何附加条件,以 BOT 模式承建一座全新的跨江大桥。这种模式得到了福建省领导的认可,刺桐大桥很快筹建起来。由于该项目是我国早期的 BOT 项目,各方面经验不足,因而并没有正规合同文本,仅有泉州市人民政府的一份通知(泉政综〔1994〕190 号)。该文件仅有六条,分别规定刺桐大桥投资开发有限公司的初始股本出资比例为名流实业股份有限公司和泉州市人民政府分别为 60% 和 40%；项目采用建设和经营管理方式为 BOT 模式；项目主要工程以及监督部门和建设期、经营期限。但项目刚开展不久，泉州市领导层就发生了更替。泉州市政府随即提出撤股，这对于尚处在初期的项目而言无疑是致命的，幸亏后来福建省交通建设投资有限公司和公路开发公司分别认购 15% 的股权才挽救了项目。不过，这也为我们敲响了警钟，政府必须信诺履约，让社会资本免受政府换人换届之担忧，同时也能避免双方发生争执。实际上，如果社会资本采用法律手段，政府有可能面临高额违约赔偿金，引发更大的财政风险。

4. PPP 模式的使用范围偏狭

我国热火朝天的 PPP 模式探索主要集中在新建的基础设施领域，对原有基础设施的维护、运营以及改扩建等，还没有广泛使用 PPP 模式，而国外 PPP 模式已经广泛运用到了基础设施的各个环节，包括维护、运营、改建和扩建等。一定意义上说，这依然与我们对 PPP 模式的认知有很大关系，地方政府包括很多支持 PPP 模式的研究者都将 PPP 模式的引入看作是解决政府财政不足，乃至债务危机的一个重要手段，而没有看到 PPP 模式所带来的竞争、技术、管理和专业优势等。新建基础设施往往需要更大的资金投入，因此也更看中 PPP 模式的作用，更愿意在这个环节引入 PPP 模式。在资金需求相对不那么大的运营、维护，甚至改扩建环节则不愿引入更多的 PPP 模式。联合国开发计划署（UNDP）就认为，很多项目的建设、运营、维护、改建和扩建等都可以采用 PPP 模式，包括供水与水处理、固体废物处理、能源、市政工程、公园与娱乐设施、公共交通、桥梁与道路、地区经济开发、公共房屋建筑、通信服务、医疗保健、教育服务、其他市政服务等。[1] 而我们对 PPP 模式的理解显然还过于偏狭。

---

[1]　宋波：《基于基础设施项目建设运营过程的公私合作制（PPP）研究》，博士学位论文，上海交通大学，2010 年。

三　政府购买公共服务的国外实践

（一）国外政府购买公共服务概况

国外对政府购买公共服务的探索是伴随着福利国家的建设而出现的。德国的基本生活福利法即 1961 年颁布的《社会援助法》，就明确要求"负责社会援助的公共机构"要与"公法教堂和宗教社区以及免费社会福利机构"在政府资助的社会援助项目的设计和提供方面进行合作。这种借助社会组织的力量来改进本国公共服务的做法可以说是福利国家的一个普遍现象，包括加拿大、美国以及很多欧洲国家，基本上也都会在福利制度的建构中借助社会组织的力量来补充政府提供公共服务的不足，甚至连长期以来在政策制定上以政府主导著称的法国和日本，也在借助社会组织的力量来帮助政府提供某些方面的公共服务。事实上，法国从大革命开始直到 20 世纪早期，其非营利组织并没有得到合法地位，主要原因是法国人认为这些非营利组织代表的是特殊群体的"部分意志"，而不是全体人民的"普遍意志"，因此它们不应该有染指公共服务的机会。这种情形在 80 年代之后新公共管理时期发生了很大变化，当时的执政党社会党总统密特朗基于当时法国国内形势进行了一场旨在向地方政府分权的改革。1982 年，法国国民议会通过了《关于市镇、省和大区的权利和自由法案》（简称《权力下放法案》），开始向地方政府分权，以改变法国长期以来中央高度集权的权力格局，借此应对在民众中日益蔓延的"国家能力危机"意识，因为这种危机意识已经威胁到民众对法国福利国家的支持。当中央政府将更多的地方公共服务的供给权力下放给地方政府之后，地方政府才发现单靠政府自身的能力根本无法满足公众的公共服务需求，它们不得不求助于私人志愿性机构，希望这些机构使停滞不前的国家福利事业恢复活力，这才导致地方非营利组织的快速增长。同时，中央政府也为非营利组织参与公共服务提供了大量机会，当时的社会党政府赋予了非营利组织前所未有的角色来管理国家福利项目，委托给它们重要的执行公共项目的新责任，提供给它们大量的公共资金。事实上，法国 80 年代每一项重要的扶贫政策都是依靠非营利组织实施的，包括一次反饥饿和流浪的活动，一项贯彻国家住房权的法律，以及一项制定最低收入保障的立法。

　　法国的情况并非例外，政府购买公共服务也正是在这个时期开始得到包括法国在内的很多西方国家的大规模采用。20 世纪 80 年代，随着西方各国政府面临着越来越严重的财政危机和信任危机，它们不得不采用新公共管理理论所主张的重新回归"小政府"模式的改革主张，缩小政府职能范围，减少公共财政开支，但公众的公共服务需求却不会因政府职能的收缩而自动减少。相反，随着西方越来越多社会问题诸如老龄化、城市治理、环境等问题的出现，公众提出了越来越多的公共服务需求，要求政府做出回应。一方面是政府财政的日益紧张，另一方面是公众的公共服务需求越来越多。为了解决这一矛盾，西方各国在缩小政府职能的同时，在依然需要政府提供公共服务的领域也开始大量实行外包，借助社会组织的力量帮助政府提供公共服务。合同外包或者政府购买公共服务在许多国家都得到了大规模使用。可以说，合同外包今天已不是福利国家边缘领域的特例，而是诸多服务领域中基本社会福利管理的核心特征之一。或者说，"无论政治因素和文化因素是什么，人们在解决紧迫的社会、经济和环境问题时，近年来已经形成了一种广泛的共识，认为扩大政府与非营利性组织的合作具有潜在的优势"①。之所以会有这样的广泛运用和共识，其主要原因一是社会组织规模相对较小，反应更灵活，可以弥补政府普惠性政策之外针对小规模群体的公共服务；二是社会组织的专业化水平较高，一般都拥有一支专门的技术性人才，可以借此提高公共服务的质量；三是社会组织本身的非营利属性，即不以营利为目的，不进行分红或利润分配，不能从这些行为中得到好处也就没有足够的激励动力来降低服务的数量和质量，使得它在提供一些难以产生利润的公共服务领域具有独特的优势，因此非营利组织的欺诈行为相对较少，更容易赢得社会的信任；四是非营利组织成员往往具有利他精神，他们常常以社会公益为导向，谋求社会公平和正义，能够为那些被市场所排斥而政府又无力服务的弱势群体提供所需要的公共服务，从而实现整体社会公共福利最大化。

---

① 王浦劬、[英] 郝秋笛 (Jude Howell) 等：《政府向社会力量购买公共服务发展研究：基于中英经验的分析》，北京大学出版社 2016 年版，第 207 页。

政府购买公共服务的实践在 20 世纪 80 年代达到了高潮，OECD 的一项调查显示"合同外包在各国应用范围十分广泛，几乎无处不在"[①]。各国政府"越来越倾向于通过契约机制来完成其各项职能"[②]。但在 2000 年前后，西方一些国家包括英国和美国，都不同程度地出现了政府购买服务行为的逆向发展现象，也有人将之称为"逆合同化"或者"逆民营化"，即一些原本外包出去的公共服务又重新收回由政府来提供。以美国为例，根据美国国际市县管理协会（ICMA）的调查，逆向承包在 1997 年之前所占的比例并不大，变化也不明显。而在 1997—2002 年间，其所占比例急剧上升为 18%，远远超出 1992—1997 年的比重 11%。[③] 其中，比较有代表性的案例包括，"9·11"事件后，美国将其 28000 名机场安全人员由私人承包商转到联邦系统；英国在 1998 年废除了强制性合同招标，2000 年夏在民营化过程中组建承包铁路轨道建设的公司破产后，该铁轨建设于 2002 年部分被重新收回国有；私有化 12 年后的新西兰航空公司于 2001 年 12 月被重新收为国有；等等。但对此我们还是要一分为二地看待，"在西方，逆民营化现象的出现并不能说明民营化改革本身是错误的，而只是表明民营化改革本身的动态发展"，"如果因逆民营化的发生而认为民营化改革的失败甚至因此而彻底否认市场化改革方向，是对待民营化的另一种极端态度"。[④] 这是因为：

第一，政府购买公共服务改革的结果在一些国家确实出现了没有达到预期的现象，包括财政成本的不降反升、供给效率的低下、政府规模的居高不下、供给服务质量下降等。但我们以此判断政府购买公共服务行为是失败的，显然就是武断的，也有可能是政府监管的失败。政府购买公共服务并不意味着政府供给服务责任的转移，而是政府在其中所承担责任的内容和方式发生了转变，这个改变就是政府由原来的直接生产

① OECD, *Contracting out Government Servuc: Best Practice Guidelins and Case*, Paris: OECD Publishing, 1998, p. 25.

② ［美］朱迪·弗里曼：《合作治理与新行政法》，商务印书馆 2010 年版，第 493—494 页。

③ 转引自胡伟、杨安华《西方国家公共服务转向的最新进展与趋势——基于美国地方政府民营化发展的纵向考察》，《政治学研究》2009 年第 3 期。

④ 陈思融、章贵桥：《民营化、逆民营化与政府规制革新》，《中国行政管理》2013 年第 10 期。

者，更多改变为了公共服务的提供者和生产的监管者。而一旦政府不能承担有效的监管责任，公共服务的外包行为就很可能会失败，因为我们无法寄希望于私人部门主动以公共利益最大化为其行为准则。罗马俱乐部报告《私有化的局限》通过对全世界私有化的考察，总结了四大私有化经验，认为其中最重要的亮点就是"一是加强政府作用的重要性，即逐步形成有效的治理以及强有力的管制和监管制度；二是确保对监管体制的民主控制，并使政府能够在私有化遭到重大失败时撤销私有化"[①]。所以，政府的有力监管是政府购买公共服务模式成功的关键因素，而一旦监管无力，这一模式就有可能遭遇失败，但这更多是政府监管的失败，而不是这一模式本身的失败。

第二，公共服务的外包或购买是需要一定的条件的，包括要有一个竞争性市场的存在、政府要对所购买的公共服务质量和数量有个相对清楚的认识，即做一个精明的购买者等。当政府试图购买的公共服务不具备这些条件的时候，采用政府购买的方式来提供公共服务很可能也会失败。比如在美国，很多政府购买的产品本身就是垄断性的，其效果不彰并不能说明政府购买公共服务机制本身存在问题，而只能说这些公共产品本身就不具备采用政府购买这种方式的条件。

第三，我们还必须看到，在这些反对之声中，相当大的比例是来自既得利益者的情绪化宣泄。所谓既得利益者主要包括两类人：一是政府内部的工作人员，他们之所以反对，主要是从自身利益出发，担心合同外包将意味着其权力的减损、社会地位下降以及福利的降低等；二是公众，从根本意义上来说，公共服务的外包是为了提高公共服务的质量和效率，最终受益者就是公众，因而他们原本应该是服务外包最坚定的支持者。但由于公众传统的思维定式，他们更愿意相信政府部门对其利益的保护，虽然事实上未必如此，而对私人组织尤其是其中的营利性组织天然抱有一种警惕性心理，从而习惯性选择不相信。当然，公众更直接的担心则是无法再得到政府提供的免费或低价服务。特别是当公共服务的外包伴随着消费者付费的模式时，公众的反对之声往往就会更大。

第四，对于那些政府购买行为的失败，我们必须具体问题具体分析，

---

① 魏伯乐：《私有化的局限》，上海人民出版社 2006 年版，第 545 页。

造成外包效果不佳的原因到底是外包后政府的管理不到位的问题,还是该项公共服务本身就不适合外包。如果是前者,我们的应对之策就应该是加强政府对外包的监管等,因为公共服务的外包是政府与社会组织合作提供公共服务的现象,而不是简单地私有化,不是政府将某种公共服务一包了之,还必须对整个过程进行监管,简单地回归政府经营,并不是解决问题的办法。正如詹姆斯·森德奎斯特指出的,"民营化不是解决政府无效的特效药,唯有有力而有效的政府,方能使民营化政策奏效"①。如果是后者,可以收回,作为我们探索哪些公共服务不适合外包的实证性经验进行认真的总结,以为之后的外包探索提供经验。对于那些我们不能确认是否适合外包、外包后效果又确实不佳的项目,我们还要进一步发问:由私人部门提供的公共服务效果不好,那么由公共部门来提供就一定会好吗?政府垄断性供给所伴随着的官僚主义、机构庞大、财政浪费、人浮于事、态度恶劣等,都是不争的事实。由政府来提供依然需要严密的监管,没有严密的监管,政府及其公共服务人员也会和私人主体一样,可能采用个人或者部门利益最大化的行为准则,所以假设政府或者公共服务人员基于其公共性定位就一定能以公共利益最大化为其行为规则,实践已经证明很可能只是美好的幻象。如果都需要对服务供给主体无论是政府部门还是私人主体进行严密的监管,才能保证公共服务提供的质量和效率的话,或许我们更应该选择来监督私人主体而不是公共部门,因为享有公共权力的公共部门总是有各种各样的借口来逃避监管,特别是当政府成了公共服务的直接生产者时,监管主体就主要是公众了,这也是政府垄断性供给模式下我们常常感到监管无力的主要原因;而对于一个没有公共权力做支撑的私人部门的监管,可能相对更容易一些,特别是当私人主体成了公共服务的生产者,政府也就加入了公共服务的监管者行列,由政府和公众一起来监督私人主体,即便它们想以自私自利的方式来行事,很多时候恐怕也很难做到。

第五,西方2000年前后开始出现的所谓"逆合同化",也是对自20世纪70年代末80年代初大规模出现的公共服务外包现象的理性反思。因

---

① 转引自詹国彬《论公立医疗机构民营化改革的基本原则》,《北京理工大学学报》(社会科学版)2011年第13期。

为在这次大规模公共服务合同外包的推进过程中，一定程度上确实存在着将公共服务合同外包这种市场化行为意识形态化的现象，即基于对市场机制的推崇以及对政府公共权力的不信任，一味地将公共服务通过市场化的方式外包出去，存在着为外包而外包、不对是否适合外包进行审慎论证和评估的问题。在近乎疯狂的公共服务外包进行了 20 年的节点上，对这一行为进行理性的、认真的反思，纠正其错误的做法，将外包效果不佳的项目重新收回交给政府，这也是公共服务外包发展进程中必须要做的总结和反思。这种总结和反思不仅不会终止公共服务外包的探索和实践，反而更有利于公共服务外包的健康发展，对此我们不必大惊小怪，更不能以此现象就否认公共服务外包的积极意义，甚至走向终止公共服务外包的探索，将原来的外包重新收回政府所有的极端行为。

基于上述几个方面的原因，我们必须对竞争性市场一定优越于垄断性市场的客观事实给予充分的肯定和认知。在世界范围的公共治理中，之所以很多国家都尝试着由政府购买或服务外包替代原有的政府垄断性供给公共服务的一个重要原因，就是原来政府垄断性供给的弊端是一个无须讨论的事实。服务外包或者政府购买公共服务机制的引入，就是为了打破政府的垄断性供给。只要我们保证政府购买是在一个竞争充分的市场范围内进行，其效率就一定会优于政府的垄断性供给。对此，我们必须有充分的信心，否则就会再次忍受政府垄断性供给的那些弊端，而这无疑是改革的倒退。对于政府购买公共服务供给机制的探索仍然处于半途的中国而言，政府购买公共服务供给机制作为一种新的服务供给模式，相对于政府的垄断性供给而言确实是治理方式的一个进步，坚持以市场为导向的政府购买公共服务供给探索仍应是目前我国政府改革的正确方向。实际上，即便在逆合同化很普遍的美国，平均而言政府每外包六个服务就会同时收回四个外包服务，[①] 该数据说明服务外包总体上依然呈扩大趋势。根据美国国际市县管理协会（ICMA）的调查（见图 3.2），

---

　　① Amir Hefetz, Mildred Warner, "Privatization and Its Reverse: Explaining the Dynamics of Government Contracting Process", *Journal of Public Administration Research and Theory*, Vol. 14, No. 2, 2004.

逆外包化现象更多出现在新实施外包的项目中，在地方政府所提供的公共服务中采用外包方式的公共服务项目依然稳定地占据很大的比例（27%），这个比例在"逆合同化"盛行的 2000 年前后并没有发生改变。完全稳定地由政府自己提供的公共服务依然不足 50%，甚至在 2000 年前后，还出现了略微的下降，由 1992—1997 年间的 44% 下降到了 1997—2002 年间的 43%。所以整体而言，公共服务的外包仍然是包括美国在内西方国家公共服务的主要方式，只是抛却了 20 世纪 80 年代的近乎意识形态化的疯狂，更趋理性和务实罢了。正如有西方学者所评论的，"重申公共部门的作用并非要回到以前的政府直接垄断，相反，我们看到了地方政府利用市场，但将市场结构的作用用于创造竞争、管理垄断和减少合同外包的交易费用"①。

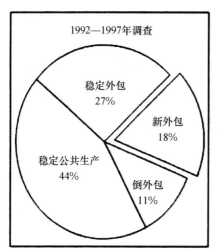
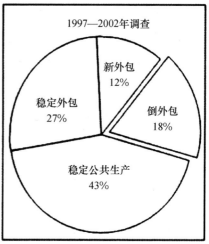

图 3.2 1992—2002 美国地方政府服务提供动态发展图

资料来源：Hefetz, A. & Warner, "M. E. Beyond the Market vs Planning Dichotomy: Understanding Privatisation and its Reverse in US Cities", *Local Government Studies*, Vol. 33, No. 4, 2007.

---

① M. E. Warner, "Reversing Privatization, Rebalancing Government Reform: Markets, Deliberation and Planning", *Policy and Society*, Vol. 27, 2008, pp. 163 – 174.

（二）英国政府购买公共服务实践①

英国政府与社会组织的合作有着悠久的历史，早在16世纪末17世纪初，就从立法上确立了社会组织参与公共服务的重要性。比如，1601年的《伊丽莎白济贫法》（*The Poor Law*）就确保了慈善组织参与公共服务的法律地位。英国的志愿部门在长达100多年的发展历程中，一直都和政府有着广泛的合作，尤其是在应对贫穷、救济弱势群体以及社会变革等方面，当然中间也有认知和定位上的波折。

19世纪末20世纪初，英国几乎所有的社会福利，包括财务、管理和服务都由志愿组织和地方政府来提供。在维多利亚时代，政府就通过拟订纲领性和指导性文件，让社会自我管理，通过志愿组织和地方社区来实现集体对社会的管理。政府和志愿组织之间是平等的合作伙伴关系，志愿组织参与公共事务的推动力则来自于强烈的民权意识、道德标准和慈善理念，并将之视为民主社会的必要组成部分。

20世纪早期的英国，国家开始越过《济贫法》的规定，负责社会项目的服务，如对病人和老人的照拂等。1914年，第一次世界大战开始后，国家开始改变与志愿组织之间的关系，政府开始更多地参与公共福利，而志愿组织则退居第二道防线，在提供公共服务、填补空缺和弥补不完善服务方面进行补充。这种状况一直持续到"二战"之后，"二战"之后的《贝弗里奇报告》（*Beveridge Report*）则集中体现了国家在公共福利供给上的作用，大多数福利机构由民间或NGO部门手中逐渐转移到行政部门手中，由公共部门来提供社会基础公共服务。其中，最为明显的是全民医疗保健制度，即国家向全体国民提供免费医保。政府直接从事多数公共服务的提供，承担起无微不至地照顾公民的责任，将以往被视为慈善、救济的服务都纳入法定的福利服务项目之中，因此，公共服务数量及范围急速扩张。当然，志愿组织必要的补充，仍然被视为良好社会的重要因素，也被视为平衡市场原则和官僚体制规则的重要因素。

英国的这种由政府大包大揽的公共服务供给方式，给政府财政带来

---

① 这部分参考了王浦劬、[英]郝秋笛（Jude Howell）等《政府向社会力量购买公共服务发展研究：基于中英经验的分析》，北京大学出版社2016年版，第221—227页的相关内容。

了巨大压力,同时政府供给中所呈现出的官僚主义、效率低下也广受诟病,一度成为"英国病"的主要内容。到了20世纪70年代,财政压力已经使英国财政不堪重负,直接导致了福利国家危机。面对危机,英国政府不得不做出调整,70年代末80年代初新公共管理改革应运而生。随着新公共管理运动的兴起,公共服务的提供方式发生了重大改变,国家和志愿组织之间的关系也发生了重大改变,新公共管理在英国得到了时任首相撒切尔夫人的大力支持。新公共管理理论所主张的私有化、精简、竞争和外包服务等,给非政府组织和私营部门参与公共服务提供了理论上的正当性和实践上的巨大空间。新公共管理改革将市场原则引入到公共服务领域,外包服务日益盛行,使得服务提供与服务采购和服务筹资得以区别考虑。新"承包文化"欢迎加大力度引入私营部门和志愿部门,以实现福利提供的多元化,而私营部门和志愿部门也被明确设计为向国家提供服务的"替代选项"。将公共服务外包给志愿组织和私人部门,成为英国越来越多的公共服务供给选择。截至2014年,英国地方政府从第三方采购商品和服务金额已达450亿英镑,几乎占据总开支的1/4。英国政府购买公共服务的主要做法是:

第一,规制先行。作为一个以判例法为主的国家,英国并没有一部专门针对政府购买公共服务的法律,但这并不意味着英国政府购买公共服务的行为无法可依。相反,英国政府购买公共服务行为的每次改革都会有相应的规制先行。从国家宏观层面来看,《济贫法》以及"二战"后的《贝弗里奇报告》等都对志愿组织参与公共服务给予了保障和肯定。20世纪60年代,英国政府又颁布了《地方政府公共服务法案》,设立公共服务部门,开始了政府购买公共服务的新尝试。在新公共管理时期,英国政府又通过了多部针对志愿组织的规制性文件,来保证和规范志愿组织在协助政府提供公共服务中的行为和与政府的关系定位。比如,1978年颁布《沃芬顿委员会报告》和1998年颁布后又进行多次修订的《政府与志愿组织及社区组织关系协定》(*The Compact*)等,都为第三部门包括志愿组织参与公共服务的供给提供了制度保障。在地方层面,英国政府1988年颁布的《地方政府法》已经明确要求,6种基本的市政服务必须经过竞争性招标来安排,包括生活垃圾收集、街道清洁、公共建筑清扫、车辆保养维修、地面维护和饮食服务等,这就为地方政府购买公共服务提供了法制保障。2011 年英国政府发布了《开放的公共服务白皮书》，进一步规范了政府购买公共服务的流程和具体操作，在坚持多元、公平和责任等原则的基础上，将利益相关者的权利、责任和义务进行相对明确的划分。同年 11 月，英国议会通过了《地方主义法案》，提出进一步给地方政府松绑，以便发挥地方政府在地方治理中的主动性，并调动社区与公民力量参与地方公共事务治理的积极性。2012 年，英国政府又通过了《公共服务（社会价值）法案》，法案要求社会组织在生产公共服务时，不能仅局限于完成合同条款，同时还要考虑服务产生的社会价值和环境价值。事实上，从英国购买服务的实践看，基本上每一步的改变都与相应的法规的改进相关。

第二，重视第三部门在公共服务中的地位和作用。英国的第三部门是个宽泛的概念，是除政府与营利性企业之外的所有组织形式，既包括传统的非营利组织，如志愿组织，也包括社会企业。英国的社会企业一般被单列管理，这类企业不同于纯粹的非营利组织，一般都拥有基本的社会目标，不单纯追求利益最大化，所获得的利润也将再投入到企业或社会之中。2006 年，英国第三部门办公室专门出台新社会企业行动计划——《社会企业迈向新高度》，帮助社会企业与政府合作。除了社会企业之外，更为重要的第三部门组织当然还是传统的非营利组织，如志愿组织。1978 年，英国颁布了有关志愿组织的《沃芬顿委员会报告》（*Wolfenden Committee Report*），该报告将志愿组织的概念界定为"一个部门"，从而为走向混合福利经济和服务供给的多元化铺平了道路。内政部于 1990 年发布了"效率核查"（Efficiency Scrutiny）报告，阐明了为志愿组织提供资金的合法性基础，认为志愿组织拥有的信念基础，如无私、更大的灵活性和响应能力，是外包服务性价比和绩效高于政府垄断性供给的主要原因。由于出现了一种担心，认为外包服务可能将志愿组织变成服务交付的官僚机器，从而削弱志愿部门的本质特征，英国发布了《社会政策研究和创新中心报告》（*Centris Report*）（1993 年）和《迪肯报告》（*Deakin Report*）（1996 年），专门对此进行了回应。尤其是《迪肯报告》，不仅回答了对国家和志愿部门之间关系的质疑，还尝试更清楚地界定志愿部门和国家部门之间的责任和行动，并呼吁政府采取不那么具有工具色彩的方式，更多关注志愿部门的发展和健康，强调了志愿行动和公民权利的重要性。该报告认为，实际上志愿部门不仅是作为公共服务的提供者而存在，其本身更是广义公民社会的关键要素，而不仅仅是弥补政府提供公共服务不足的工具。

1997 年以布莱尔为首相的工党政府上台，又为政府与志愿部门之间关系的改变带来了新的机会。1998 年，英国政府出台了《政府与志愿组织及社区组织关系协定》。该协定是中央政府和地方政府与志愿和社区组织之间合作关系的框架性协议。该协定认为志愿和社区行动是有活力、民主和包容社会不可或缺的一部分，从而确立了政府与志愿部门间"价值共享和相互尊重"的原则，政府承诺会与志愿部门在政策和项目设计问题上进行"有意义的磋商"。该协定实际上探索了一种处理政府、市场和志愿部门之间关系的新方式，即"第三条道路"。"第三条道路"改变了过去几十年间，政府居于公共福利主导性地位的格局，更强调政府、市场和志愿部门之间合作、平等的伙伴关系。为此，2006 年，英国还专门建立了第三部门办公室，从而引入了"第三部门"这个新的概念，使得参与政府日常的志愿组织有了更广泛的定义，即第三部门不仅包含了志愿组织和社区组织，而且还扩大到了慈善机构、社会企业、互助社和合作社。这也反映了新工党政府与前保守党政府之间的区别，即对社区的重视，重新振兴社区精神、提高社会包容度，重新修缮城市棚户区，从而延续公民精神。新工党尝试不再使用明显的个人主义、市场化范式，也不再使用具有明显计划色彩的"旧社会主义"（old socialist），即在中央集权和新自由主义之外找到"第三条道路"。新工党强调公民职责、志愿活动和合作，这些美德都可以追溯到 19 世纪初的慈善理念。为了更系统地与第三部门合作，新工党将原保守党的志愿服务司（Voluntary Services Unit）改名为积极社区司（Active Community），并在 3 年内拨款 3 亿英镑支持该部门的发展。为了增加社区参与度，增加公民意识，新工党政府还成立了公民再造司（Civil Renewal Unit），之后又与慈善司（Charities Unit）合并，在内政部组建了活跃社区理事会（Active Communities Directorate），并增加了预算和政策覆盖面。2006 年，财政部设立了新的慈善和第三部门财务司（Charity and Third Sector Finance Unit）来为该部门协调财政政策。2001 年贸易及工业部设立了社会企业司（Social Enterprise Unit），以支持社会企业发展。正是在新工党政府的支持下，《慈善法》实施 300 年来第一次进行修正和更新。2006 年，英国对众多为政府和第三部门关系提供制度安排的机构进行了整合，活跃社区理事会和社会企业司合并，在内阁办公室组建了新的第三部门办公室，并任命了第三部门部长。第三部门办公室开始为政府与第三部门的合作建立正式机制，并成立了高级顾问委员会和战略伙伴团体来支持志愿部门提供服务。这不仅为第三部门带来了更多的财政和其他支持，也显示了政府对与第三部门合作的认可和重视。

2008 年，英国社区和地方政府部（Dipartment for Comminities and Local Government）与第三部门办公室设立了社区建设基金（Community-builder Funds），初始投资 7000 万英镑。该投资由社会投资企业（Social Investment Business）这一新机构管理，以支持小型地方和社区组织。除了政府的资金来源，第三部门组织也可以从多种基金会和国家彩票委员会得到资金，在 21 世纪的前十年，它们提供了超过 28 亿英镑的资金投资第三部门。新工党政府对第三部门的支持，促进了第三部门的扩大，提升了第三部门的公共形象，让它们成为可替换市场和政府的有效服务提供者。

2010 年卡梅伦政府对《协议》进行了进一步修订和细化，引入了更严格的问责机制，并强化了政府责任。在推行"大社会"计划过程中，拿出 10 亿英镑培育社会组织和社会型企业，进一步加强社区在公共服务中的作用。2012 年，英国议会又通过了《公共服务（社会价值）》提案，这一提案要求政府在购买公共服务选择合作伙伴时，应该更多考虑其服务所带来的社会、经济和环境价值，要以一个更公平的价格购买真正造福于当地社区的服务。

2010—2015 年间的联合政府以及 2015 年之后的新保守党政府依然延续了《政府与志愿组织及社区组织关系协定》下新工党政府与第三部门的关系。2008 年爆发的世界性金融危机，使得英国也面临着巨大的财政压力。在现实的财政紧缩压力下，无论是联合政府还是新保守党政府，都不得不继续将加快外包服务给私营部门和第三部门作为节省开支的主要思路。当然，在采用公共服务外包的同时，英国政府也意识到，并非所有的国家权力都可以下放到社区和个人，一些领域如与安全相关的服务、税收、利益管理和规划等准司法服务，就只能由政府来提供。联合政府还于 2011 年公布了《开放公共服务白皮书》，白皮书重申了外包各种公共服务给供应商依然是未来的一大趋势。外包所体现的理念是竞争、放权、多元化、公平和问责，在这些理念中，竞争是核心要素，多元化则是竞争的集中体现。该白皮书鼓励不同供应商，不管它们来自公共部门、志愿部门、社区还是私营部门，都要通过竞争来获取服务提供者的角色，政府部门不能先入为主地认为某类特定的供应商必然能提供更好或更差质量的公共服务。按照《政府与志愿组织及社区组织关系协定》的原则，国家层面的机构也和地方当局一起分享信息和好的做法。例如，英国副首相办公室于 2003 年发布了《地方政府国家采购战略》。这一做法广受社会组织的欢迎。另外，第三部门办公室还准备了若干份文件，供地方政府在社会服务签约或者委托时使用。

在公共服务合同外包中，英国政府不仅要求公共机构必须保证根据（国家、地区和地方层面）预算配置给它们的资金得到适当有效的使用，还要求获得政府资金承包社会服务的组织也要对这些资助进行合理控制。政府公共资金核算包含三个主要原则，政府在进行社会服务外包时，必须遵守这些原则：

·专款专用（确保资金只能给予和用于批准的用途）；

·公平合理（确保资金的公平给予，不受不公正的影响）；

·物有所值（确保资金的使用以最小成本获得最大收益，并得到预想的结果）。

英国政府还制定了一系列专门针对非营利组织的项目。英国政府先后公布了"未来建设者"（Futurebuilders Found）和"提升性变革"（Change up）（目前被称为"能力构建者"Capacity GL Builders）项目。这些项目主要是为那些需要帮助和支持的非营利组织提供政策和资金扶持，包括从技术、资金、人力资源等六个方面对一线非营利组织的支持。在这些项目的实施过程中，政府不但加大了财政投入力度，还建立了 6 个国家层面的服务中心，支持地方能力项目建设。2002 年，政府投入 1.25 亿英镑作为未来建设者资金，以在 2005—2008 年间拨款或贷款给第三部门，来强化它们竞标争取公共合同的能力。2008—2011 年，此基金规模增至 2.15 亿英镑。2008 年，社区和地方政府部门与第三部门办公室设立了社区建设基金，初始投资 7000 万英镑，该投资由社会投资企业这一新机构管理，以支持小型地方和社区组织。2004 年，政府投资了 1.5 亿英镑用于提升性变革项目（Change up），该项目旨在协助提供能力建设的基础机构，如国家志愿组织理事会和国家公民建设协会办公室。该项目 2006 年转移到了第三部门办公室创立的新机构，即能力构建者（Capacity builders）。这些资金都是通过与这些部门紧密协商而设计和管理的。政府保证：

· 把这些部门纳入服务规划、设计以及承接；

· 与第三部门建立长期战略关系；

· 增强第三部门能力；

· 努力建立一个透明并且确认所有成本的资助体制；

· 确保 1998 年政府与这些部门间的合作在中央、地区和地方层次得到充分贯彻执行。

2007 年政府又与第三部门进行了一次规模空前的磋商活动，作为 2007 年综合支出审议的一部分，从而导致新的公共服务协议（PSAs）出台。2007 年，内阁办公室发布了《第三部门在社会和经济振兴中的未来作用：最终报告》，包含了政府与第三部门关系的长期战略。2008 年 12 月，第三部门部长发布了重新修订的行动计划。这些计划都极大地推动了第三部门的发展，为其在公共服务提供中发挥作用奠定了基础。

英国参与社会服务的组织类型多种多样，包括注册慈善机构、非慈善事业的非营利实体、协会、自助组织和社区组织以及社会企业。基本上，非营利组织都可以接受政府资助或承包提供社会服务。社会组织提供社会服务的类型也极其广泛，不仅包括慈善救助和社区服务，还包括预防犯罪和退伍军人服务等很多领域。数据显示，在 2006—2007 年，大约有 1/5 的公共产品由私人部门和非政府组织提供，涉及公共服务的各个方面和地域范围。①（见表 3.10）

---

① 齐海丽：《政府购买社会组织公共服务的英国经验及启示》，《社会组织研究》2018 年第 5 期。

表 3.10   社会组织合作供给的政府社会服务项目例子

内政部	犯罪预防/管理项目 毒品行动队——国家禁毒战略下设立的地方协调小组 受害人援助——国家慈善机构对犯罪受害者提供援助和信息
教育技能部	儿童基金——服务于5—13岁的弱势儿童及青少年 保护儿童和支持家庭资助——儿童的社会照顾 好起点项目——儿童护理、健康和情感开发服务 联系项目——为13—19岁的青少年提供信息和建议
副首相办公室	社区新政——最弱势社区的扶贫 流浪者住所提供
工作和养老金部	青年新政——对18—24岁青年人的就业咨询和帮助
交通部	针对农村和弱势人群的交通服务资助，录入农村公车补贴和城乡公车困难补贴
国家医疗保健服务部	资助慈善收容所 与皇家国立聋人研究所合作，为聋人提供数码助听器 各种医疗服务，例如癌症病人关怀（如玛丽·居里癌症护理）
国防部	退伍军人服务，例如住房与就业建议，领取战争抚恤金人员的康复 技能训练——14—16岁青年人的职业培训
税务及海关	提供关于免税资格建议的试点计划

　　当然，表3.10并未详细列出英国所有涉及第三部门的政府项目，只是象征性地对第三部门所涉及活动进行了简单罗列，也不包括一些重要的第三部门资助方，比如环境、食品和农村事务部等的外包服务。

　　英国政府外包公共服务给社会组织的方式主要有两种，即采购和委托。2000年出台、2005年修改、2008年重印的《资助和采购最佳实务准则》规定了采购的条件，对资助和合同都适用。2009年出台的《委托指导》，内容是关于"对某地区人民需要进行评估、设计服务，最后取得合适的服务运作周期"的规定。因此，它更多的是针对资助而非合同，但可能会因为利益冲突（社会组织是委托服务的提供者）问题而削弱社会组织在计划阶段的参与。

英国政府向社会组织外包社会服务的资金提供方式有三种：赠与，这是政府不设定预期目标而提供短期资助的方式；采购，适用于合同关系（通过采购具体服务），结果也是具体规定的；投资，适用于长期的目标。这样，英国政府的资助就成了社会组织收入的主要来源。据约翰·霍普金斯项目的研究，20世纪90年代英国社会组织得到的资助总额中，有47%来自政府，45%来自收费，9%来自慈善捐款。英国《政府与志愿组织及社区组织关系协定》出台后的数字显示，英国社会组织2004年获得政府资助66亿英镑。根据国家志愿组织委员会2006年收集的信息，尽管有3/4的慈善机构没有得到政府资助，但在25000家大型慈善机构的资金中，有3/4来自政府，这说明政府资助取向是十分明确的。来自国家志愿组织委员会的另一数据表明，在2005年6月至2006年7月间，政府对社会组织的资助金额从109亿英镑增加到115亿英镑。截至2012年，公共服务的外包量每年增加到了820亿英镑。截至2014年，预计外包量将达到1400亿英镑，占2360亿英镑公共服务预算的一半以上。截至2014年，地方政府从第三方采购商品和服务金额达到了450亿英镑，几乎占了总开支的1/4。[1]

除了政府资助之外，志愿部门还努力从其他渠道筹集资金，包括个人捐赠、遗赠、收费、产品营业收入和基金会等，其中来源于产品营业和服务收费的收入在过去十年内占比日益攀升，到2012—2013年度已占总收入的56%。据《2015英国国家志愿组织理事会公民社会年鉴》估计，这些志愿组织每花一英镑用于筹资活动，则平均筹得4.2英镑的资金。[2]

第三，强调合同的重要性。英国政府在购买社会组织提供的公共服务时，非常强调合同的重要性。英国服务合同的获取必须建立在充分竞

---

① 王浦劬、［英］郝秋笛（Jude Howell）等：《政府向社会力量购买公共服务发展研究：基于中英经验的分析》，北京大学出版社2016年版，第237页。

② 同上书，第243页。

争的基础上，以保证政府购买的公共服务质优价廉。英国服务合同的选择大体经历两个阶段。第一阶段主要采用的是强制性竞标。所谓强制性竞标，就是以效率为目标，以最低服务成本为标准来选择竞标合同，这样选择服务合同的最终结果就是，很可能以廉价的成本换取质量低下的服务，在实践中也就不可避免地会出现"低球标"现象。但公共服务的外包显然并不仅仅是为了"价廉"，更重要的还要"质优"。公众对公共服务的质量要求并不会随着社会组织的介入而降低，相反，这种"低球标"所导致的公共服务质量的降低也招致了包括政府和公众在内的强烈质疑。为了改变这种现象，英国工党政府于1997年再度执政后，终止了保守党的强制性竞标政策，指出："地方政府不应被迫将其服务释放出来进行竞标"，但"被要求获得最佳价值"。最佳价值主要能以最具经济、效率与效能的方式，让服务能够达到预定的标准。这个标准不仅包括价格标准，还包括品质标准，即达到"最佳价值"。这个"最佳价值"指的就是公共服务合同的最高性价比，这就意味着服务合同不仅要尽可能地降低成本即"价廉"，而且还要实现最佳服务效果即"质优"，这就要求在竞争的基础上更加注重经济、效率和效能的综合考虑。这就是第二阶段的合同选择标准。当然，"最佳价值"政策也不是全然否定竞争，而是更全面性地以5C视角来检查公共服务。所谓5C是指：挑战（Challenge）——挑战每个服务的目的，也挑战既有的服务方式，从而检查创新服务方式；比较（Compare）——比较个别与其他单位的绩效，这将有助于机构彼此之间互相学习，改善绩效；征询（Consult）——向社区、利害关系人征询意见，成为一种参与表现；竞争（Compete）——在适当时提供竞争，使之成为持续获得提供改善的管理工具，让所提供的服务符合最佳价值的成本和标准之要求；统合（Concordance）——是最佳价值的核心，亦即要通过团队、伙伴及整合的方式提供服务，这将有助于服务绩效的提升。[1]

与此同时，强调合同的重要性还要求政府与合同承包商都必须严格遵守合同约定。一般来说，政府与社会组织签订的购买合同都会涉及服

---

[1]   姚军：《英国公共服务合同外包：历史背景及政策发展》，《科技管理研究》2014年第14期。

务数量、质量、价格以及双方的责任权限等内容。合同一旦签订，无论是政府还是社会组织都必须严格按合同办事。一方面，政府要按照合同规定对社会组织进行质量监控、绩效评价，确保社会组织提供的公共服务符合合同规定的质量和数量要求；另一方面，政府也必须按合同要求承担自己应该承担的包括支付在内的各种责任，以确保社会组织在合同中的权利实现。这种严格按合同办事的做法，一方面是为了确保合作双方的权益不会受到伤害，另一方面也是为了确保公共服务的质量和数量，以满足公众的公共服务需求。

第四，向社会组织购买服务的程序完备。英国政府购买公共服务的程序主要包括制订购买计划、确定购买负责人及配备人员、公布购买信息、接受社会问询、划定购买对象候选者、招标或者直接购买、合同监督、独立审计八个环节。各个环节都有相应的监督机制，并尽可能做到信息公开，以接受媒体和公众的监督，这些公开的程序有力地降低了购买风险发生的概率，也为政府和社会组织及时纠错提供了依据。

英国政府推进公共服务的外包和购买取得巨大成就的同时，也对这种公共服务提供形式进行了反思，其中最主要的焦点有两个：一是外包服务合同的复杂性所产生的巨大交易成本。由于第三部门在参与公共服务的竞标过程中，必然要填写大量、不同而又详细的表格，以及所牵涉资金的预算等，使得第三部门在参与竞标的过程中要付出巨大的交易成本。比如，英国工业联合会（Confederation of British Industry）向下议院2014年提交的报告中称，一家建筑公司预计在每份调查问卷上平均支出8000英镑。由于这家公司每年竞标200次，它们在预审程序上的年度支出达到约160万英镑。虽然政府也在努力推动各种表格的标准化，以此减少竞标单位的竞标成本，但受制于各种法律法规的约束，效果并不明显。如果服务供应商在得到外包服务合同之前就已经支付了巨大的交易成本的话，其提供公共服务的绩效和最终成本也就很难真正降下来，英国政府采用合同外包以降低政府财政紧缩压力的初衷就很难实现，服务外包的意义也受到质疑。二是外包服务过程中可能存在公共资金的浪费和欺诈性使用。英国透明国际（Transparency International UK）就指出，由于外包合同占总公共支出的1/4，这就让政府陷入巨大的腐败风险。英国政府虽然采取了一系列举措，包括设置检举揭发制度、要求承包机构不论是公共机构还是私营公司和志愿部门都要严格遵循 2000 年《信息自由法案》的要求公开相关信息，公民也拥有获取公共资金使用信息的权力等级，以便把公共资金的使用风险降至最低。但由于承包关系的复杂性，资金使用的正当性和效率依然是人们质疑公共服务合同外包的主要原因。从 2000 年左右开始，英国也和其他西方国家一样出现了"逆向合同外包"现象，部分公共服务又转为由政府直接提供。不过总体来说，公共服务的外包或购买依然是英国公共服务市场化改革的主要做法。

（三）美国政府购买公共服务实践

美国特殊的建国历史让它注定是一个市场化程度很高的国家，私营部门参与公共服务的供给也由来已久。

"二战"前，美国政府一直依赖私人市场提供某些公共物品，但这个时候的采购更多是政府管理所需的物品而不是公共服务。在独立战争时期，其大量的军需品就是从私人供应商那里购买的。这一时期，政府所购买的大都是市场上已经存在、其质量也在私人市场上验证过的商品，即便是一些军事用品也一样，比如马鞍、手枪等，政府只需要在不同质量的商品中根据自己的需求进行价格和质量的比较，然后选择自己中意的生产商作为自己的供应商即可。大约从 18 世纪中期开始，美国有了政府购买公共服务的萌芽，比如有些地方政府已经开始从私人组织那里购买诸如治安防火、公共卫生、规范建筑设施等方面的公共服务。19 世纪，随着城镇化进程的加快，政府所需要的公共服务的数量增加，开始更多地从私人组织那里购买公共服务，只是这个时期政府购买的范围和数量还是相对有限的，并没有引起人们的关注。

"二战"期间，美国政府在军需产品上进行了更大量的采购，不仅在量上远远大于战前，范围也远远超过战前。政府开始购买一些市场上并不存在的产品，比如还没研发和生产出来的武器和炸弹等。这些产品的生产合同也被政府委托给了供应商，后来又进一步扩大到太空计划和核武器的研发和生产委托。战后，美国政府在军事方面的采购不仅没有减少，还进一步扩大到其他政府服务领域，在少量的城市管理中也开始使用政府购买模式，其中比较有代表性的就是 1954 年第一个公共服务外包的"合同制城市"(contract city)莱克伍德的出现。①

　　1955 年，艾森豪威尔总统执政期间，美国政府制定了一项政策，规定如果某些产品或服务能够通过正常商业渠道从私人企业采购获得，联邦政府不得开展或继续从事此类商业性活动。十年之后的 1976 年，联邦预算局又发布了《A－76 号通知》，要求联邦机构审查各自的商业活动，审核政府为这些商业活动支出的费用，然后将这些商业活动转给那些能够以更低价格提供商品和服务的私人部门。卡特政府在 1979 年重新修订了《A－76 号通知》，之后联邦管理与预算办公室又发布了一项新的《通知》，重申"在一个民主、自由的企业体制中，政府不应该与其公民展开竞争。具有个人自由和创新意识的私人企业制度是国家经济实力的重要源泉。基于这一原则，政府的一贯政策是依靠竞争性私人企业提供政府需要的产品和服务，这一政策将持续不变"。但 20 世纪 70 年代之前，美国政府的采购依然还是以物品为主。70 年代之后，随着美国福利社会的进展，政府购买的范围才逐渐从物品领域扩大到了社会政策、医疗卫生政策、环境政策、紧急融资以及一些辅助性工作领域等，以至于"美国联邦政府在'二战'之后实施的每一项主要政策和计划都是通过公私伙伴关系进行管理的，这些政策和计划包括医疗保健、环境清理与修复、脱贫计划和岗位培训、州际高速公路和污水处理厂等等"②。在这些政策领域，联邦政府都选择了建立管理型公私伙伴关系，而不是选择自己做事情。可以说"政府对私人部门的依赖已经变成了战后主要的行政政策模式"③。根据一项全国范围的调查结果，政府对外承包其社会服务的比例已经由 1971 年的 25% 上升为 1979 年的 55%④，而且有证据显示，这一比例还在上升。花在社会服务方面的大部分资金都流入了私人和非营利承包商的口袋，政府直接管理的社会项目已经相当少。马萨诸塞州将日

---

　　①　王旭：《莱克伍德方案与美国地方政府公共服务外包模式》，《吉林大学社会科学学报》2009 年第 6 期。

　　②　[美]唐纳德·凯特尔：《权力共享：公共治理与私人市场》，北京大学出版社 2009 年版，第 3 页。

　　③　同上书，第 8 页。

　　④　Keon S. Chi, Kevin M. Devlin, and Wayne Masterman, "The Use of the Private Sector in Delivery of Human Service", in Joan W. Allen and Others, *The Private Sector in State Service Delivery*, Washington：Urban Institute Press, 1989, pp. 95 - 96.

托服务承包给了 600 个供应商,其他州政府也已经将医院服务、就业项目、精神健康、收养服务、儿童保健辅助项目和医疗保健项目的管理工作承包了出去。实际上,几乎所有的政府都在用合同承包安排公共服务。

新公共管理改革之后,美国政府购买公共服务的实践更是得到迅猛发展。新公共管理理论本就肇始于 20 世纪 70 年代末 80 年代初的英美两国。1981 年里根总统的上台是美国新公共管理改革的开始。里根总统是一个坚定的市场至上主张者,更多依赖市场、更少依赖政府就是其奉行的政策导向,从其上台开始就一直在推进以市场化、放松管制和分权化为取向的行政改革。1987 年一项对所有人口超过 500 万的市镇和人口超过 25000 人的县的调查表明,99% 的政府实施合同外包。[①] 90 年代的克林顿政府延续了里根政府的市场化改革主张,采取各种措施引导私人主体参与公共服务的提供,大量的公共服务外包也就应时而生。1991 年财政年度 1.4 万亿美元的总支出中,联邦政府提供各种承包合同就花费了 2100 多亿美元。[②] 据美国行政管理和预算办公室统计,1992 年美国政府花费 2100 亿美元购买的承包商按合同生产的公共产品,几乎占了联邦开支的 1/6,其中国防部是最大的支出者,联邦政府所有采购合同中有 3/4 属于国防部,其通过合同支出的资金占其总支出的大约 2/3,而环保署、宇航局几乎所有工作也都由承包商来完成。[③] 1997 年美国通过了《采购规则》,以法律形式确立基于绩效的购买服务合同定位。1997 年的数据显示,州政府机构也在推行公共服务的合同外包,其中运输、行政事务、一般服务、教养感化和社会服务等是民营化最普通的项目领域。就 461 家州政府机构(代表全部 50 个州)而言,平均每个机构有 7.5 项服务实施了民营化,其中合同外包的形式占 80%。[④] 按照萨瓦斯的统计,美国至少有 200 种服务是由承包商向政府提供的,内容涉及教育、医疗、环境卫

---

① 〔美〕E. S. 萨瓦斯:《民营化与公私部门的伙伴关系》,中国人民大学出版社 2002 年版,第 74 页。

② General Services Administration, Federal Procurement Data System: Federal Procurement Report, Fisca Year 1991 Through Fourth Quarter, 1992, p. 2.

③ 张颖:《美国公共产品供给演进轨迹研究》,博士学位论文,辽宁大学,2008 年。

④ 〔美〕E. S. 萨瓦斯:《民营化与公私部门的伙伴关系》,中国人民大学出版社 2002 年版,第 76—77 页。

生、公共安全、福利管理等各个方面。①

　　大量发达的社会组织的存在，是美国政府购买公共服务的组织保障。作为一个市场化程度最高的西方国家之一，美国政府官员倾向于相信非营利组织会将客户的福利放在第一位，而且它们也能够回应当地居民的各种需求，非营利组织的成本也常常低于其他服务供应商的成本，因为它们会大量使用志愿者提供服务。② 美国向社会组织购买公共服务的方式主要有财政直接补贴、合同付费、课税扣除及纳税减免等。其中，税收减免在美国政府购买公共服务中得到了广泛运用，尤其是为那些有支付困难的低收入群体提供公共服务。如儿童保育税收抵免优惠就规定，需要儿童保育的家庭可以通过个人纳税抵免儿童保育的花销。在美国的购买政策鼓励下，美国社会组织的数量十分庞大，以至于萨拉蒙都感叹：“美国有太多的社会组织在提供社会服务，除了对打了多年交道的组织有些了解，政府根本没有必要判定哪些机构是良好的提供者。”③ 20 世纪 60年代之后，美国政府对社会组织的资助逐渐增加，由各级政府提供的补贴和合同也在增加。联邦政府发向州政府的社会服务补贴不仅鼓励许多州政府扩大从非营利组织那里购买服务，还鼓励它们使用承包商。因为州政府和地方政府在使用承包商提供社会服务时每花费一块钱，联邦政府就会向当地福利机构划拨三块钱补助。实践证明，这种搭配方式的诱惑力是不可阻挡的。④ 除了政府的资助之外，非营利组织还会经常从其他渠道募集资金，而且政府官员们也相信它们能够通过各种渠道的补贴平衡额外的开支。大多数的公共机构对其承包商的表现感到满意。全国就业政策委员会 1989 年的调查表明，地方官员中 72% 认为承包出去的服务质量“很好”，10% 认为“稍好”，13% 认为“稍不令人满意”，只有 5%认为“很不满意”。同样的研究认为，签订合同为地方政府节省了 15% 至

---

　　① ［美］E. S. 萨瓦斯：《民营化与公私部门的伙伴关系》，中国人民大学出版社 2002 年版，第 75 页。

　　② ［美］戴维·奥斯本、特德·盖布勒：《改革政府：企业精神如何改革着公营部门》，上海译文出版社 1996 年版，第 67—68 页。

　　③ 参见王浦劬、［美］莱斯特·M. 萨拉蒙等《政府向社会组织购买公共服务研究——中国与全球经验分析》，北京大学出版社 2010 年版，第 286—293 页。

　　④ Donald Fisk，Herbert Kiesling，and Thomas Muller，*Private Provision of Public Service：An Overview*，Washington：Urban Institute Press，1978，p. 53.

30%的资金。

为了提高政府外包的绩效，提高政府的监管效率，从 20 世纪 90 年代开始，随着新公共管理理论的推行，政府绩效管理的重点开始从注重程序到注重结果改变。1993 年《政府绩效与结果法案》出台后，美国政府的外包也逐渐由原来的"设计型外包"转变为"绩效型外包"。所谓"设计型外包"，是指那些力图通过规制服务提供者的行为来保证服务绩效的合同方式。在这种合同方式中，政府对社会组织给付的费用是基于社会组织的投入以及提供服务的过程来计算的，它更强调对过程的监管。也正是过分强调对过程的监管，使得这种合同形式很容易造成政府和社会组织之间的紧张关系，政府部门制定的规章制度制约着服务提供过程中社会组织的行为，社会组织发挥自由的空间极其有限。这不仅加重了政府的监管成本，因为政府必须全过程地进行监管，同时也束缚了社会组织的手脚，因为在具体的服务提供过程中，社会组织没有自由处置的空间，必须严格按照政府制定的烦琐的规章制度行事。而所谓"绩效型外包"，则是一种以结果为主的绩效监管方式，政府更强调结果的重要性，让社会组织更加灵活地在服务过程中发挥其专业优势，同时，政府给付的方式也是基于最终的结果。社会组织在取得服务过程灵活性权利的同时，对外包的最终结果负有高度责任。1993 年的联邦《政府绩效与结果法案》和 1997 年的《采购规则》，均强调要采用这种绩效型外包的方式。联邦政府提出，希望到 2005 年，这种基于绩效的外包形式会应用到 50%的外包服务之中。联邦的这种改变同时也反映在州及地方政府的外包服务中。应该说这种绩效型外包不仅改善了公共服务的最终绩效，也极大地促进了社会组织的发展。根据约翰·霍普金斯项目公布的数据，在其所研究的年份中，美国社会组织收入有 57%来自服务收费，31%来自政府，13%来自个人捐赠。① 另据格荣波杰戈的研究，在 1960—1995 年间，美国在社会福利领域的政府开支翻了两番还多，主要是花在了医疗服务上。因此，美国政府对这些领域社会组织的支出也有了大幅度的增长，增长了 513%，因为政府的大部分服务都被

---

① 转引自王浦劬、[英] 郝秋笛（Jude Howell）等《政府向社会力量购买公共服务发展研究：基于中英经验的分析》，北京大学出版社 2016 年版，第 291 页。

外包给了社会组织。①

　　当然，美国的政府购买服务中也存在一些问题，比较突出的有两个：一是供应商短缺或者竞争不充分的问题。尽管美国有发达的市场和大量社会组织的存在，但由于政府购买公共服务的特殊性，比如有些服务除政府之外几乎没有购买者，所以，在美国依然存在某些公共服务购买中供应商短缺和竞争不充分的问题。针对马萨诸塞州精神健康服务承包所进行的一项调查发现，由州政府精神健康部门发出的每一份投标建议书，平均收到的回复只有 1.7 个。而在 2/3 的"竞争性"投标合同中，只有一个商家做出回应，另外 15% 的合同也只有两个商家做出回应。针对亚利桑那州精神健康承包过程所进行的研究也发现类似的情况，承包商竞争的水平相当低，以至于该项研究的学者们将该系统描述成了"供应商主导的系统"。在北卡罗来纳州，42% 的县政府官员都遇到了严重的"供应商短缺"问题。在密歇根州，由于社会服务项目的承包商数量很少，"官员们往往被迫将承包合同签给唯一可用的供应商，尽管他们并不总是能符合政府的工作要求"②。二是监管困难的问题，比如威斯康星州某个县政府，仅仅 11 名工作人员却必须监督 143 个承包商，而这些承包商又负责管理着 360 个不同的合同，合同金额高达 6 千万美元，约占县政府社会服务预算的 2/3。在诸如此类的情况下，政府员工处理完公文之后基本就剩不下什么时间来处理其他的事情。所以，跟踪承包商花费公共资金的过程和方式已然是不太可能的事情，更不用说让他们去评估承包商费用的支出效力。在这种情况下，监督往往成了承包商的自我汇报。事实上，如果州政府和地方政府在社会服务承包问题上有什么一致意见的话，那就是监督真是名存实亡。③"实际上大部分机构都不了解它们的成本到底是多少，其他人也认为不值得了解的那么细"，这就是公共管理专家约翰·雷弗斯观察的结果。根据一份报告，在亚利桑那州州政府的卫生服务部门根本就没有打算监控当地供应商的绩效。卫生服务部门认为，它

———————

　　①　王浦劬、〔英〕郝秋笛（Jude Howell）等：《政府向社会力量购买公共服务发展研究：基于中英经验的分析》，北京大学出版社 2016 年版，第 293—294 页。

　　②　〔美〕唐纳德·凯特尔：《权力共享：公共治理与私人市场》，北京大学出版社 2009 年版，第 138—139 页。

　　③　同上书，第 140—141 页。

们根本就不具备从事绩效评估的行政能力。马萨诸塞州甚至为根本没有提供过服务的承包商支付服务费用，这一点一直让州政府感到尴尬。① 美国联邦预算与管理办公室在 1992 年针对联邦机构的合同审计问题进行研究之后认为，政府监督管理工作长期以来根本就没有到位。②

四　政府购买公共服务的中国探索

（一）中国政府购买公共服务的探索历程

中国政府向社会组织购买公共服务的探索大致经历了以下三个阶段。

1. 起步阶段（1994—2002 年）

我国政府购买公共服务的探索首先出现在地方政府。20 世纪 90 年代，上海、深圳等一些发达地区已经率先开始了政府向社会组织购买公共服务的探索和尝试。1994 年，深圳罗湖区在环境卫生领域开始向社会组织购买公共服务，这是我国政府向社会组织购买公共服务的最早探索。1996 年，上海市浦东新区社会发展局开始向民办非企业单位罗山会馆购买服务，再次开创了我国政府购买社会组织服务的先例。早在 1995 年，上海浦东新区就开始探索政府购买新型公共服务的提供模式。由于当时的浦东新区社会发展局决定，要把一个新建小区的公建配套设施改建成为综合性的市民社区活动中心，需要找一个委托对象来管理。经过协商，他们选择了上海基督教青年会。其中，活动中心的会馆建设采取社会发展局提供土地和房屋，并承担改建的土建费用，上海浦东新区社会发展基金会运用社会捐款投资会馆的主要设施，基督教青年会承担会馆管理的共建方式，三方还达成了"共建协议"。运用这一方式建立起的上海浦东新区罗山市民会馆即"罗山会馆"，是早期中国政府向非营利组织购买公共服务比较成功的案例。2000 年以来，各地政府在公共交通、居家养老、医疗卫生、社工服务、公交服务、行业性服务等多个领域开展了购

---

① 转引自［美］唐纳德·凯特尔《权力共享：公共治理与私人市场》，北京大学出版社 2009 年版，第 141 页。

② Office of Management and Budget, Intergency Task Force Report on the Federal Contract Audit Procss, December 3, 1992.

买服务工作，政府向社会组织购买公共服务的新机制在我国得到更大范围的尝试。

2. 全面探索阶段（2003—2011 年）

2003 年，随着《政府采购法》的实施，政府购买公共服务也在全国主要城市迅速开始了试点工作。在《政府采购法》试点的开始阶段，政府采购更多是物品类采购，公共服务类采购的比例很低。这一时期我国政府购买公共服务的探索首先是从医疗领域开始的。1992 年我国提出"中国特色的社会主义市场经济体制"概念初期，由于我们对市场经济体制的内涵理解并不真正到位，致使在许多基本公共服务领域也进行了市场化改革，包括公众最为关注的医疗体制和教育体制的改革也迈向了市场化的轨道。2003 年之后，市场化导向改革的负面影响已经显现出来，公众普遍存在着"看不起病、上不起学"的抱怨，甚至在某些领域出现了大面积的腐败问题。以医疗卫生领域的改革为例，有人评价 1992—2003 年医改的结果就是"医疗回扣、腐败窝案"普遍存在。媒体曝出的福建漳州医疗腐败案，内幕惊人，但一定程度上它就是当时我国医疗领域的一个缩影。在漳州案例中，市直区县 73 家医院涉嫌医疗腐败，其中 22 家二级以上的医院无一幸免，全部涉案。案件背后涉及的是医疗购销的体制性问题，"以药养医"被众多媒体解读为造成药价虚高的根本原因而备受诟病。造成这种局面的一个根本性原因，就是医疗的过度市场化，即医疗卫生的投入主要依靠医院的创利性收入。医院的发展，不是医就是药，就两条路，政府给的钱有限，医院可能就把它盯在药品上。① 面对政府财政不能满足基本的医疗卫生服务的现状，2002 年卫生部等开始探索，在社区预防保健等公共卫生服务方面采取政府购买公共服务的方式，这也是中央层面较早进行政府购买公共服务的探索。2006 年财政部出台了《关于开展政府购买社区公共卫生服务试点工作的指导意见》，首次在国家层面上直接对政府购买公共服务工作进行指导，也是中央政府就某一领域政府购买服务较早的、详细的规范性文件。之后，政府采购的范围迅速扩展至其他公共服务类，中央也明确要求在养老等更多公共服务领域开始探索和实施政府购买模式。

---

① 参见《漳州医疗腐败，何以全线失守?》，《领导决策信息》2013 年第 29 期。

另一个较早采用政府购买公共服务模式的领域是养老服务。2008年国家颁发《关于全面推进居家养老服务工作的意见》，其中明确指出，居家养老是涉及全社会的工作，政府要提供资金支持，并积极动员社会各方面力量，依托社区解决我国养老困难问题，提高老年人生活质量。2010年2月4日，温家宝总理在省部级主要领导干部专题研讨班上的讲话中明确指出，由政府保障的基本公共服务也要深化改革、提高绩效。在服务提供上，应该更多地利用社会资源，建立购买服务的机制。要逐步做到凡适合面向市场购买的基本公共服务，都采取购买服务的方式；不适合或不具备条件购买服务的，再由政府直接提供。党的十七届五中全会提出："十二五"时期我国要"改革基本公共服务提供方式，引入竞争机制，扩大购买服务，实现提供主体和提供方式多元化"。2011年6月，国务院将"强化政府提供基本公共服务的责任，明确基本公共服务的范围、标准及各级政府的事权和支出责任，建立评价指标体系。改革基本公共服务提供方式，扩大政府购买服务范围，推动提供主体和提供方式多样化"纳入2011年深化经济体制改革20项重点工作，进一步加快了政府购买基本公共服务的进程。2011年9月《中国老龄事业发展"十二五"规划》指出，要"重点发展建设居家养老服务信息系统，做好居家养老服务信息平台试点工作，并逐步扩大试点范围"。2011年中共中央、国务院在《分类推进事业单位改革的指导意见》中强调推进事业单位改革，形成提供主体多元化、提供方式多样化的公益服务新格局。

与此同时，一些地方政府基于地方实践和需求也开始在公共服务方面尝试采用政府购买的方式。2005年无锡市就出台《关于政府购买公共服务的指导意见（试行）》，这也是首部指导政府购买公共服务的地方性政策。2006年北京市海淀区出台的《关于政府购买公共服务指导意见（试行）》，界定了政府购买公共服务的内涵、指导原则、购买价格的确定、购买的总体流程、部门职责和监督考核等内容。2008年上海静安区民政局、财政局共同下发《关于静安区社会组织承接政府购买（新增）公共服务项目资质的规定》，对该区社会组织承接项目的资质条件作了明文规定，对购买服务的流程、评估和标准等作了明确规范。2010年1月18日，北京市民政局发布《北京市民政局关于开展社会组织服务民生行动的通知》，对购买过程进行了系统的流程设计，对购买过程各环节的内容和参与者进行了详细规定。但从总体上看，这一时期政府购买公共服务缺乏明确的、整体性的规划和部署，政府购买公共服务的范围主要集中在养老和医疗卫生领域，在其他领域的探索还不够深入。

3. 整体推进阶段（2012 年至今）

2012 年 11 月 8 日，中国共产党第十八次全国代表大会在北京召开，会后发布的报告明确指出要"改进政府提供公共服务方式，加强基层社会管理和服务体系建设，增强城乡社区服务功能，强化企事业单位、人民团体在社会管理和服务中的职责，引导社会组织健康有序发展，充分发挥群众参与社会管理的基础作用"。这一纲领性报告为我国整体推进新的公共服务供给方式提出了明确要求。之后，关于政府购买公共服务的一系列工作将政府购买公共服务的探索推向了一个高潮。同时，各地政府购买公共服务的实践也全面展开。

2012 年 11 月 14 日民政部、财政部联合发布《关于政府购买社会工作服务的指导意见》（以下简称《指导意见》），明确提出"政府购买社会工作服务，是政府利用财政资金，采取市场化、契约化方式，面向具有专业资质的社会组织和企事业单位购买社会工作服务的一项重要制度安排"。全面阐释了政府购买公共服务的现实意义，认为"建立健全政府购买社会工作服务制度，深入推进政府购买社会工作服务，是加强社会工作专业人才队伍建设、促进民办社会工作服务机构发展的内在要求；是创新公共财政投入方式、拓宽公共财政支出范围、提高公共财政投入效益的重要举措；是改进现代社会管理服务方式、丰富现代社会管理服务主体、完善现代社会管理服务体系的客观需要；对于加快政府职能转变、建设服务型政府、有效满足人民群众不断增长的个性化、多样化社会服务需求，具有十分重要的意义"。《指导意见》初步阐释了政府购买服务的主体、对象、范围、程序以及如何进行监督管理等相关内容。

2013 年 7 月 31 日，国务院常务会议做出积极推进政府购买公共服务的决定，要求把适合市场化方式提供的公共服务事项交由具备条件、信誉良好的社会组织、机构和企业等承担。决定要求：一是各地要在准确把握公众需求的基础上，制定政府购买服务指导性目录，明确政府购买服务的种类、性质和内容，并试点推广；二是政府可通过委托、承包、采购等方式购买公共服务，按照公开、公平、公正原则，严格程序，竞争择优，确定承接主体，并严禁转包；三是严格政府购买服务资金管理，在既有预算中统筹安排，以事定费，规范透明，强化审计，把有限的资金用到群众最需要的地方，用到刀刃上；四是建立严格的监督评价机制，全面公开购买服务的信息，建立由购买主体、服务对象及第三方组成的评审机制，评价结果向社会公布；五是对购买服务项目进行动态调整，对承接主体实行优胜劣汰，使群众享受到丰富优质高效的公共服务。

2013年9月26日，国务院办公厅发布《关于政府向社会力量购买服务的指导意见》（以下简称《意见》），这是迄今为止我国关于政府向社会力量购买公共服务最全面最详细的一份纲领性文件。这份文件的出台也将我国政府购买公共服务的探索推向了新的高潮。《意见》对政府购买公共服务的意义、坚持的原则、购买主体的资格以及购买领域等都进行了较为详细的规范。《意见》提出，"推行政府向社会力量购买服务是创新公共服务提供方式、加快服务业发展、引导有效需求的重要途径，对于深化社会领域改革，推动政府职能转变，整合利用社会资源，增强公众参与意识，激发经济社会活力，增加公共服务供给，提高公共服务水平和效率，都具有重要意义"。《意见》还提出，要"按照公开、公平、公正原则，坚持费随事转，通过竞争择优的方式选择承接政府购买服务的社会力量，确保具备条件的社会力量平等参与竞争。加强监督检查和科学评估，建立优胜劣汰的动态调整机制"；"坚持与事业单位改革相衔接，推进政事分开、政社分开，放开市场准入，释放改革红利，凡社会能办好的，尽可能交给社会力量承担，有效解决一些领域公共服务产品短缺、质量和效率不高等问题"；"及时总结改革实践经验，借鉴国外有益成果，积极推动政府向社会力量购买服务的健康发展，加快形成公共服务提供新机制"。争取"十二五"时期，政府向社会力量购买服务工作在各地逐步推开，统一有效的购买服务平台和机制初步形成，相关制度法规建设取得明显进展。到2020年，在全国基本建立比较完善的政府向社会力量购买服务制度，形成与经济社会发展相适应、高效合理的公共服务资源配置体系和供给体系，公共服务水平和质量显著提高。《意见》明确，政府向社会力量购买服务的主体是各级行政机关和参照公务员法管理、具有行政管理职能的事业单位。纳入行政编制管理且经费由财政负担的群团组织，也可根据实际需要，通过购买服务方式提供公共服务。

承接政府购买服务的主体包括依法在民政部门登记成立或经国务院批准免予登记的社会组织，以及依法在工商管理或行业主管部门登记成立的企业、机构等社会力量。承接政府购买服务的主体应具有独立承担民事责任的能力，具备提供服务所必需的设施、人员和专业技术能力，具有健全的内部治理结构、财务会计和资产管理制度，具有良好的社会和商业信誉，具有依法缴纳税收和社会保险的良好记录，并符合登记管理部门依法认定的其他条件。政府向社会力量购买服务的内容为适合采取市场化方式提供、社会力量能够承担的公共服务，突出公共性和公益性。教育、就业、社保、医疗卫生、住房保障、文化体育及残疾人服务等基本公共服务领域，要逐步加大政府向社会力量购买服务的力度。非基本公共服务领域，要更多更好地发挥社会力量的作用，凡适合社会力量承担的，都可以通过委托、承包、采购等方式交给社会力量承担。对应当由政府直接提供、不适合社会力量承担的公共服务，以及不属于政府职责范围的服务项目，政府不得向社会力量购买。

2013 年 11 月党的十八届三中全会召开，会议再次明确提出要"推广政府购买服务，凡属事务性管理服务，原则上都要引入竞争机制，通过合同、委托等方式向社会购买"，"建立健全社会组织参与社会事务、维护公共利益、救助困难群众、帮教特殊人群、预防违法犯罪的机制和制度化渠道。支持行业协会商会类社会组织发挥行业自律和专业服务功能"。在这一会议精神指导下，各相关部门密集出台了一系列具体的制度性安排。2014 年 1 月财政部发布了《关于政府购买服务有关预算管理问题的通知》，对购买服务的所需财政预算进行了相应规定。4 月又发布了《关于推进和完善服务项目政府采购有关问题的通知》，将政府采购的服务项目明确划分为三类："第一类为保障政府部门自身正常运转需要向社会购买的服务。第二类为政府部门为履行宏观调控、市场监管等职能需要向社会购买的服务。第三类为增加国民福利、受益对象特定，政府向社会公众提供的公共服务。"12 月财政部会同民政部和工商总局印发了《政府购买服务管理办法（暂行）》的通知，要求自 2015 年 1 月 1 日开始执行。该办法指出，"所称政府购买服务，是指通过发挥市场机制作用，把政府直接提供的一部分公共服务事项以及政府履职所需服务事项，按照一定的方式和程序，交由具备条件的社会力量和事业单位承担，并由政府根据合同约定向其支付费用"。该办法对政府购买应遵循的原则、购买主体和承接主体、购买内容及指导目录、购买方式及程序、预算及财务管理、绩效和监督管理等都进行了明确规定,成了我国政府购买公共服务的一个操作性指南。2015年3月,《政府采购法实施条例》开始施行。该条例将《政府采购法》中的"服务"进一步明确为"包括政府自身需要的服务和政府向社会公众提供的公共服务"。

2017年5月,财政部印发《财政部关于坚决制止地方以政府购买服务名义违法违规融资的通知》,针对一些地区以政府购买公共服务名义变相举债融资、违规操作购买范围、越权延长服务期限等行为以法律形式做出规范性禁止,严禁以政府购买公共服务名义违法违规举债。9月民政部、中央编办、财政部、人力资源和社会保障部联合发布《关于积极推行政府购买服务　加强基层社会救助经办服务能力的意见》,要求在社会救助领域积极推行政府购买服务,提出"十三五"时期要全面推进政府向社会力量购买社会救助服务工作的展开,进一步健全相关政策机制,增强基层社会救助经办服务能力,提升困难群众对社会救助服务的满意度。10月9日团中央社会联络部也发布《关于做好政府购买青少年社会工作服务的意见》,提出"力争到2025年,基本建立比较完善的政府购买青少年社会工作服务制度,促进形成与经济社会发展相适应、与青少年社会服务需求相符合的青少年社会工作服务资源配置和供给机制",根据《中长期青年发展规划(2016—2025年)》,购买内容主要包括青少年思想引导、身心健康、婚恋交友、就业创业、社会融入与社会参与、合法权益维护和社会保障、违法犯罪预防等服务。政府购买公共服务的实践开始在卫生与医疗、养老以及青少年社会工作等各个领域遍地开花。这一系列文件和政策的出台标志着政府购买服务的探索进入了全面规范时期,并由前期以地方探索为主上升为国家政策。

在中央政府的大力推动下,地方政府也做出了积极探索和回应,全国有数十个地方出台了有关政府购买公共服务的政策性文件,并相继出台了指导性文件及购买服务目录,其中最活跃的地区为江苏无锡、北京海淀区、上海浦东新区、浙江宁波、四川成都,以及广东的佛山、深圳和中山等。公共服务的外包模式也广泛应用于园林绿化、环境卫生、垃圾清运、动物防疫、居家养老、环卫清洁、公共交通、残疾人扶助等众多公共服务领域。

（二）中国政府购买公共服务的模式①

依据社会组织购买公共服务时是否独立于政府部门，可以把购买服务分为独立性购买与依赖性购买两种模式；依据购买的程序是否具有竞争性，又可以将购买模式分为竞争性购买和非竞争性购买。由于在现实生活中，缺乏依赖性竞争购买的实践，因此我们通常将政府购买公共服务的模式分为依赖性非竞争购买、独立性非竞争购买和独立性竞争购买三类。

1. 依赖性非竞争购买

这是一种竞争最不充分的政府购买模式。首先，依赖性购买意味着政府购买某种公共服务的行为对某一家供应商具有依赖性，或者说只会从这一家供应商手中购买。一般来说，在这种购买模式中承接公共服务的社会组织并不是独立的主体，通常是政府自己之前设立的或因政府购买的需要而专门设立的，与购买主体政府之间基本上是一种"上下级"关系，它们承接政府的某些职能，没有自身独立的组织宗旨。其次，购买过程不规范，缺乏公平、竞争的原则，也没有明确的评估机制。由于此类社会组织本身很可能就是政府为了购买服务而专门成立的，或者本来就是政府自己办的事业单位，所以政府在需要购买公共服务的时候就会将服务合同直接交给这些社会组织，而不是在整个社会范围内进行公开平等的竞争。最后，政府承担公共服务供给的所有责任，社会组织只是其意志的执行者，没有独立承担供给责任的权力和能力。政府对此类社会组织的管理类似于政府对其下级的管理，双方之间的关系更像是行政层级中的上下级关系。这种购买模式中不存在真正的竞争，而竞争才是我们采用政府购买模式的最大动力；而且这种模式中，购买者与承接者之间也没有构成平等的契约关系，存在着政事混淆的问题，难以发挥服务购买的优势。由于决策、监管等关系界限模糊，不可避免地出现财政资金规避监管和变相行政扩张的潜在危险。说到底，这种模式只是变

---

① 参见王名、乐园《中国民间组织参与公共服务购买的模式分析》，《中共浙江省委党校学报》2008 年第 4 期。

原来的政府自己直接生产，为隶属于政府自己或者即便脱钩也有着千丝万缕联系的社会组织来生产，因此它表面上是一种市场化的购买模式，实际上却是一种形式上的市场化，或者说只是传统政府垄断性供给的一种变体，并没有实现提供者与生产者的真正分离。在我国社会组织还不发达、事业单位改革还没有真正到位、政府与其他社会组织的信任关系还没有建立起来的今天，这种模式依然还大量存在。比如，昆明市盘龙区居家养老服务中心的服务就是这种模式。该中心是政府兴办的社区居家养老服务机构，是全省首家也是唯一一家由昆明市劳动和社会保障局授权的"昆明盘龙区老年护理培训站"，是妇工、社工和义工（即巾帼志愿者）相结合的居家养老服务模式。随着我国社会组织的发展，尤其是事业单位改革的进一步到位，还是要尽量减少这种模式的出现。

2. 独立性非竞争购买

这种模式中，承接服务的主体是独立于购买主体政府之外的社会组织，但是购买过程缺乏公开、竞争的程序，由购买主体政府直接指定一个社会组织来承接公共服务。一般来说，政府部门通常偏向于选择有良好社会声誉的社会组织，从而降低购买的风险。这一模式的特点是：首先，与政府开展合作的是具有独立法人主体地位的社会组织，它们在政府购买行为发生之前就已经存在，只是因为政府的购买行为而与政府部门之间发生合作关系，并不完全依赖于政府购买的资金而存在；其次，社会组织在提供公共服务过程中独立承担生产责任，政府只承担提供者和监管者的职责，双方有明晰的权责划分，真正实现了提供与生产的分离；再次，在购买过程中虽然没有公开的竞争和招标等竞争性程序，但一般来说还是存在着一个潜在的竞争性市场的，也就是说选择合作者的主动权仍旧在政府一方，如果政府对合作者提供的服务不满意，是可以更换新的合作者的；最后，政府所依赖的社会组织一般来说在本行业都具有较高的社会声誉和专业优势，以及高效的管理模式，也正是这些优势才最终导致了政府对其的信任和依赖。这种独立性非竞争模式由于把其他社会组织排除在外，使其他社会组织失去公平竞争的机会，所以对其他社会组织的发展而言是不公平的。但相比于依赖性非竞争购买模式，独立性非竞争购买模式还是更符合市场化购买的特征，也更接近政府购买公共服务的初衷，毕竟服务的承接主体是脱离于政府的独立性组织。

南京市鼓楼区政府向"心贴心老年人服务中心"购买的居家养老服务就是这种模式。在区政府政策的指导和资金的扶持之下，委托"心贴心老年人服务中心"承接鼓楼区居家养老服务项目。服务中心通过吸纳专业社会组织和人员，建立了居家养老服务网络，实现了老年人福利事业项目委托的新模式。南京市鼓楼区"心贴心老年人服务中心"的前身是1998年批准成立的南京市第一家民办养老院，它的创办者是具有较大社会影响力的下岗再就业工人。江苏省老年学会领导和专家十分关心服务中心的发展，并协助服务中心制定了"居家养老服务网络组建计划书"。这个计划与民政局、老龄委援助独居、高龄困难老人的项目不谋而合，双方很快达成了共同合作意向。南京市鼓楼区政府的这种养老服务模式，被《人民日报》称为是适合我国国情的老年人居家养老新模式；2009年6月《老年周报》更称它为中国式城市养老的"鼓楼样本"。

3. 独立性竞争购买

这是完全市场化的一种购买模式，是一种竞争最为充分的政府购买服务模式，也更符合政府购买公共服务的初衷，即借助市场的竞争选择最有实力的社会组织为公众提供公共服务。在这种购买模式中，购买者政府与服务承接者之间是完全独立的关系，二者之间不存在资源、人事等方面的依赖。政府在选择服务承接者时采用的也是公开竞争的方式，在参与竞争的社会组织之间挑选自己最满意的合作者，以实现最小成本最大效益的结果，体现物有所值原则。这一模式的特征是：首先，参与公共服务供给的两个主体之间是完全独立的，不存在任何依附关系；其次，承担公共服务生产责任的社会组织是政府通过公开的竞争程序择优选择出来的；再次，政府与社会组织按照购买协议共同承担责任，完全实现了公共服务提供与生产的分离；最后，这种模式的存在需要有一个竞争相对充分的市场的存在，也就是说要有一定数量的独立的有资格承接公共服务的社会组织存在。虽然基于我国政府与社会组织的现状等诸多原因，这种模式在我国政府购买公共服务的行为中只存在个别案例，但这种模式却是我国政府购买公共服务的未来方向。在这种模式中，各类社会组织在一个公开、平等的平台上公平竞争，社会组织通过自己的资质优势和价格优势争取到供给公共服务的机会，并通过与政府的合作，来拓宽自身发展所需要的资金。深圳市西乡街道与鑫梓润物业公司合作提供的社会救助服务基本算是这种独立性竞争模式。西乡原为深圳市的一个镇，2005年改为街道。作为深圳市的西大门和次中心区，西乡地处城乡接合部，社会管理压力巨大。传统的政府垄断性供给公共服务的模式随着城市化进程的推进和社会公共服务需求量的增加，越来越无法适应。同时，作为民政部选定的全国社会组织"改革创新综合观察点"，深圳市社会组织的发展迅猛，年均增长近15%，其中仅2007年，就增加了591家，增长速度达到24.3%。截至2008年10月，深圳市依法登记注册的社会组织共3239家，其中社团1335家，民办非企业单位1904家。① 也正是深圳社会组织的这种发展，深圳市从2008年开始探索向社会组织购买公共服务的实践。在这样的背景下，西乡街道办开始了向社会组织购买专门性社会救助服务的尝试。当然，西乡街道办的采购并不是直接采购，而是分为两个阶段进行的。第一阶段是西乡街道向物业公司采购公共服务。从2007年开始，西乡街道办向所有具有三级企业及以上资格的物业公司公开招标购买公共服务，范围是从道路养护、垃圾清理到综合执法以及城市管理服务在内的十多项公共服务项目。2007年鑫梓润物业公司中标，2008年有五家公司中标。这是政府的一级采购。第二阶段，政府向中标的物业公司注册成立的社会组织购买公共服务。2008年3月，在政府的支持下，鑫梓润物业管理公司最先注册成立了"深圳市宝安区西乡街道受困人才援助中心"，又称"人生驿站"。之后，其他四家承接政府公共服务的物业也开办了规模不同的"救助中心"，后来这些"救助中心"就成了"人生驿站"的分站。由"人生驿站"专门承担政府委托的社会救助服务，即对因暂时困难流落在西乡街道的外来人才提供援助。其援助对象要符合下列三个条件：一是有社会责任感、有抱负，因暂时困难而流落在西乡街道范围内，目前食宿有困难的人员；二是具有大专及以上学历或初级以上技术职称在西乡求职遇到困难的人员；三是具有一定科研革新成果或创新产品，但暂时困难的创业人员。在这一案例中，虽然第二阶段的购买行为并不是独立性竞争购买模式，但第二阶段社会组织的注册和承接服务合同的获取是建立在第一阶段独立性竞争得到的

---

① 《苏州市将探索建立政府向社会组织购买服务制度》，《深圳特区报》2008年12月11日。

权力基础上的，所以该案例基本算是一种独立性竞争购买模式。

很显然，在上述三种模式中，独立性竞争购买模式的竞争是最充分的，而依赖性非竞争购买的竞争是最不充分的。如果基于我们采用政府购买公共服务的主要目的是在公共服务的供给中引入竞争机制的话，独立竞争性购买应该是我们的首选。在这种模式中，政府可以用招标的方式来选择最合适的服务提供者，以达到最小成本和最大收益的效果，即体现政府购买物有所值的原则。这种模式最符合政府购买的制度规定和目标，也能最大限度地保障公共服务的提供。该模式也应该是我们重点推广的模式，是未来政府购买公共服务发展的主要方向。限于我国社会组织的当前发展程度和规模，这种模式在我国的政府购买实践中还并不常见，依赖性非竞争购买依然是大多数政府购买的常态。不过，目前的常态并不意味着我们就可以习以为常，尤其是随着我国事业单位的改革中越来越多的事业单位剥离原来的行政部门，成为独立的社会组织，就会为这种独立性竞争购买提供更大的可能性，独立性竞争购买模式也会得到越来越广泛的运用。

（三）中国政府购买公共服务实践中存在的问题

由于我国政府购买公共服务的探索基本上是 20 世纪 90 年代之后才开始的，起步较晚，实践中不可避免地存在着这样那样的问题。归纳起来，主要有：

1. 法律法规不完善

我国至今没有一部专门的政府购买公共服务的法律，只有一部 2002 年颁布实施的《中华人民共和国政府采购法》。《政府采购法》颁布之初，我国政府购买公共服务的探索基本还处于起步阶段，所以该法规定"政府采购，是指各级国家机关、事业单位和团体组织，使用财政性资金采购依法制定的集中采购目录以内的或者采购限额标准以上的货物、工程和服务的行为"。这一规定虽然将"服务"纳入了采购的范围，但并没有对"服务"的内容进行详细的解读，只笼统地界定为"除货物和工程以外的其他政府采购对象"，而且实践中也往往更关注于货物等办公用品的采购，公共服务购买的比例极小。随着党的十八大后中央对政府购买公共服务的大力倡导和推广，2015 年又颁布了《中华人民共和国政府采购法实施条例》，条例明确"《政府采购法》第二条所称服务，包括政府自身需要的服务和政府向社会公众提供的公共服务"。但是，该实施条例仍没有对此进行更进一步的解读，没有对政府购买服务的购买主体、购买对象、购买程序和标准、第三方监督等进行详细的规定。所以说，真正指导我国政府购买公共服务实践的还是层级较低的政府文件和通知，导致在政府购买服务的许多环节都出现了不规范的问题。比如：政府购买公共服务的资金预算不公开，透明度不高；政府购买公共服务缺乏规范的程序，公开竞争未成为一般原则，更多呈现为依赖性非竞争模式等。

2. 政府购买范围不明确

由于没有一个统一的规范性法律为政府购买提供清晰的界限，现实中就出现了对政府购买范围的模糊性认识。哪些需要通过购买方式来提供，哪些不能采用购买而必须由政府自身来提供，政府没有一个清晰的认知。一方面，应该纳入政府购买范围的公共服务没有纳入。结合全国政府采购总体数据及地方政府采购数据来看，我国目前的政府采购还是以货物类和工程类项目采购为主，这类采购的规模多年来保持了相对稳定的增长速度，而公共服务类采购的规模增长速度相对缓慢。而且纳入集中采购目录范围的公共服务非常有限。目前我国服务类采购主要集中在政府机关的公务消费上，主要包括会议、接待、培训，公务用车维修、加油、保险，会计师事务所等。有些领域还未涉及，如专业服务、技术服务、信息服务、课题研究等新型领域。① 实践中，公共服务类购买范围也十分有限，少量的探索基本局限在养老、文化、公共卫生等公众需求量大，而政府又无力满足的领域，这无疑限制了政府购买公共服务模式的发展。事实上，公共服务购买的领域非常广泛，涉及教育、公共卫生、社区服务、文化、科技、就业促进、弱势群体福利、保障性住宅、城市规划、环境、政策咨询及各种社会问题的解决等很多方面。这在国外许多国家的实践中都已经得到证明。另一方面，那些不该采用政府购买的非公共服务类项目，却打着政府购买的旗号，使用着财政资金。2017年5月28日，财政部专门发文《关于坚决制止地方以政府购买服务名义违法

---

① 宋景良：《公共服务类项目政府采购及评标方法分析》，《中国政府采购》2007年第2期。

违规融资的通知》，要求严格按照《中华人民共和国政府采购法》确定的服务范围实施政府购买服务，不得将原材料、燃料、设备、产品等货物，以及建筑物和构筑物的新建、改建、扩建及其相关的装修、拆除、修缮等建设工程作为政府购买服务项目。严禁将铁路、公路、机场、通信、水电煤气，以及教育、科技、医疗卫生、文化、体育等领域的基础设施建设，储备土地前期开发，农田水利等建设工程作为政府购买服务项目。严禁将建设工程与服务打包作为政府购买服务项目。严禁将金融机构、融资租赁公司等非金融机构提供的融资行为纳入政府购买服务范围。政府建设工程项目确需使用财政资金，应当依照《中华人民共和国政府采购法》及其实施条例和《中华人民共和国招标投标法》规范实施。由此文件的颁布说明，我们对到底哪些公共服务应该采用政府购买的模式，哪些不应该采用政府购买的模式，还是没有相对清晰的界定。这里给出的只是一个相对有限的负面清单，并不意味着除此之外的所有公共服务都可以采用政府购买的模式，到底哪些公共服务可以使用政府购买模式依然不明确。

3. 政府强势地位明显

由于我国政府的角色沿袭于计划经济时代的大政府模式，以及我们传统文化中对政府权威的推崇，所以相对于社会组织而言，政府一直处于强势地位。无论是政府购买公共服务的具体形式和内容，还是对社会组织承接公共服务过程的监管，政府都表现出非常明显的强势，甚至由政府单方面决定，体现政府单方面意志，各类社会组织无法平等地参与其中。主要表现是：

第一，政府购买公共服务的模式以依赖性非竞争购买为主，一些独立于政府的民间社会组织没有参与竞争的机会。承担政府购买服务的社会组织很多都是在接到政府的特定购买任务以后才专门成立的，这些社会组织基本上成了政府部门的延伸，导致购买行为内部化。据国家有关部门对78个国家项目稽查发现，其中真正实行公开招标、投标的只有5%，而95%的项目招标失灵。这种购买模式很容易出现购买事项不明确、责权不清、缺少绩效管理和评估等问题。这样的公共服务购买事实上更多的只是从政府垄断性供给变成了政府自己设立的事业单位垄断供给而已，并不能真正发挥政府购买公共服务的市场优势、人才优势、技术优势和管理优势。

第二，政府购买公共服务的资金投入不足，很多时候政府仅以部分成本强行购买社会组织的服务。这些社会组织之所以在较低的价格下依然愿意承接政府的公共服务，主要是基于现行体制下行政权力对各种资源的控制力度。作为独立的民间社会组织，它们与政府并不是基于市场竞争基础上的平等谈判主体，不少社会组织对政府委托事项甚至抱有"不给钱也做"的心态，其目的就是希望得到政府的"认可"，以在其他方面得到政府的关照。这样的机制显然是基于权利高度不对等、政府权力可分配大量非正式资源的情况下出现的，从长远来看是不可推广也不可延续的。平等谈判、合理估价成本，才是今后服务购买需要推进的方向，也只有这样社会组织才有生存和发展的空间。

第三，政府购买公共服务时往往向社会组织提出附带性条件。在购买服务中，主体独立、责权清晰是非常重要的，也是政府购买公共服务机制有效运行的前提。"在公共服务购买中，只有协议的内容是确定的，接受委托的组织才可以充分自主地开展活动，而不受行政干预。"① 但由于政府与社会组织尤其是其中的民办社会组织之间的地位不对等，现实中常常会出现政府在合同上附带其他行政性要求的情况，这不仅加重了承接公共服务供给的社会组织的运营负担，也会压低社会组织参与公共服务供给的热情。

4. 社会组织承载能力不足

由于我国依然是发展中国家，社会组织的规模相对于发达国家还是相对较小的。发达国家和发展中国家每万人拥有社会组织数一般分别超过50个和10个，如德国120个、法国110个、日本97个、美国52个、阿根廷25个、新加坡14.5个、巴西13个，而中国只有2.4个。其中，中国香港25个、青岛6.5个、上海6.1个、深圳3.5个。② 据1990年的调查数据显示，法国30%以上的儿童护理和55%的居民护理是由非营利

---

① 王名、乐园：《中国民间组织参与公共服务购买的模式分析》，《中共浙江省委党校学报》2008年第4期。

② 岳金柱：《解决制约培育和发展社会组织"瓶颈"对策的思考》，《社团管理研究》2009年第11期。

组织提供的，美国50%以上的医院床位和大学是由非营利组织提供的，意大利40%以上的居民护理设施、瑞典40%以上的新建或翻新的居民房屋是由非营利组织提供的。① 当前我国社会组织存在的主要问题表现在资源不足、缺乏自治、能力不强、管理不善、对政府的依赖性过强、社会信任度不高等方面。这些问题的出现既有先天性的因素，也有后天的不足。先天性因素包括社团的组织属性决定了其缺乏个人利益所在、缺乏提高效率的竞争机制、缺乏显示绩效的有效方式；后天的不足则包括行政干预严重、缺乏有效的社会监督、缺乏社会公信度、缺乏明确的宗旨与使命、管理体制不健全等。王晓征通过实地调研发现，基层社会组织所面临的问题若按照严重程度进行排序依次是：缺资金、缺人才、缺设施、缺少政府政策支持、法律法规不健全、组织内部管理差、缺项目支持、缺少社会支持等。② 这些都制约了我国社会组织的发展，致使其无论是规模，还是承担的任务使命、具有的社会地位、与政府的谈判能力以及提供服务的能力等，都与发达国家相去甚远。社会组织力量的不足也制约了我国政府购买公共服务模式的发展，并直接导致了我国政府购买服务的内部化，即以依赖性非竞争购买为主。

5. 政府购买行为存在泛化倾向

同基础设施领域的狭义 PPP 模式存在着泛化现象一样，政府购买公共服务的行为也存在着泛化现象。具体表现为：一是将本属政府部门自己的工作，交给社会力量去做。这不仅背离了政府购买公共服务模式的初衷，即借助社会组织的力量为公众提供更多更好的公共服务，而不是把政府不愿干但属于政府的职能卸载出去。比如，上述深圳宝安西乡街道所推行的"综合执法管理"外包实践就受到了人们的质疑。其外包的物业公司承包的公共服务中就包含街区治安巡查、协助公共机关治安防控、协助交通部门维护交通秩序等。广州、湖南邵安也相继仿效将治安外包。但很多人认为执法服务显然属于政府的核心职能，追求的是公平、正义，只能由政府提供。再比如，我国城市管理中大量存在的"临时工"

---

① 何增科：《公民社会与第三部门》，社会科学文献出版社 2002 年版，第 257—269 页。

② 参见王晓征《基层政府向社会组织购买公共服务探析——基于豫东地区的实证研究》，《社会主义研究》2013 年第 5 期。

现象,实际上就是一种变相外包。基于公共权力的特殊性,即法无授权不可为,这些临时工是没有执法权的,一旦出事就会出现找不到责任主体的问题,同时也加剧了财政和人事管理等风险。很显然,这既是对政府购买公共服务模式的曲解,也是政府不负责任的一种表现。二是以政府购买服务名义变相举债或融资。2017年财政部专门发布的《关于坚决制止地方以政府购买服务名义违法违规融资的通知》对这些行为已经进行了详细的列举,这里不再赘述。这两种情况都可能导致人们对政府购买公共服务模式的误解,甚至还有人以这些问题为由否认这种模式。这样的态度显然非常不利于政府购买公共服务的理论和实践探索。有学者就指出,"采取'卸载'和包出去了事的简单办法而疏于管理。当出现问题后,又以简单接管的方式回归垄断生产,再次忍受传统模式业已证实的傲慢、低效率、缺乏回应性等弊端。不能成为一个'精明买主'令人担忧,但更可怕的是不能从'精明买主'的角度思考问题,学习并吸取经验教训"①。

6. 服务评价和监督体系缺失

这主要基于三个方面的原因:一是缺乏明确的物有所值评价体系。由于我国政府购买公共服务大都是依赖性非竞争性购买,因此基本上没有一个清晰明确的效率评价体系,或者说政府购买行为是否实现了物有所值原则的评价机制基本上是缺失的。现有的物有所值评价也基本上以定性评价为主,更具说服力的定量评价指标体系还没有设计出来。二是对政府购买的绩效如何没有独立的评价主体。目前我国对社会组织承担公共服务行为的绩效评价,基本上以政府内部的评价为主,而且还是定性评价,不是定量评价,从而呈现出明显的"内部"性。当政府自己评价与自己有千丝万缕联系的社会组织时,这种评价不仅很难客观,也很难对被评价者产生约束力。三是缺乏消费者(公众)参与评价的平台和机制。从理论上说,作为公共服务的消费者,公众应该最有发言权来评价政府购买公共服务的绩效。但由于公众与承接公共服务的社会组织之间存在信息不对称,公众对社会组织提供公共服务情况难以进行有效的

---

① 周志忍语,参见〔美〕康纳德·凯特尔《权力共享:公共治理与私人市场》,北京大学出版社2009年版,序第12页。

监督和评价。公众的参与公共服务购买的渠道也十分有限，公众作为消费者的主体地位没有得到应有的重视。《政府购买服务管理办法（试行）》中明确规定："财政部门应当推动建立由购买主体、服务对象及专业机构组成的综合性评价机制……对购买服务的数量、质量和资金使用绩效进行考核评价。"但在实际操作中，公众还没有参与评价政府购买公共服务行为的平台和机制。在没有明晰的有约束力的评价机制的前提下，社会组织很难有提高服务绩效的动力机制，整个公共服务的成本也就很难得到控制。

7. 缺乏对社会组织的信任

由于我国传统上公共服务以政府提供为主，这种以政府供给为主的模式所产生的公众对政府的依赖，以及政府的自信，都使得无论是政府还是公众普遍缺乏对社会组织的信任。同时，我国目前的社会组织本身也不够发达，其服务力量和质量很难让政府和公众放心，加之我国没有完善的对社会组织资金使用情况的审计和报告制度，所以，无论是政府还是公众，对于公共资金流向非政府部门，由社会组织使用来生产公共服务，都存在着深层忧虑。前几年出现的"郭美美事件"就是一例。这种忧虑一定程度上也阻碍了政府购买公共服务模式的推广和使用。

第 四 章

推进中国公私合作供给公共
服务机制的对策建议

结合国外公私合作机制发达国家的经验，以及我国实践中所存在的问题，本书在这里提出推进我国公私合作供给公共服务机制的十大建议。

一 客观理性认知公私合作供给公共服务机制

我国公私合作供给机制的探索是在地方债务负担日益严重的背景下展开的。为了破解地方财力不足的困境，部分地方政府在对公私合作供给公共服务，尤其是其中的狭义 PPP 模式，表示出极大的热情，但同时也存在将公私合作供给公共服务机制泛化甚至异化的现象。

作为一种新的公共服务供给模式，公私合作机制是通过引入私人治理主体所形成的一个多元主体合作供给公共服务的新形式，也是我们转变政府职能、激发市场活力、真正发挥市场在资源配置中的决定性作用的新探索。其目的是借助多元主体之间的竞争，尤其是参与合作的私人主体之间的竞争，将竞争机制引入，同时发挥公私两类主体的优势，来改进公共服务质量和效率。对此，各级政府官员都必须有清醒而理性的认识。公私合作供给机制绝不仅仅是一种融资方式，私人合作主体的优势也并非只在于资本，更有其在市场竞争大环境下所拥有的技术、专业、管理以及竞争优势等。公私合作供给公共服务机制的使用需要满足三个条件：一是要有公共部门的参与，或者广义的公共财政拨款单位。这同时也意味着合作是基于公共服务项目的合作，而不是营利性的商业项目或简单的物品和工程采购。二是要有私人部门参与公共服务的供给。如果私人主体只是参与一个项目的建设或物品的生产，而没有参与公共服务项目的运营即公共服务的供给，也不构成公私合作供给公共服务机制。这里强调的公私合作是公共服务供给的合作，而不是一次性的工程或物品采购，比如 BT 项目。三是公共服务的提供是以合作的形式供给，而不是完全地交由私人部门。完全交由私人部门是私有化，而不是公私合作供给公共服务。在公私合作供给公共服务机制中，公共服务的最终供给责任还在政府一方。只有满足这三个条件的项目，才是公私合作供给项目。2017 年 11 月，财政部和国资委分别发布了《关于规范政府和社会资本合作（PPP）综合信息平台项目库管理的通知》（即财办金〔2017〕92 号）和《关于加强中央企业 PPP 业务风险管控的通知》（即国资发财管〔2017〕192 号）两份文件，就明确对 PPP 项目进行了规范。这两份被称为"史上最严"的 PPP 规范性文件的出台，被有些媒体解读为标志着 PPP 热潮逐渐退去，PPP 项目由量到质，从重建设到重运营转变，逐渐进入理性发展阶段。细看这两份文件，"92 号文"不仅明确了新项目入库的原则和负面清单，而且明确了已入库项目清退清单，并要求对新项目进行严格把关。对于新项目存在不适宜采用 PPP 模式实施、前期准备工作不到位、未建立按效付费机制三种情形的，不得入库；对于已入库的项目，存在未按规定开展"两个论证"（即物有所值论证和财政承受能力论证）、不宜继续采用 PPP 模式实施、不符合规范运作要求、构成违法违规举债担保、未按规定进行信息公开等五种情况的，应予以清退。"192 号文"从央企管控 PPP 风险的角度出发，重点提出了央企参与 PPP 项目的"六大要求"和"八项禁令"。"六大要求"从战略引领、严格准入条件、控制规模、优化合作、规范会计核算、责任追究六大方面提出了指导；"八项禁令"主要包括：一是严禁开展不具备经济性的项目；二是严禁参与付费来源缺乏保障的项目；三是严禁超规模投资和因 PPP 业务推高资产负债率；四是严禁经营风险高的子企业单独投资 PPP；五是严禁非投资金融类子企业参与仅为项目融资、不参与建设或运营的项目；六是严禁通过引入"明股实债"类股权资金或购买劣后级份额等方式承担本应由其他方承担的风险；七是严禁对外提供担保、承诺收益等；八是严禁瑕疵项目和重大风险项目仓促上马。

对于那些真正的公私合作供给项目，政府也必须给予精细化的管理，不能抱着"一交了之"的态度。不是只要将公共服务的生产责任交给私人合作主体，政府就万事大吉，不管不问了。政府与私人合作主体合作供给公共服务，看似减轻了政府的负担，因为政府退出了公共服务的生产环节，而实际上政府责任并没有因此减轻，相反政府的监管责任还有所增加。在政府与私人合作提供公共服务框架下，政府不仅承担着传统意义上的公共责任，还需要对私人合作主体的业绩和行为负责，因为政府依然承担着公共服务的最终供给责任。所以说，政府必须不断提高公共服务项目合同管理能力，才能鉴别出适合公私合作供给机制的公共服务项目，才能更好地与有竞争力的私人合作主体进行谈判，才能有效地监督私人合作主体，提升公私合作供给公共服务的绩效。

我们再次强调：允许私人合作主体参与公共服务的供给，并不是政府公共服务供给义务的卸载或转移；公私合作供给机制改变的只是政府供给公共服务的方式，并没有改变政府供给公共服务的义务和责任。"因为民营化项目的国家任务属性并未改变，只是程度不等地由私人参与履行罢了"[1]，或者说"在现代宪法国家中，国家对于行政任务之履行恒负有责任，且并不会因执行机构之法律形式而有所不同"[2]。只是私人力量参与公共服务的供给之后，政府尽供给公共服务之责的方式发生了变化。其工作重心由原来公共服务的直接提供，演变为保障公共服务质量与效率，并防止私人提供者损害公共利益的监管。政府在公私合作机制中需担负起私人提供者参与公共服务提供的合法性责任，尤其需要积极促进私人合作主体提供的公共服务符合公益和公共福祉。私人主体参与公共服务提供的内在动力是其逐利本性，公私合作项目对其吸引力的核心也在于能够获得可预期的相对稳定的长期利润。然而"个人利益的过分扩张不仅仅会损害到其它个人利益，还可能有损公共领域所代表的公共利益，公法对此不能袖手旁观、无动于衷。为了保证公共领域不被侵蚀，一方面要防止政府权力对于市民社会自治空间的侵略，另一方面也要防

---

[1] 许宗力：《法与国家权利（二）》，台湾元照出版公司 2007 年版，第 428 页。

[2] 詹镇荣：《民营化法与管制革新》，台湾元照出版公司 2005 年版，第 108 页。

止市民社会对个人利益的追逐无限扩张"①。当公私合作项目中私人合作者基于逐利的本性，罔顾公共服务的公益属性，肆意畸形追求自我利益时，政府就应当坚守公益至上原则，介入私人供给者损害公共利益的经营活动。正如有学者指出的，当私人提供者"无视经营协议、畸形追逐利润，以及其它侵害公共利益情形，国家不得置若罔闻，而应视情况予以监管，甚至予以接管"②。同时，公私合作项目所涉及的范围多为社会保障、教育、医疗、卫生等公共服务领域以及能源、交通运输、水利、环境保护、市政工程等基础设施和公用事业领域，这些领域多牵涉到公众的基本权益，其公益性与公共性更为突出，国家对其承担保障责任尤为必要。况且在现代社会，任何企业都负有社会责任，应承担相应的社会道德评价，当私人供给主体在公共物品供给过程中偏离其应有的社会责任时，政府也应当对其行为进行纠正。

　　我们既要对公私合作供给公共服务机制有清醒的认知，还要树立起对公私合作供给公共服务模式的基本信任。因为，"共同价值观对 PPP 提供者和使用者的思想和行为具有引导作用，是各方利益的集中体现和表达。由于个体的价值是多元的，共同价值观可以整合 PPP 提供者和使用者的意志。所以遵循共同价值观就意味着 PPP 找到了一种更少冲突，更多协调和互助的实现利益的方式。使任何一方都会以最小的代价实现最大的利益追求，从而实现群体内的共同利益，乃至公共利益，这是 PPP 有效性的最完美诠释"③。这也是我们推进公私合作供给公共服务机制的前提。

二　构建完善的法律法规体系

　　中共十八届三中全会提出，要全面建设法治国家，重大改革要于法有据。公私合作供给机制作为政府治理公共事务的重要手段，自然也应

---

　　①　金自宁：《公法/私法二元区分的反思》，北京大学出版社 2007 年版，第 110 页。
　　②　周佑勇：《特许经营权利的生成逻辑与法制边界：经由现代城市交通民营化典型案例的钩沉》，《法学评论》2015 年第 6 期。
　　③　欧纯智：《政府与社会资本合作的善治之路——构建 PPP 的有效性与合法性》，《中国行政管理》2017 年第 1 期。

该在法律的框架下进行。世界上很多国家对公共服务公私合作供给的探索，都是始自于对法律法规体系的建构。我国要想在公私合作供给公共服务机制方面取得突破，也必须构建我们自己的法律法规体系。

由于公私合作项目需要多方参与，且为长时间的合作运营，各方之间的权利与义务必须有明确的界定和规范，不仅要有基本的法律框架，还要有详细的程序和操作指南，以及清晰的合同纠纷处理机制等相关规定。对公共部门而言，依法行政、法无授权不可为是基本的行为规则。公私合作供给公共服务机制作为一种创新性的服务供给机制，自然也需要相关的法律法规体系为公共部门的行为提供法定授权，使政府行为于法有据。对私营部门来说，它们更期望法律法规对相关权利义务、行为规则、工作程序等都有清晰的表述。因为相较于公共部门，私营合作者在公私合作供给模式中的风险是更显性的，也是实实在在的。如遭遇一些不可控的风险，轻则亏损，重则很可能导致私营部门的破产，而不得不退出市场。因此，私营部门对法律法规的渴望度更高，更希望通过法律法规体系，为其在公私合作供给机制中的每一个环节提供保障性、稳定性以及可预期性。

在 PPP 模式的立法方面。英国作为较早进行公私合作供给公共服务机制探索的国家，由于其为判例法国家的法制背景，没有一部专门针对 PPP 模式的全国性法律。但英国有一系列具有法律效应的指南和法规，包括《标准化合同》（多个版本）、《物有所值评估指导》、《基于长期价值的基础设施采购法》等。这些指南和法规为英国公私合作项目的实施提供了操作性的具体指导，极大地推动了英国公私合作供给机制的规范化发展。

日本于 1999 年颁布了《关于充分发挥民间事业者的活力来促进特别设施整备的临时措施法》（简称民活法/PFI 法），对日本 PPP 项目的规范和管理起到了重要的推动作用。2011 年日本对该法进行了修改，并将《PFI 法》的适用范围扩大到租赁住宅、船舶、飞机等运输设施及人造卫星等。此外，医疗设施、城市公园、下水道、铁路、港口等方面也可以设定特许权，为这些领域使用 PFI 模式提供了法律支持。2006 年，日本又专门出台了《关于导入竞争机制改革公共服务的法律》，用于规范政府购买公共服务的行为。该法规范了官民竞争投标及民间竞争投标的程序，包括参加竞争投标者的资格、招募及确定等事项；规定了中标民间部门实施公共服务的必要措施，包括合同的签订和解除以及实施过程中的监督事项等。该法规定在内阁府中设置第三方机构"官民竞标监理委员会"，以确保公共服务改革实施过程中的透明性、中立性和公正性。而官民竞标监理委员会的职能则定位于：第一，为公共部门和私营部门建立具体规范，以保证竞争的公平和高效；第二，针对参与竞争招标的公共服务项目，对目标部门进行甄选和换选；第三，对参与竞标的各部门进行指导，以保证"实施指导意见"中所规定的投标能顺利实施，指导各部门对项目信息及时披露并确保服务质量；第四，确保私营部门能遵守如保密等政府相关的规定，并对私营部门进行监督；第五，评价业务实施的效率效果，并将评价结果向社会披露。① 这些法律法规都为日本 PPP 项目的发展提供了重要保证。

韩国于 1994 年颁布《促进民间资本参与社会间接资本设施投资法》，后经四次修改最终形成了《社会基础设施民间投资法》。该法对适用民间投资的项目范围、选择的 PPP 模式等进行了修正和规范，成为韩国 PPP 项目规范发展的法律依据。

美国作为一向崇尚市场化供给公共服务的国家，大约有一半的州已经有相关立法规范私人合作主体参与公共服务供给。基于美国联邦制的国家架构，各州的立法形式千差万别，其中一种形式是签署一般性的基础设施授权法案，允许就各类基础设施的建设和运营开展公私合作，但必须服从特定过程要求。弗吉尼亚州授权法案就是其中之一。另一种形式的立法在本质上属于专门法案。如印第安纳州专门就收费公路交易立法，它是为印第安纳州收费公路公私合作项目，以及与印第安纳州南部和中部新公路建设相关的公私合作伙伴关系而专门通过的授权法案。

鉴于公私合作模式的契约性和长期性，以及无法在签约时预判的不确定性，菲律宾政府先后发布了第 6957 号国家法令（1990 年）和第 7718 号法令（1994 年），奠定了菲律宾推行 PPP 模式的法律框架，并形成相对完善的配套法规。菲律宾 PPP 项目主要集中在能源领域和交通领

---

① 韩丽荣、盛金、高瑜彬：《日本政府购买公共服务制度评析》，《现代日本经济》2013 年第 2 期。

域、环境、信息技术领域也已涉及。菲律宾能源类的项目已经产生效益，在这些项目投入运营后，能够基本满足菲律宾国内对电力的需求。

我国已经开始了多年 PPP 模式探索，在实践中也积累了许多经验。但直至今日，我们也没有一部国家层面的法律来规范 PPP 模式。国务院及其有关部门出台的指导意见和操作指南，大多停留在政策层面，法律效力等级较低，缺乏上位法的指导，不利于国家对公私合作供给公共服务行为进行统一规范。更重要的是，部门之间的政策和规定还存在很多冲突和矛盾，使地方政府和社会资本无所适从。其中，发改委和财政部在社会资本的概念、PPP 的监管主体、PPP 的具体形式以及法律救济途径等诸多方面，都存在不一致的认知。从监管主体来说，财政部《操作指南》规定：各级财政部门要积极设立政府与社会资本合作中心或指定专门机构，履行规划指导、融资支持、咨询服务、宣传培训、信息统计、绩效评估、专家认可和项目库建设等职责。财政部发起的《PPP 法（征求意见稿）》也规定，县级以上人民政府财政部门负责指导协调、监督管理本级行政区域内的政府和社会资本合作工作。发改委的《指导意见》则要求，各级发改委要做好政策制定、发展规划、市场监管和服务指导，从公共产品的供给者变为社会资本的合作者，以及 PPP 项目的监管者。对 PPP 的形式，财政部主张从广义上来界定。财政部主导的《PPP 法（征求意见稿）》中认为，外包、特许经营和私有化都属于 PPP 模式。因此，特许经营只是 PPP 模式中的一种形式。但发改委《特许经营管理办法》中实际上是把 PPP 概念等同于特许经营。在法律救济途径上，财政部在《PPP 法（征求意见稿）》里认为属于民事法律范畴，而发改委在《特许经营管理办法》中规定特许经营属于行政法律范畴。对 PPP 项目的运营周期，财政部《PPP 法（征求意见稿）》提出一般不少于 25 年，但发改委《基础设施和公用事业特许经营管理办法》规定，基础设施和公用事业特许经营的项目期限最长不超过 30 年等。两部门之间的分歧和冲突不一而足，这必然导致 PPP 模式在实践中的混乱。

事实上，在我国推进 PPP 模式的发展进程中，社会资本一直存在积极性不高、犹豫不决和观望态度的一个重要原因，就是担心其权利不能得到有力的保障。而 PPP 立法的重要目标，就是在法律上明确政府与社会资本在 PPP 项目全周期中的权利与义务划分。所以，要想真正激发社会资本参与 PPP 模式的热情，就必须有一套高阶位的、统一的法律法规体系，来消除社会资本的各种担心，降低社会资本参与合作的不确定性。近年来，国家一直着力推进 PPP 立法工作，由财政部主导的 PPP 立法和由发改委主导的特许经营立法工作，也在国务院统一协调下全部交给了当时的国务院法制办。原国务院法制办也于 2017 年 7 月向社会发布《基础设施和公共服务领域政府和社会资本合作条例（征求意见稿）》。2018年 3 月《国务院 2018 年立法工作计划》发布，《PPP 条例》也列入其中。但时至今日，《PPP 条例》尚未正式出台，即便出台，相应的配套措施也没有形成一个完整的体系。

为了进一步规范我国 PPP 模式的发展和规范，需要建构一套由法律法规、配套政策、操作指南构成的"三位一体"的制度体系。第一个层次：PPP 法律，比如《PPP 条例》，甚至直接上升为《PPP 法》。这一层级的法律具有严肃性、权威性和规范性，用于厘清政府与社会资本的边界关系，规范和约束 PPP 项目参与方的行为，减少不确定性，提高 PPP项目的风险、收益等方面的可预期性，增强政府与社会资本相互间的信任度和安全感。建议在对现有法规和政策进行清理的基础上，充分发挥全国人大、国务院等高层次的立法和监督作用，避免立法多头化、部门利益化、内容碎片化，尽快将对 PPP 的共识升级为国家意志和具体的法律规定。该法需要规范的内容，包括：PPP 的概念和适用范围；政府与私人合作方的权利义务；对私人合作主体的税收优惠政策；公私合作项目纠纷的司法救济途径等。通过这一主要法律的建构，使我国 PPP 模式的探索真正做到有法可依。第二个层次：PPP 配套政策。这一层级的规范，相比《PPP 条例》或《PPP 法》具有更强的引导性、针对性和及时性，是对上位阶法律的具体化和补充性制度。建议由国务院牵头，对各部门主要是发改委和财政部制定的相关政策和文件进行清理，对 PPP 的招投标机制、风险分担机制、价格形成机制、融资机制、再谈判机制、争端解决机制、退出机制等进行统一规范，避免相关内容的交叉重复和矛盾。第三个层次：PPP 操作指南。这一层级的规范是将 PPP 法律法规、配套政策进一步细化，落实到具体操作实施层面，比如《标准化合同指南》《PPP 项目操作指南》《物有所值评价指南》等，为 PPP 项目提供更详细的程序性指导。

至于政府购买公共服务模式，表面上看其法治化进程似乎要好些，至少已经有了一部国家层面规制政府购买行为的法律即《政府采购法》（2002 年）。但由于《政府采购法》颁布的时候，我国政府购买公共服务的实践还没有真正普及开来，所以《政府采购法》所规范的更多是政府购买物品尤其是办公用品和工程的行为，而不是政府购买公共服务的行为。该法第 2 条对其调整对象做出的规定是，"指各级国家机关（以及事业单位和团体组织），使用财政性资金采购货物、工程和服务的行为"，其中对于服务的定义是"指除货物和工程以外的其他政府采购对象"。2015 年 3 月实施的《政府采购法实施条例》也进一步确定，"该服务包括政府自身需要的服务以及政府向社会公众提供的公共服务"，但实际上，其相关规范更适用于政府购买货物类和工程类的行为，并不适用政府购买公共服务的行为。所以说，这部法律对政府购买公共服务的行为并没有直接的指导性。具体指导各级政府购买公共服务行为的规范，还是 2014 年 12 月 15 日财政部、民政部、工商总局制定的《政府购买服务管理办法（暂行）》（以下简称《管理办法（暂行）》）。《管理办法（暂行）》对政府购买服务的主体、对象、内容、程序、预算管理、绩效管理以及监督管理等做出规定，为开展政府购买服务工作提供了基本制度规范。但《管理办法（暂行）》毕竟层级较低，而且随着近几年改革实践的不断深入，出现了不能完全适应现实的情况，也无法和《政府采购法》有效衔接。基于此，学界基本上有两种主张：一是修改《政府采购法》及《政府采购法实施条例》，将政府购买公共服务的相关规定纳入其中，同时要求财政部修订《政府采购品目分类表》，把公共服务购买的领域和内容纳入分类表中；二是考虑到公共服务购买与货物和工程的购买存在较大差异，主张制定专门的《政府购买公共服务法》，用于专门规范政府购买公共服务的行为。本书提出第三种观点，认为应该将对政府购买公共服务的相关规定统一纳入目前正在进行的 PPP 立法进程。因为，无论是政府购买公共服务还是基础设施领域的政府与社会资本合作（狭义 PPP）都是公私合作供给公共服务机制的一种模式。在这两种模式中，政府与私人组织的角色定位、二者之间的权利义务关系、坚持的原则、遵循的程序、救济途径等都具有高度的相似性，完全没有分别立法的必要。而且，一套统一的 PPP 法律法规体系还可以涵盖其他公私合作供给公共服务模式。虽然，我国目前的公私合作供给公共服务模式还主要以政府购买公共服务和基础设施领域的政府与社会资本合作这两种模式为主，但并不排除未来会引入其他公私合作供给模式。如果我们为每一种公私合作供给模式都单独制定一套法律法规体系，就既无必要，也可能出现相互冲突的情况，反而不利于公私合作供给机制的推行。

三　尽快明确专门的管理机构

由于公私合作项目提供的是公共服务，在项目实施过程中需要涉及多个领域以及相应的管理部门，因此各国通常都设置了专门的管理机构，负责项目全程的管理和监督，以避免政出多门、交叉重复和规范冲突。国际上公私合作供给公共服务机制运营较好的国家基本也都有自己的专门管理机构。

我们在前面介绍英国 PPP 实践状况时，已经介绍了其专门的管理机构。除了英国之外，还有很多国家也都为促进本国 PPP 模式的发展设立了自己的专门管理机构。澳大利亚于 2008 年设立基础设施局，作为全国的 PPP 推广和管理机构，并起草了一系列的全国性政策指南。这些全国性政策可以将不同州的政策指南统一起来，为全国 PPP 的发展提供统一、权威的政策依据。

德国于 2004 年 7 月在交通、建设和城市发展部内成立了 PPP 政府工作小组，通过厘清基本问题、协调公共部门和私人资本之间的合作、启动和监管 PPP 试点项目以及管理相关知识等，促进公共建设领域 PPP 项目的标准化。

韩国的 PPP 管理机构主要包括国会、财政部、行业主管部门、PPP 审核委员会和 PPP 中心。韩国虽然不是由一个机构统管 PPP 项目，但各机构之间有着明确的分工，并不会出现政出多门、交叉重复的问题。国会主要负责制定和修订 PPP 相关法律，监督 PPP 制度执行情况，批准 PPP 项目政府支出预算等。财政部主要负责制定、发布 PPP 法规和指导政策，编制 PPP 项目规划，对 PPP 项目提供资金支持，开展 PPP 项目风险控制和绩效评价等。行业主管部门与地方政府主要负责本部门或本行政区域内的 PPP 项目选择和可行性预测，监督 PPP 项目运营情况，每年向财政部提交项目运行和绩效报告等。PPP审核委员会主要负责审查PPP政策和项目规划、批准PPP项目、确定项目合作方等。该委员会设在财政部，有1名主席（财政部长担任）、11名行业代表（行业部门副部长担任）和8名社会资本代表组成。PPP中心主要协助财政部编制PPP项目规划，提供咨询培训，开展国际合作，进行理论与政策研究，编制项目实施指南等。这些机构分工合作，共同为韩国PPP项目的发展提供支持和指导。

日本政府也专门设有PFI事业推进委员会，委员由首相挑选任命。推进委员会的职责主要包括：调查日本PFI事业的实施状况，分析、审查私人部门的意见；向社会发布有关PFI实施状况、法律、税收等情况；向有关机构提出促进PFI事业改革与发展的政策建议；协助政府扩大对PFI事业的宣传和影响，促进社会民众对PFI事业的理解。该委员会对日本PFI发展意义重大，很多政策、法规、建议都是由它提出的，它引导着日本PFI事业的发展方向。

目前我国虽然在财政部下设置了专门的PPP中心，但参与PPP项目的机构依然很多，而且分工不清。以监管权力为例，发改、财政、物价、规划、国土、水务、环保、住建、税务、审计、监察等多个部门都有涉猎，并且缺乏统筹协调机制，存在政出多门、交叉重合，相互争权或推诿责任的问题，影响了监管效率和质量。特别是2013年以来国家发展改革委、财政部纷纷主导出台了多项政策文件，导致有的地方是由发改委牵头、有的地方是由财政部门牵头负责的局面，难以统筹形成合力。两部门分别下发的政策文件之间甚至还存在很多冲突和矛盾。虽然，2016年发布的《基础设施领域实施政府和社会资本合作工作导则》与《政府和社会资本合作项目管理暂行办法》分别对发改委和财政部的分管领域进行了划分，发改委和财政部分别分管PPP的基础设施领域和公共服务领域。然而，目前基础设施领域和公共服务领域存在较大程度的重合，并且大多数的PPP项目既具有基础设施的性质又具有公共服务的性质。基础设施领域和公共服务领域的界限不清，致使具体PPP项目在政策适用上模棱两可。在项目识别方面，发改委强调按照招投标选择社会资本，并力推用可行性评价代替物有所值评价和财政承受能力评价。而财政部则强调通过政府采购选择社会资本，并利用物有所值评价和财政可承受能力评价进行项目识别。在项目招标方面，发改委规定只要通过招投标方式选定的社会资本，在实施过程中购买工程和设备时不需要二次招标，而财政部文件规定其他方式选择的社会资本在购买工程和设备时均不需二次招标。这种多部门共管又没有明确分工的结果，必然是地方政府在操作时无所适从和相互扯皮。基于我国正在推进的大部门体制改革理念，按照一项事务由一个部门负责的原则，应该统合现有的管理架构，成立专门的公私合作管理机构，比如由财政部下设的 PPP 中心统一进行 PPP 相关事项的一般性规制。同时对牵涉到的相关部门进行明确的分工，真正实现一个事项由一个部门负责，以避免政出多门，PPP 主体无所适从的现象发生。

四　大力培育和发展社会组织

在中共十九届四中全会提出要建立"共建、共治、共享"的社会治理体制的大背景下，社会组织的成熟和完善必不可少。这种共建共治共享的社会治理格局对公私合作供给公共服务机制也有着直接的指导意义。在公私合作供给公共服务机制中的私人治理主体中，社会组织就是其中的一个重要组成部分，尤其在政府购买公共服务的公私合作模式中，社会组织就是政府购买服务的主要承接者。社会组织从组织形态来看，是除政府和营利性企业之外的第三类组织。在我国，社会组织的称谓有多种，包括民间组织、非政府组织、非营利组织、第三部门等。党的十六届六中全会中首次使用了"社会组织"这个概念，按财政部关于《政府购买服务管理办法（征求意见稿）》的最新表述，承接公共服务供给的社会组织应该是"依法在民政部门登记成立的社会团体、基金会、社会服务机构等社会组织，以及经国务院批准免予登记但不由财政拨款保障的社会组织"。具体来说主要包括：以协会、学会、研究会、商会、促进会、联合会等名称命名的，基于一定社会关系形成的会员制组织即社会团体；由民间出资成立的，直接提供各种社会服务的各种民办学校、医院、福利机构等非会员制组织即民办非企业单位；基于一定财产关系而形成的财团性组织即基金会；部分中介组织和社区活动团队。其基本特点是：不以营利为目的；不同于政府机构与市场组织；有特定的使命与目标；其行为不是追求剩余利润的分配，而是为了完成其特定使命。① 从世界范围看，社会组织常常被称为"非政府组织"（Non-governmental Organization，NGO）或"非营利组织"（Non-profit Organization，NPO）。从国外公共服务公私合作供给的实践来看，社会组织确实在各国的公共服务供给中发挥着至关重要的作用，社会组织的力量和规模很大程度上直接决定着公私合作机制的发展状况。根据萨拉蒙对 22 个社会组织发育较为成熟国家的研究发现：在纳入调查的 22 个国家中，排除了宗教团体后，22 个国家的非政府组织构成一个 1.1 万亿美元的产业，雇用了将近 1900 万全职人员，相当于这些国家最大私营企业就业人数总和（330 万）的 6 倍多。这些国家的非营利支出平均达到 GDP 的 4.6%，就业占所有非农就业的 5%，占所有服务行业就业的 10%，占所有公共部门就业的 27%。如果将这些国家的非政府部门比作一个单独的国家，那么它将成为世界第八经济大国，比巴西、俄罗斯、加拿大和西班牙还要领先。同时，非政府组织还吸引了相当数量的志愿力量。事实上，这些国家中平均占总人口 28% 的人向非政府组织贡献了他们的时间。22 个国家的非政府组织提供公共服务主要集中在教育（30%）、卫生保健（20%）、社会服务（18%）三个传统的福利服务领域，紧随其后的是娱乐与文化领域（14%）。收入多数来自会费（49%）和公共部门（40%），而来自个人、公司的和基金会的私人慈善事业平均仅 11%。该研究项目的这些证据显示，非政府组织已构成了整个世界多元社会中规模最大、高度活跃的组成部分。② 这些庞大的社会组织在各国公共服务供给中发挥了重要作用。以美国为例，按照萨瓦斯的统计，美国至少有 200 种服务是由承包商（非政府组织）向政府提供的。例如有 2/3 的社会服务机构，50% 左右的大学，50% 以上的医院，70% 的博物馆、艺术馆和几乎所有的交响乐团都是私立非政府组织。这些组织规模大，提供的社会服务丰富多样，遍布社会生活的方方面面，做得往往比公立或营利性组织更加出色。在联

---

① 王浦劬、［美］莱斯特·M. 萨拉蒙等：《政府向社会组织购买公共服务研究：中国与全球经验分析》，北京大学出版社 2010 年版，第 6 页。

② ［美］莱斯特·M. 萨拉蒙等：《全球公民社会——非营利部门视界》，社会科学文献出版社 2002 年版，第 8—10 页。

邦，政府使用的大多数有形资产，如装备和设备，都是通过合同购买；在地方，道路、学校和政府办公设施等都是通过合同安排，除这些物品外，城市政府还把 27% 的公共服务承包给非政府组织。如垃圾收集、救护服务、咨询服务、数据处理、娱乐服务、路灯维修、街道维护等。[①] 截至 1995 年，美国非营利部门有 5020 亿美元的支出，占 GDP 的 6.9%，大约 860 万名全职支薪工人，代表全国 7.8% 的非农就业，16.5% 的服务业就业，46.7% 的公共部门就业。[②] 1981—1987 年间，非营利组织就业人数的增长是营利性组织的两倍，是政府的三倍。我国香港地区 90% 的社会福利服务是由民间组织提供的，全港社区民间组织多达 17000 个，服务范围包括社区服务、安老服务、康复服务、家庭及儿童服务、青少年发展等，在社区公共服务供给中扮演着重要角色。相比于这些社会组织较为发达的国家和地区，我国社会组织近些年虽然也有了很大的发展，但整体发展水平还相对较低。根据《社会组织蓝皮书：中国社会组织报告（2018）》的数据，截至 2017 年底，全国共有社会组织 80.3 万个，比上年增长 14.3%，增速创十年来最高。与 2016 年度的 70 万个相比，数量增长了 10.1 万个，增长数量同样创十年来最多。但与上述发达国家和地区相比，我国社会组织的规模还是要小很多，而且其中有大量社会组织还是"空壳"的，并没有承接公共服务的能力。我国社会组织一直以来的相对薄弱也是制约我国公私合作供给的一个重要障碍，要进一步推进我国公私合作供给公共服务机制的发展，为政府购买提供充足的合格的承接者，就必须大力培育和发展我国的社会组织。为此，一是要加快社会组织管理体制改革，降低社会组织准入门槛。简化社会组织的注册和登记手续，不再要求必须挂靠某一政府部门，全面实行由民政部门直接登记。二是要利用财税、场地以及行政手段等辅助公益性社会组织的发展。有条件的地方可设立社会组织发展专项资金、种子基金、政府奖励资金等帮助公益性社会组织的发展，还可以为社会组织的发展提供"孵

---

　　① ［美］E. S. 萨瓦斯：《民营化与公私部门的伙伴关系》，中国人民大学出版社 2002 年版，第 73 页。

　　② ［美］莱斯特·M. 萨拉蒙等：《全球公民社会——非营利部门视界》，社会科学文献出版社 2002 年版，第 286 页。

化器"。20世纪八九十年代，英美等国开始将"孵化器"概念引入NPO领域，为非营利组织的创业者提供办公场地、办公设施、小额补贴及能力培训等服务，在很大程度上促进了NPO的健康发展，之后这种培育社会组织的方式得到了很多国家的借鉴。我国一些地方如上海等也借鉴了这一做法，效果还是很明显的。三是要加强社会工作人才培养。将社会组织人才发展纳入国家整体中长期人才发展规划，培养大量拥有专长的社会工作人员。加强与社会组织相对活跃的港澳台地区及海外社工团体及非政府组织的交流，积极引进社会工作专业人才。四是要扩大与社会组织的合作。培育社会组织发展的最好办法就是使其有事可做，而最主要的事情就是参与公共服务的提供，这就要求我们要扩大社会组织参与公共服务的规模和范围。有了事做，社会组织就有了生存空间，社会组织的发展才能进入良性循环。五是要加大对社会组织的资金支持。要想促进我国社会组织的发展，必须有政府资金的注入，无论是直接资助还是服务购买。目前，各地政府购买公共服务的资金来源多种多样，有财政预算资金、专项业务资金、预算外资金、福彩公益金以及由政府支配的社会捐助等。绝大多数地方政府没有将购买公共服务资金纳入公共财政体制。福彩公益金作为购买服务的资金比较普遍，例如深圳市的社会工作服务购买，在市一级就是由福彩公益金支付的。在养老、助残、就业等领域，专项业务资金占有相当大的比例。在社区服务领域，一些街道或基层政府在本级政府支配的预算外资金中支付购买服务费用。将购买服务资金统一纳入政府财政预算的，目前只有上海浦东新区等少数地方或少数服务领域。[①] 为了确保社会组织参与公共服务的资金来源，确保政府购买公共服务资金的制度化、持续化、常态化，2014年12月15日财政部、民政部、工商总局制定的《政府购买服务管理办法（暂行）》要求，财政部门在布置年度预算编制工作时，应当对购买服务相关预算安排提出明确要求，在预算报表中制定专门的购买服务项目表。有了财政资金的保障，社会组织就有积极性在更大范围内参与公共服务的供给，其规模和力量自然也会得到发展，也就更有能力承接政府外包的公共服

---

① 黄晓勇：《中国民间组织报告（2010—2011）》，社会科学文献出版社2011年版，第19页。

务，这将形成一个良性循环。从世界范围看，包括发达国家在内的大多数国家社会组织的资金来源很大一部分都来自政府。据萨拉蒙的统计，在美国非营利组织的收入总额中，来自政府公共部门的资源占到其收入总额的31%左右，而英国这个比例为40%左右。在加拿大，政府拨款、签约服务和各类津贴占非营利组织资金来源的56.5%。在德国，来自政府的资源更是占了70%。在法国，非营利组织资金的60%来自政府，意大利为43%，澳大利亚是56%。政府除了直接付费购买公共服务，还可以通过减免税的方式资助社会组织的发展，如澳大利亚每年通过减免税对非营利组织的间接支持达到4亿澳元。我国香港地区非营利组织经费的80%也是来自政府。日本（1995年）非政府组织的支出近2136亿美元，约占国内生产总值的4.5%，其中45%来自政府的支持。[①] 实际上，政府已经成为非营利人类服务机构的最重要的收入来源，远远超过了作为生计来源的私人捐赠和服务收费。可以说，政府与志愿部门的合作，已经成为各个国家人类服务供给系统的支柱，成为私人非营利部门生产的主要资金来源。[②] 政府的强大资金支持在成就这些社会组织的同时，也为政府购买公共服务提供了充足的相互竞争的可选择主体，二者相辅相成，互为因果。

五　构建公开透明的公私合作项目信息平台

公开透明不仅是公私合作供给机制健康运行的保障，也是公众对公私合作供给模式的必然要求。由于这些公私合作项目中往往都牵涉到大量的财政资金投入，公众对私人合作主体参与公共资金的使用，会自然产生一种警觉和怀疑。阳光是最好的防腐剂，一个完全公开和透明的信息平台不仅可以避免可能的权钱交易和腐败，也有利于消除公众的这种警觉和怀疑。美国能源部的合作项目中，就因出现了核废料污染以及环

---

① 参见［美］莱斯特·M.萨拉蒙等《全球公民社会——非营利部门视界》，社会科学文献出版社2002年版，第268、277页。

② ［美］莱斯特·M.萨拉蒙：《公共服务中的伙伴》，商务印书馆2008年版，第34—35页。

境安全等问题而导致公众对政府以及相关项目的极大不满。之后华盛顿政府不得不斥资上千亿美元来清理这些废料，以便重新建立公众对政府的信任。在与公众达成和解的过程中，信息的公开应该说功不可没。在美国的落基山兵工厂项目中，接替原来的洛克威尔公司的 EG&G 公司采取的一个最大改变，就是将原来的秘密文化变成了新的开放性态度。相对于原洛克威尔公司 1989 年一年只发布 5 条新闻，新的 EG&G 公司接管该项目的第一年即 1990 年就发布了 94 条新闻。他们认识到，"如果不能得到人们的认识和理解，哪怕是世界上最先进的技术性操作也不可能获得成功"。所以，EG&G 决定，无论是好消息还是坏消息，都公之于众。另外，EG&G 公司还组织媒体参观工厂，并允许媒体进入那些被标为"闲人免进"的地方。他们还策划了一个"与鲍勃共进早餐"的系列节目。这个鲍勃就是美国能源部在该工厂的执行经理，他每天早上都会与记者见面。通过这样的方式，让公众更多地了解公司的运营状况及理念，以重新唤起公众对该项目的信任。EG&G 公司还在工厂附近的公共设施中建了 5 个阅览室，公民可以获得从新闻剪辑到有关放射性辐射历史研究方面的相关信息，工厂还制订了一个详细的公民参与计划。事实证明，EG&G 公司的这些信息公开工作收到了很好的公关效果，周边的公众开始接纳工厂的工作。政府投资建立的落基山兵工厂环境监测历史会的执行会长承认，"自 1989 年以来，合作水平几年间得到了持续的改善"。当地一位商会主席也认为，"这已经变成了一种积极的伙伴关系"。

　　有学者在文献回顾和深度访谈的基础上，研究了影响转型国家 PPP 绩效的关键因素，发现知识获取、决策参与、代理成本、不确定性和政府信用显著影响 PPP 绩效。决策参与在 OLS 回归中对 PPP 绩效的经济方面具有显著影响，在 Logistic 回归中对 PPP 绩效的经济和安全两个方面具有显著影响，且标准化系数和估计系数的值也较大，表明决策参与的影响十分重要。[①] 正如有学者所指出的，"如果公民们感到某个决定强行封杀了他们的喉咙，就算这项决定是最有效率和效力的，他们仍然会群起

---

① 张万宽、杨永恒、王有强：《公私伙伴关系绩效的关键影响因素——基于若干转型国家的经验研究》，《公共管理学报》2010 年第 7 卷第 3 期。

而攻之"①。参与的前提就是知晓相关信息，公众不了解相关信息，所谓的参与只能是一句空话，而知晓信息的前提是信息的公开透明。孟德斯鸠就曾说过：单有知情权，而没有信息公开的法律制度，知情权就会落空。按照世界银行的界定，PPP 项目信息公开的意义在于：（1）PPP 项目一般都是长期项目，合同要件繁复，PPP 的复杂性使得项目相关方的沟通成本较高，信息公开可以有效降低各方信息不对称的程度；（2）PPP 项目运行过程中经常性面临重新谈判，对初始合同的变更也需要进行信息公开，这既是项目相关方对信息的要求，也是法律风险管理的要求；（3）PPP 项目的目的是提供公共产品、服务于公众，信息公开也助于提升公众参与度，并使公众成为有效监督 PPP 的一方，在运作效率、物有所值、防范腐败等方面发挥关键作用。②

　　这就要求我们要构建一个公开、透明的公私合作项目信息平台，这些信息包括外包前的决策依据、预算资金和审批程序、公共服务目录；外包中的招投标程序，承包者的主体资质和合同文本；外包后的合同履行、监督评估等，以供政府之外的社会力量，包括公众、媒体和相关专业人士了解和监督。公私合作供给公共服务运作较好的国家在这方面也做了很好的示范。在日本，为了保证这种合作供给的透明、中立及客观和公正，专门设立了官民竞标监理委员会，政府购买公共服务的所有活动都要通过该委员会组织实施和监督管理。委员会成员都是来自民间的企业家、经济学家等，他们负责审查供应商的资格，确定参加的竞标者以及中标的供应商。在整个采购过程中，日本政府都会公开发布相关信息。社会获取政府采购信息有 4 种渠道：参加说明会、查询招标公告、查阅官报和上网查询。国内外供应商每年年初可以参加日本政府外务省集中组织的会议，以获得政府的有关采购信息；采购单位在采购前 50 天公布招标信息以供外界查询；日本政府用英文和日文摘要的方式在官报上刊登招标信息和评标结果；日本政府还开设了如日本贸易振兴会等政

---

① ［美］唐纳德·凯特尔：《权力共享：公共治理与私人市场》，北京大学出版社 2009 年版，第 15 页。

② Disclosure of Project and Contract Information in Public-Private Parterships，World Bank Group，2013，pp. 15－16.

府采购网站向外界机构公布相关信息。①

英国在推行 PF2 计划时，也将公开和透明视为核心。只要不涉及国家机密或者商业机密的信息，原则上都需要向公众公开。为实现这个目标，《标准化 PF2 合同》采取了一系列措施来保证 PF2 项目实施过程的透明。包括：（1）让纳税人获取更多的项目信息，增强他们对项目实现物有所值的信心。同时，关于政府项目批准过程的信息向业界开放，这样社会资本可以对未来计划更有确定性。相关信息包括：对于政府是股东的所有项目，发布年度报告、详细项目信息和财务信息；要求所有社会资本提供实际的和预计的股权回报信息，并在政府网站上发布商业计划批准跟踪，对项目进展状态持续更新；出版大众容易获取并理解的以往 PPP 项目信息。（2）政府采购机构更加透明，以使它们能够获得更好的信息来有效管理合同。具体措施包括：合同规定报告、建造和运行手册，保持年效率评审；强化合同中的信息条款和程序，以保证持续获得信息；对于生命周期基金，介绍开卷方法（openbook approach）；让政府采购机构或地方代表以观察员身份参加项目公司董事会会议；聘请公众参与监督等。

我国香港地区在实施 PPP 项目时，公众可以从项目规划到合约谈判一直参与项目的进展，以确保公众利益能够在政府和私营机构的合约中得到反映。正是由于公众的利益得到了充分的保障，香港 PPP 项目得到了公众充分的认可，项目的实施才得以流畅地进行。否则，公众抗议项目实施的集体游行随时可能发生，而出现这样的状况很可能将使前期的辛苦工作"付之一炬"。

为了保证公私合作项目信息的公开和透明，我国财政部于 2017 年公布了《政府和社会资本合作（PPP）综合信息平台信息公开管理暂行办法》，"PPP 信息公开平台"得以建立。应该说，平台的建立为我国 PPP 项目信息的公开和透明确实做出了很大贡献。问题是，目前平台的运作还存在很多不完善之处。首先，各级地方政府还没有形成信息披露的统一途径和规范，有的地方政府在采购网上发布项目信息，有的通过地方

---

① 韩丽荣、盛金、高瑜彬：《日本政府购买公共服务制度评析》，《现代日本经济》2013 年第 2 期。

财政或发改委的相关网站发布信息，造成信息披露的权威性与时效性不佳。其次，平台中的项目信息不够详细，大部分只有项目的基本信息，包括投资额、实施机构、合作内容、联系人等，社会和公众更感兴趣的项目合同、两项论证、实施方案、采购文件等却很少公开，不利于公众了解 PPP 项目的全面情况。一个完整的项目信息至少应该包括公私合作的内容、合作方式、合作主体、合同金额、分年财政资金安排、合同期限、绩效评价等，并确保项目信息真实准确，可查询、可追溯。再次，项目信息更新不及时、不准确。有些 PPP 项目已经进入了实施阶段，但为了申请前期补助资金，故意延迟公布信息；有些地区 PPP 项目为了"赶时间""赶进度""搞业绩"，虚报采购工作，搞项目"假落地"等。最后，我国目前的 PPP 综合信息平台只是针对基础设施领域的政府与社会资本合作项目，公共服务的政府购买一样牵涉到大量的政府财政资金的投入，公众和社会也有知晓的权利和监督的动机，但现在还没纳入统一的信息披露平台。这说明我国公私合作项目信息的公开和透明，还远远无法满足社会和公众的需求，还需要付出更多的努力来完善。

世界银行在研究了多个 PPP 项目信息公开的国家和地区的基础上，总结了九个方面的建议，初步形成了 PPP 信息公开的框架。① 包括：(1) 立法或政策任务（legislation and policy mandate）。PPP 信息公开的制度体系，按照不同的效力层级分为五层。第一层是立法或政策，也是制度体系中的最高层，指中央政府和地方政府的法律法规，如自由信息法案、PPP 专门立法、公共财政预算、透明预算法案等，内容应包括主动性信息公开的责任、PPP 相关的信息公开范围、保密信息的定义，信息公开的时间表和时限要求以及追溯应用等。第二层是 PPP 政策或 PPP 信息公开指引。第三层是保密信息的指引。第四层是具体内容的标准条款和相关参考信息等。第五层是简明扼要的标准模板。作为最高等级的制度，立法和政策任务在信息公开方面的要求至少包括三点：一是信息公开应覆盖所有公共机构的一般合同，包括持续的绩效信息；二是赋权于公共

---

① A Framework for Disclosure in Public-Private Parterships: Technical Guidance for Systematic, Proactive Pre-and post-Procurement Disclosure of Information in Public-Private Partershhip Programs, World Bank Group, No. 8, 2015, pp. 4 - 7.

主体，使其能通过公共信息平台主动发布信息；三是包含 PPP 相关不应公开领域的说明（如商业敏感信息、交易机密、战略与公共利益等相关保密信息等）。（2）详细的业务指引（detailed guidance）。业务指引是仅次于政府法律法规的制度，是指政府内部用于支持立法条款或政策的详细结构流程说明。信息公开的业务指引内容主要包括：揭示合同的合法性应用并解释项目信息、信息公开时点和详细内容、信息公开的地点、信息公开相关各方的职责、失败阈值设定、机构监测、失败的后果处置、内部或外部信息的有效性以及相关活动的检查单、业务模板等。（3）采购前信息公开（pre-procurement disclosure）。一般来说，从信息公开的角度看，PPP 项目可分为三个主要工作阶段：采购前、采购后、评估期。公众对于采购前后的关注点和关注程度有所不同。对于采购前，信息公开的内容主要是项目工作日程、项目可行性分析报告、相关物有所值、可行性分析报告、风险评估等。私人投资者对日程和采购流程非常关注，采购前信息公开应注意几点：一是注意私人投资者的关注点、公布的日程和流程应清晰透明，使公众了解国家关于项目进度的计划；二是财政支出的潜在影响力评估；三是无论是否有竞争性流程，信息公开的目标应是更加降低 PPP 的成本。（4）采购后信息公开（post-procurement disclosure）。采购完成后，项目开始正式运行，公众的关注点也有所变化。采购后的信息公开主要包括：详细的项目基本信息，全面的风险治理分析，选择 PPP 项目形式的数量和质量分析，政府支持信息（保证、补助、土地、权益、服务提供等），融资信息（融资结构、估算、特定合同类型下的实际收入情况、预测和实际资产回报），税务信息（税收模型、税务评估和监督），绩效信息（实际目标绩效报告、相关合同条款下的损失报告、独立工程师或审计师报告、用户反馈与调查报告），合同终止信息（终止条款与移交条款），重新谈判或变更信息（变更的细节、对成本的影响、财政承诺与或有负债、风险分布、税金及其支付、服务内容和水平）。（5）保密信息（confidential information）。信息公开机制中，也包括对保密信息的界定。被界定在保密信息范围内的内容，可依法不进行信息公开。保密信息主要应包括三个方面：一是依法和项目具体环境被认定为应保密的领域和要素，如项目融资模型、债务结构和定价方法等可能损害私人部门供给方竞争力的内容；二是审计的规范要求，强调信息公开范围限定在审计需要的范围内；三是保密信息的时间期限具体要求。
（6）标准合同条款（standard contract provision）。信息公开应有规范的标
准合同条款，主要涵盖三个方面的内容：一是信息的维护和提供方面，
例如信息公开的报告、文件及私人部门应向政府提供的信息清单，以及
信息公开的网站站点信息、信息提交与正式公开的时限要求、不按信息
公开要求提交的惩罚等；二是充分信息公开的推定，即应充分公开除保
密信息以外的所有信息；三是保密条款，应充分表述机密信息的内容和
要素组成、保密条款的格式，以及基于公共利益的信息公开条款。
（7）信息公开平台（platform）。从技术角度看，PPP 信息公开需要专门
平台支持。基于准确性、安全性和效能的考虑，世界银行推荐应用单一
平台进行 PPP 项目信息披露，如果无法实现单一平台，应尽量争取平台
间联网。（8）时间表（timelines）。信息发布应依据时间表进行持续发布
才能确保信息对各方的有效性和可用，晚发布或不发布都会对 PPP 项目
的信用甚至政府的公信力产生负面影响。时间表的安排，应至少包括五
个方面信息的公开时限：一是基本项目信息，应在采购前发布，准备好
即可公告；二是采购前信息，应按照项目时间表严格执行，建议提前两
三个工作日完成信息评估；三是重新谈判的信息，建议在执行重新谈判
合同之前的 45—60 天对外公布；四是绩效信息，建议有关部门收到信息
后的 15—30 天内进行公布；五是其他相关信息，建议在签订相关合同的
45—60 天内进行信息发布。（9）标准模板（template）。标准模板确保了
信息发布的统一规范和准确性，也为单一平台实现标准化信息发布提供
了关键的制度支持和有效性保障。好的模板体系，应覆盖项目采购前至
采购后的整个生命周期。标准模板的制定，与各国 PPP 项目信息公开能
力直接相关，应根据 PPP 项目运作的经验和不同能力，制定适合各自发
展水平和能力的模板。世界银行的这个框架实际上为各国 PPP 项目的信
息公开提供了非常详细的操作指南，很值得我们借鉴。

六　尽快建立合理的风险分担机制

公私合作供给公共服务项目的长周期对参与的公共部门和私人合作
主体来说，都会有风险。公共部门承受风险的能力相对于私人合作主体

来说更强大一些，而且由于公共部门绩效考核以及追责的相对困难，即便真的有风险发生，除非有明确的责任人，一般很难追究到公共部门的某个个人身上。对私人合作主体而言，风险就是实实在在的，轻者可能导致亏损，重者甚至可能破产倒闭。从这个意义上来说，合理的风险分担机制对私人合作主体的意义要更大于对公共部门的意义，也是对私人合作主体的一种保护。

我国在建构合理的风险分担机制方面也做出了诸多探索。财政部财金〔2014〕76号文《关于推广运用政府和社会资本合作模式有关问题的通知》规定，按照"风险最适应的一方来承担"的原则合理分配项目风险，在明确项目收益与风险分担机制时，要综合考虑政府风险转移意向、支付方式和市场风险管理能力等要素，量力而行，减少政府不必要的财政负担。项目设计、建设、财务、运营维护等商业风险原则上由社会资本承担，政策、法律和最低需求风险等由政府承担。发改委《关于开展政府和社会资本合作的指导意见》，提出"构建有效的风险分担机制。按照风险收益对等原则，在政府和社会资本间合理分配项目风险"。项目的建设、运营风险由社会资本承担，法律、政策调整风险由政府承担，自然灾害等不可抗力风险由双方共同承担。财政部《关于印发政府和社会资本合作模式操作指南（试行）的通知》，提出"按照风险分配优化、风险收益对等和风险可控等原则，综合考虑政府风险管理能力、项目回报机制和市场风险管理能力等要素，在政府和社会资本间合理分配项目风险"，原则上，项目设计、建造、财务和运营维护等商业风险由社会资本承担，法律、政府和最低需求等风险由政府来承担，不可抗力等风险由政府和社会资本合理共担。财政部《PPP项目合同指南》对风险分担原则进行了更详细的规定：承担风险的一方应该对该风险具有控制力；承担风险的一方能够将该风险合理转移（例如通过购买相应保险）；承担风险的一方对于控制该风险有更大的经济利益或动机；由该方承担风险最有效率；如果风险最终发生，承担风险的一方不应该将由此产生的费用和损失转移给合同相对方。据此原则，风险分配安排是：土地获取风险、项目审批风险、政治不可抗力风险通常由政府方承担；如期完成项目融资的风险、项目设计、建设和运营维护相关风险、获得项目相关保险通常由项目公司承担；不可抗力风险通常由双方共同承担。

由上述文件规定的风险分担原则以及风险分配安排，说明我们国家对公私合作机制中的风险分担的认知和国际社会的认知没有差别，无论是分担原则还是具体的分配安排，和国际社会的认知基本都是一致的。但在实际的公私合作项目的实践中，我国公私合作项目所面临的主要风险与国际上公私合作项目所面临的主要风险却表现出很大的不同。根据Millar 和 Lessard 对全球 60 个大型工程项目的研究结论，管理者认为"市场类"风险为主要风险（42%），随后是技术风险（38%）和制度风险（20%）①。但在我国财政部列出的可能导致项目提前终止的四种风险包括政府方违约风险、项目方违约风险、政府方选择终止和不可抗力风险中，最主要的风险则是政府方违约风险。比如青岛威立雅污水处理项目，当地政府在签约后又单方面要求重新谈判以降低承诺价格。长春汇津污水处理厂项目，政府废止了当初制定的管理办法，导致实施机构拖欠合作公司污水处理费从而使项目失败。1996 年采用 PPP 模式修建的福建省泉州市刺桐大桥，被誉为我国民营资本参与 PPP 项目的标杆性项目，也由于政府违背项目唯一性承诺导致社会资本方投资难以收回，而不得不终止项目，由政府回购。根据清华大学教授王守清的调研，在过去两年间共发生 38 起再谈判项目，大部分是企业发起的，而对于发起再谈判的原因，最多的是市场需求风险，占到了 36%；其次是政府信用问题，占到了 34%。而这两种风险都是由政府方带来的。因此，地方信用体系建设的不健全，缺乏针对地方政府守约的约束机制，是当前 PPP 模式中社会资本参与度较低的重要原因。② 如何防止政府信用风险，是建构我国公私合作供给机制合理的风险分担机制中必须予以解决的问题。在风险分担机制中，哪些风险应该由政府承担，要落实到具体的部门和人员，并明确相应的风险承担形式，以真正实现风险共担。为此，可以考虑构建政府综合信用指数。政府的综合信用指数是对政府在项目全生命周期中需要承担的，包括财政投入、项目审批、项目监管、费用支付等各个环节

---

① ［英］达霖·格里姆赛、［澳］莫文·K. 刘易斯：《PPP 革命：公共服务中的政府与社会资本合作》，中国人民大学出版社 2016 年版，第 194 页。

② 转引自温来成、宋樊君《我国 PPP 法律制度建设现状、问题及对策建议》，《财政监督》2017 年第 4 期。

的责任进行评估的基础上形成的综合信用评价。综合信用指数可以通过主管部门的项目信息平台向社会发布，并对地方政府的信用指数进行高低排序，使得综合信用指数既可以为社会资本方选择合作主体时提供重要参考，也是对地方政府的一个激励和鞭策。希冀借此综合信用指数的建立，促使地方政府承担其该承担的风险，从根本上打消社会资本方的顾虑，调动其参与公共项目的积极性。

在合理划分风险分担责任的基础上，还要对每种风险可能发生的概率进行预测。从公私合作供给模式经验丰富的国家来看，一套完善的风险预测体系也是必不可少的。美国的做法值得我们关注。美国风险预测的第一步是根据以前的 PPP 项目确定一组关键风险，然后建立一个风险记录表，将项目运行过程中的相关数据记录在这个表中。在预测方法上，美国采取 RAG（Red-Amber-Green）分析系统，即根据风险发生概率、成本和进度影响对风险进行分类。其中，概率影响是指风险事件发生的概率及其对项目的负面影响；成本影响是指风险事件发生时直接消耗的额外劳动成本、设备、材料、融资以及其他费用；进度影响是指一个事件的延迟可能影响标准的项目进度，特定的风险事件发生将会延迟项目的交付时间。在 RAG 分析中，根据对项目的影响程度，分析事件被分为高、中、低三种，用红、黄、绿来表示。任何发生概率达 90% 及以上的风险事件都被计入成本估算，并在风险记录表中确认和跟踪。这个系统并不计算确切的风险值，而是讨论反馈每项风险的相对重要性，并对各个风险因素进行单独分析。在项目规划过程中，如果风险异常高或者超出各方承受范围，则将会考虑其他交付模式。① 这实际上是一个动态的风险监控体系，可以随时了解各类风险的可能性和影响力，以便随时对项目运作过程进行调节，尽可能将风险值降到最低。

七　为私人合作主体提供有效的融资途径和平台

新中国成立以来长期实行的是计划经济体制，与之相伴生的自然就

---

① 吴淼、徐小丰：《PPP 模式中的政府规制：西方发达国家的经验研究》，《华中科技大学学报》（社会科学版）2018 年第 32 卷第 2 期。

是大政府的治理模式。大政府的特征不仅表现为政府机构和人员的规模方面，也体现在政府干预经济和社会生活的程度和范围，以及政府征收的财政资源在社会总财富中所占的比例。这就导致政府之外的私人力量的相对势弱。无论是民营企业还是社会组织，在我国都经历了一个从无到有、逐渐发展壮大的漫长过程。时至今日，无论是民营企业还是社会组织，虽然都有了很大的发展，但相对政府来说，其力量依然处于弱势地位。以民营企业为例，虽然民营企业的数量和规模并不小。据国家统计局相关数据，2017 年民营企业提供的就业已达到 29.9%，是国企14.6% 的两倍。民营企业净资产收益率也远远大于国企，但其净资产总数却只有国企的一半。同时，大多数公私合作项目无论是基础设施项目还是公共服务项目都需要大额的资金投入，私人合作主体自身的资金是不可能支撑得了的。这就需要为私人治理主体的融资提供有效的途径和平台，否则即便私人治理主体想参与公共服务的合作供给，也会因资金问题而却步。我国目前很多私人力量不愿或不能参与到公私合作供给机制中来，其中的一个重要原因就是没有有效的融资途径和平台。

　　2014 年 9 月国务院颁发《关于加强地方性债务管理的意见》，明确将政府与社会资本合作模式作为建立规范的地方政府举债融资机制的重要举措。国家发展和改革委员会与财政部各自从投融资机制体制改革和控制地方债务防范财务风险视角出台了一系列文件，规范和指导公私合作实践。财政部以自身的预算管理和财政风险管控职能为由，从规范地方政府债务融资机制和化解地方债务风险缓解财政资金紧张等视角出台了《政府和社会资本合作项目财政承受能力论证指引》《PPP 物有所值指引（试行）》等文件，以期经由物有所值和财政承受能力评价来确保公私合作项目的资金使用有效。但这些措施只是保证了政府资金的到位，并没有扩大私人合作主体的资金来源。现实是我国私人合作主体的融资途径太少太难。第一，大多数 PPP 项目都是通过银行进行信用贷款，其他方式的融资只占极小的部分。在银行贷款时往往是需要抵押的，能进行抵押的物品又非常有限，主要是土地和房屋。私人合作主体并不拥有这些资源优势，这就加剧了私人合作主体的融资困难。第二，银行从规避风险的角度考虑，更愿意给国有企业放贷，而不是民营企业。一方面，政府与社会资本合作的项目周期很长。根据《中华人民共和国政府与社会资本合作法（征求意见稿）》的规定，PPP 合作项目周期一般不少于 25 年，而在一个长周期的合作项目面前，银行对民营企业的持续还款能力本身就是有担忧的。另一方面，银行的责任追究机制也促使银行更愿意放贷给国有企业，而不是民企。一旦民营企业不能履行还款义务，银行放贷人员就可能承担国有资产流失的责任，甚至会被怀疑放贷给民营企业是否存在着利益输送等腐败问题；而如果银行贷款给国有企业，即便出现企业不能还贷的情况，由于都是国有资产，也仅仅是从这个口袋（国有银行）到另一个口袋（国有企业）的问题。即便是对银行相关放贷人员进行责任追究，也会相对较轻。第三，商业银行针对 PPP 模式贷款设定的条件过多、门槛过高。这在一定程度上也加大了民营企业的融资贷款压力，致使大多数的中小投资者难以获得相应的投资资金。第四，民营企业融资成本普遍高于国有企业的融资成本。目前，即使是资质良好的民营企业，金融机构在发放贷款时也特别谨慎，民营企业的融资成本往往高于国有企业的融资成本。民营企业信誉再好，最高也只能被评为 AA＋，而国有企业一般都能评上 AAA，这就为民营企业融资人为制造了障碍。一般来说，国有企业的 PPP 项目融资成本可控制在 3% 左右，而民营企业则一般在 6% 以上。民营企业不仅贷款利率高，有的商业银行还要求将 30% 甚至更高比例的贷款资金返存到银行。这样一来实际年息达到 8% 以上，导致民营企业的盈利空间被明显压缩。第五，无追索或有限追索的融资方式难以实现。目前，我国银行等融资单位还是以传统的质押和抵押担保等可追索融资方式为主，对公私合作项目的长期、持续、稳定的现金流以及特许经营权没有给予充分的信任，其实公私合作项目所拥有这一长期、持续和稳定的现金流以及特许经营权就是其还款能力的可靠保证。

为了解决私人资本方融资难的困境，我国也进行了一些制度性探索。2016 年 12 月 21 日，国家发展和改革委员会和中国证监会联合发布《关于推进传统基础设施领域政府和社会资本合作（PPP）项目资产证券化相关工作的通知》，正式启动了 PPP 项目资产证券化的进程。重点推介符合下列条件的 PPP 项目在上海证券交易所和深圳证券交易所开展资产证券化融资：一是项目已严格履行审批、核准、备案手续和实施方案审查审批程序，并签订规范有效的 PPP 项目合同，政府、社会资本及项目各参与方合作顺畅；二是项目工程建设质量符合相关标准，能持续安全稳定运营，项目履约能力较强；三是项目已建成并正常运营 2 年以上，已建立合理的投资回报机制，并已产生持续、稳定的现金流；四是原始权益人信用稳健，内部控制制度健全，具有持续经营能力，最近三年未发生重大违约或虚假信息披露，无不良信用记录。很显然，这些条件都过于苛刻。公私合作项目一般在交付运营后就会有持续的政府财政补贴或者使用者付费，这个时候对于私人合作方来说，并没有融资的强烈需求。相反在建设环节，由于初期投资巨大，是最需要融资的。但按上述文件的规定，私人合作方恰恰没有进行证券化融资的条件。所以，这个文件的出台显然并不能解决私人资本方融资难的问题。

　　世界上很多国家为解决私人资本融资难的问题已经做出了很多有益的探索。除了前面已经介绍的加拿大所拥有的多元的融资渠道，英国也先后出台了若干项融资支持政策来保障 PPP 项目的资金来源：一是成立以 10 家英国国内主要的养老金为初始投资者的养老金投资平台（PIP），由其作为投资者参与到 PPP 项目。这些养老金既是初始投资的提供者，也为其他资金提供了示范效应。二是积极鼓励保险公司参与 PPP 投资。通过举办保险公司 PPP 投资论坛等方式，促进与保险公司在公共设施与服务方面的交流，提升保险公司参与意愿。三是政府股权投资基金出资参与 PPP 项目。一方面作为重要的项目资本金来源，另一方面也可以起到增信的效果，一举两得。四是对于符合条件的重大项目，政府提供担保，担保上限不超过 400 亿英镑。五是鼓励 PPP 项目公司利用来自政策性银行的基础设施优惠贷款。[1] 由此可见，英国是动员了包括政府基金、保险公司、政府股权投资基金、政府担保贷款以及政策性银行的优惠贷款等各种渠道，为私人主体参与公私合作供给项目提供融资服务。政府在为私人合作伙伴提供多种融资途径，保证了私人合作方资金来源的同时，也从 PPP 项目稳定持续的现金流以及特许经营权中获取了长期稳定的投资收益，可以说实现了双赢。这些国家的成功经验非常值得我们借鉴。

---

　　① 孙祺：《PPP 模式的财政风险研究》，硕士学位论文，中国财政科学研究院，2017 年。

八　建立公私合作供给公共服务的救济机制

由于公私合作供给公共服务的合作方本身都有自己的利益诉求，双方之间的合作从项目确定到建设和运营往往长达几十年的时间，这期间出现违约、产生一定的合同无法涵盖的非预期或者突发状况在所难免，要想使这些情况的出现不至于导致合作项目的中断，就必须有相应的救济机制。首先，对双方违约责任要严格按照合同约定的责任追究条款进行。一般来说，对于社会资本方的一般违约行为，政府可先发出正式警告，促使社会资本方在规定的期限内提供整改方案，如果社会资本方拒绝整改，或者政府不接受社会资本的整改方案，双方都可以申请争议仲裁或者司法救济，直至合同终止；对于政府方违约，社会资本方可以向其上级主管部门提出申诉，也可以直接启用司法救济。其次，对不可抗力事件比如战争、化学或生物污染、自然灾害等，双方应根据事件的影响确定解决办法。如果项目可以继续进行，双方需要协商救济方案，处理方法包括更改服务要求、支付机制和合同期限等；如果救济失败、项目终止，政府需酌情对社会资本方进行补偿。最后，设立再谈判机制。对项目运行中出现的新情况，超越了原有合同的预期，或者出现了新的状况和纠纷，就需要启用再谈判机制。伦敦地铁项目，特许经营期长达30年，考虑到在这段较长的时间内地铁的建设标准、对运营情况的考核标准可能发生变化，以及签约时无法预料的事情也可能发生等因素，项目在合同中就事前约定了定期审核机制，即每七年半双方重新审定一次合约条款。为了保证重新审核的公正性，还设定了专门的仲裁机制，确保合约的有效执行。

同时，也要尽快明确公私合作项目的司法救济途径。目前关于公私合作供给公共服务的司法救济到底适用于民事诉讼程序还是行政诉讼程序，国内外学者有着广泛的争议，也是一个亟待法律明确的问题。总体来看，西方学者更倾向于适用行政诉讼程序。哈佛大学法学院朱迪·弗里曼教授明确提出了私人在提供公共服务时角色应发生转化，与"政府行为者"一般，恪守正当程序、理性、平等、可问责等原则。印第安纳大学布鲁明顿校区的小阿尔弗莱德·阿曼教授亦认为民营化在推动法律向多元化和灵活性发展的同时严重削弱了透明、公共参与、正当性，引发了民主赤字问题。为了消解民营化的困境，行政法必须反思并回应，应将以行政机关为导向的行政程序法的适用范围扩展到承担公共职能的私人行为主体，通过行政法使市场更负责任。① 我国学者对此大致上有三种态度。其一认为 PPP 合同为行政合同，其争议可通过行政复议、行政诉讼等途径解决。其理由是根据 2015 年 5 月 1 日施行的《最高人民法院关于适用〈中华人民共和国行政诉讼法〉若干问题的解释》第 11 条的规定："行政机关为实现公共利益或者行政管理目标，在法定职责范围内，与公民、法人或者其他组织协商订立的具有行政法上权利义务内容的协议，属于行政诉讼法第 12 条第 1 款第 11 项规定的行政协议。"根据该规定，PPP 协议性质属于行政协议，应作为行政案件受理。其二将其定性为民事合同，可以通过调解、民事诉讼或仲裁方式解决。其理由是尽管合同当事人中有一方是政府，但是双方合同的主要内容是对合作开发进行的约定，合同签订完全遵循平等、自愿、等价有偿的原则，而不存在行政命令和强迫的意思，因此 PPP 协议是两个平等的民事主体之前的约定，应适用于民事法律，按民事案件受理。其三认为 PPP 合同属于复合型法律关系，兼具民事性质和行政性质，应结合具体争议类型采取不同的争议解决机制。财政部 PPP 中心主任焦小平在 2018 年 7 月 17 日北京大学 PPP 研究中心组织的 PPP 立法研讨会上提出："对于政府而言，主要是平等合作关系，再次是监管行政关系，二者并不冲突。政府作为合作一方，在参与具体 PPP 项目时，与社会资本法律地位平等，属于民商事法律关系；同时还要看到 PPP 项目的产出是公共服务，政府具有不可推卸的监管权力和义务，这属于行政法律关系。"单一认定是行政合同或民事合同，对 PPP 项目都具有局限性。PPP 既包括政府与企业合作之间的垂直关系（比如特许经营），也包括政府和企业合作之间的平等关系（比如政府外包类）。因此，PPP 合同实际上为复合型法律关系，兼具民事性质和行政性质，应结合具体争议类型采取不同的争议解决机制。本书认为第三个观点更具合理性。

---

① 参见张鲁萍《美国公共服务外包的演进轨迹及其启示》，《河南财经政法大学学报》2017 年第 4 期。

九　尽快培养公职人员的新理念和新技能

无论我们怎么样评价公私合作供给机制的优劣，也无论我们是否愿意在公共服务供给过程中主动引入私人合作伙伴，公私合作供给公共服务都是大势所趋。西方国家20世纪80年代以来在引入公私合作供给公共服务机制的过程中，从来都不缺乏对这种合作机制的质疑和批评，但依然没有阻止这种合作机制大行其道，进入越来越多的公共服务领域。在我国，这一进程显然还处于刚刚开始时期，公共服务公私合作机制的使用范围也远远少于西方发达国家，因此就更没有理由将这一既借助了私人主体的竞争优势、资本优势、人力优势和管理优势，同时又保留了政府作为公共利益代表着的公共属性定位，超越了政府和市场每个单一主体都无法拥有的合作优势的公共服务供给新机制抛弃。"民营化不仅是一个管理工具，更是一个社会治理的基本战略。它根植于这样一些最基本的哲学或社会信念，即政府自身和政府在自由健康社会中相对于其他社会组织的适当角色。民营化是一种手段而不是目的；目的是更好的政府，更美好的社会。"① 但公私合作供给机制毕竟是一个新鲜事物，而且项目涉及领域宽泛，很多都需要拥有专门的知识和技能。面对越来越多的项目管理，美国总统肯尼迪的预算部主任在1962年就明确提出："这种项目的管理权和控制权一定要牢牢掌握在明确向总统和议会负责的政府专职官员手中。如今项目的规模和复杂性普遍增加，这就要求政府自身必须拥有格外强有力和能干的主管、科学家和工程师，完全具有资格权衡技术专家提出的看法和建议，根据将要执行的工作类型做出政策性决定，决定在什么时间、由什么人，并在什么成本上监督工作的执行情况，而且还要评估绩效结果。"② 这就要求公共部门官员必须具备原有官僚制体制下所不具有的一些新理念和新技能，"比如精通拟订产出物的标准和规

---

① ［美］E. S. 萨瓦斯：《民营化与公私部门的伙伴关系》，中国人民大学出版社2002年版，第350页。

② Bureau of Budget，Peport to the President on Government Contracting for Research and Development，S. DOC. 87 Cong，2 Sess，GPO，1962，pp. 192 – 216.

格、合同外包的谈判经验（支持私人融资交易）和熟悉投资银行家用以支持交易的各类金融产品"① 等。如果公务员没有相关的理念和技能，则可能出现因其没有能力而要么无法和私人合作主体进行很好的合作，甚至成为私人合作主体的羁绊；要么被私人合作主体尤其是营利性私人合作主体牵着鼻子走的情况。而无论哪种情况，一旦出现，公私合作供给机制的优势不但不能发挥出来，还很可能最终危害公共利益。从一定意义上，公务员拥有驾驭公私合作机制的新理念和新技能是这种合作供给机制有效发挥作用的前提。这些理念和技能包括：

1. 契约精神

契约精神也是法治精神的一种体现。在公私合作供给机制中，政府作为公共部门和私人合作者之间的合同，是对双方在项目合作全周期权利与义务的法律性约定，无论将其视为民事合同还是视为行政合同，双方都必须遵守。即便在执行过程中，发现需要修订原有合同的情况，双方也必须基于事前约定（即合同的一部分）的再谈判机制重新进行谈判，任何一方都没有随意修改合同内容，或者放弃合同约定的权利。这一点对政府方尤其重要，因为政府相对于私人主体毕竟属于更强势的一方。这就要求公务员必须树立起契约精神，将其视为法一样尊崇和敬畏。

2. 平等意识

在公私合作机制中，双方之间的地位应该是平等的。其实，PPP 概念中的伙伴关系本身就意含着这种平等关系，即双方之间是伙伴，基于公共服务的供给而合作的伙伴，而不是行政组织中的上下级关系。这也是发挥私人治理主体活力的一个前提。政府在整个合作的过程中，可以依法全程监管私人合作方的行为，但不能干预私人合作方的行为，尤其是其在合同范围内拥有的合法的经营权和获利权。这一点对我国的公务员来说，也有着超越于西方国家公务员的更为现实的意义。我国长期以来的强政府模式和政府一家垄断性供给公共服务的历史，使得很多公务员习惯于以行政权威，以及行政权威而带来的命令，而不是以平等协商的方式来管理公共事务。要让他们在新的公私合作机制中平等地与私人合

---

① ［英］达霖·格里姆赛、［澳］莫文·K. 刘易斯：《PPP 革命：公共服务中的政府与社会资本合作》，中国人民大学出版社 2016 年版，第 252 页。

作方相处并非易事，但这又是必需的要求。

3. 监管能力

私人治理主体的组织属性确定了它不会自动把公共利益的实现作为其追求的最主要目标，其在提供公共服务的过程中难免会追求自身利益最大化，在这个过程中很可能会损害公共利益。如果私人合作方在谋取私利的时候，发现政府对其行为没有能力知晓并纠正，他们就会更肆无忌惮地追求私利。若私人合作方在过分追求其自身利益而损害公共利益的情况发生后，政府的监管能及时到位并发现问题，一方面可以警示私人合作方不可有侵犯公共利益的行为，另一方面也可以及时制止已经发生的对公共利益的伤害。所以，有效的政府监管能力也是这种公私合作供给公共服务机制顺利推行的一个保障。

4. 相关的专业知识和技能

政府及其公务员需要有对私人合作方的监管能力，"才能在合同条款的制定和合同监管过程中占据主动地位，避免陷入'承包商主导'的被动格局，确保合同签订的科学性和合同监管的有效性"①。但政府及公务员的监管能力并不仅仅取决于公务员的监管意愿，更取决于公务员的专业知识和相关技能。没有专业知识和相关技能，公务员即便有强烈的监管意愿，恐怕也很难真正监管到位。正如"二战"后，美国能源部在其大量的核武器生产项目的公私合作伙伴关系中，出现那么多问题的一个很大原因，就是那些本来承担着监管职责的能源部官员由于相关的专业知识和技能不足而不具有相关的监管能力。正像美国官员所感叹的，"政府依赖私人部门的速度要比其自身管理能力提高的速度快很多"，以至于"'二战'以后公共管理最令人头痛的发展趋势却是，政府对其承包商的监管能力正逐渐受到明显的侵蚀，政府成了不能判断物品质量的买主"②。

那么，如何才能使政府公务员拥有驾驭公私合作机制的理念和技能呢，凯特尔的建议就值得我们借鉴，他认为，一方面要录用新的拥有合

---

① 詹国彬：《公共服务逆向合同外包的理论机理、现实动因与制度安排》，《政治学研究》2015年第4期。

② ［美］唐纳德·凯特尔：《权力共享：公共治理与私人市场》，北京大学出版社2009年版，第16页。

同管理能力的人员，另一方面对中高层公务员进行培训。具体措施包括：一是录用并奖励那些受训管理合同的一线管理人员。政府必须认识到，对承包商的依赖已经产生出对新一代政府官员的需要，政府必须寻找和录用新的合同管理人员，这种人应该能够在以下几个方面具有娴熟的技能：起草明确而可行的标准、管理信息、审计以及最重要的技能——谈判。二是重新培训中层管理人员。由于工作表现好的一线合同管理人员一般都会晋升到中间管理层，在那里，他们的工作就像一个夹在任务导向的下级和政策导向的上级之间的缓冲器。他们最初担负监督人员的角色，录用时看重的也是相关方面的知识，提到中层岗位后，其知识和经验已经难以适应。为了解决这一问题，政府机构一定要为这些发挥关键中间作用的官员提供快速成长的培训课程。三是让政治官员即高层管理人员认识承包制所涉及的问题。高层管理人员既没有必要成为部门工作领域的专家，也没有必要成为合同管理方面的专家，但他们要具备对实际问题的敏锐感觉能力，同时建立一套程序，以确保公共利益至高无上。如果高层官员不能预见问题，问题必然会在最不方便的时刻以一种保证棘手而且在政治上会遭受尴尬攻击的方式出现。除非政府的政治官员承诺建立一个能精明购买的官僚体制，否则，致力于精明购买的组织文化是不太可能形成的。四是降低政治调门。对于许多政治家来说，吹捧市场竞争优于政府垄断的好处是无法抗拒的诱惑。利用必须要解决的实际问题作为一种手段去催化竞争理念的积极性并使之发生效应，将有利于避免这一问题的出现。五是避免对外承包政府的核心职能。政府机构不应该将带有政策制定性质的工作承包出去，因为这些工作是机构官员的直接职责，这些职能永远都不能被承包出去。六是要认识市场模式所引发的治理新问题。处于各个层级和每一个分支机构的政府官员都必须认识到，运用新的方式从事政府工作会带给他们必须要考虑的新问题。如果一个部门的大部分工作都是由非政府员工从事的，这对即将出任该部门的首席行政长官意味着什么？当一线员工超出了立法机构直接管辖的范围，立法监督工作的杠杆将如何摆平？如果政府机构的专业知识和技能不再具有想当然的地位，司法又将怎样解决争端？政府对外承包所引发的一系列问题归根结底都是政府治理过程中出现的最根本问题。① 政府要想使其公务员有能力应对这些问题，就必须对其进行新的知识和技能培训。即"在一个拥有不同种类和能力的官僚机构中进行精明购买方面的投资，应该是未来政治领导力的基石"②。

十　建立方便公众参与的制度和平台

虽然公众作为公共服务的消费者并不是公私合作供给机制中的一方当事人，但由于公共服务的特殊性，即公共服务的质量和效率对公众的影响比对合作双方当事人的影响反而更大，更深远，也更长久，直接关系他们的切身利益，因此公众必须对此拥有发言权。我国公私合作供给机制探索至今，并没有建立起方便公众参与的平台和机制，所以尽快建立这样的平台和机制也是下一步工作的重点。具体来说：一是从法律和制度层面确保公众参与公私合作供给机制的权利。即政府在确定公共服务外包的项目时，应听取公众的意见和经过专家的论证，2019 年 9 月 1 日起施行的《重大行政决策程序暂行条例》把"公众参与、专家论证、风险评估、合法性审查、集体讨论决定"确定为重大行政决策法定程序。而公私合作供给机制所提供的公共服务很多都应该属于"对经济社会发展有重大影响、涉及重大公共利益或者社会公众切身利益的其他重大事项"，这类事项按照条例的要求，必须经过公众参与和专家论证的环节。应该说该暂行条例的出台已经为公众参与公私合作机制提供了制度保证。二是建立公共服务价格的听证制度。通过公私合作机制提供的公共服务有些是需要公众付费的，价格的确定应该引入公众参与，不能只是政府与承包商之间的双向定价模式。公众毕竟是公共服务的最终消费者，公共服务质量和价格的匹配度如何，公众是最有发言权的，同时由于公共服务的公共属性，公众也有参与制定的权利。三是建立由公众参与的公共服务质量评价制度。通过公私合作供给机制所提供的公共服务是否能

---

① 参见［美］唐纳德·凯特尔《权力共享：公共治理与私人市场》，北京大学出版社 2009 年版，第 166—168 页。

② 同上书，第 168 页。

满足公众的需求、其标准包括质量和数量是否达到预定的目标、服务价格是否公平合理等，由作为服务对象或消费者的公众来评价是最具针对性，也最客观和公正的。四是建立公共服务的反馈和投诉机制。当公众对私人合作者所提供的公共服务不满意时，应该有通畅的反馈和投诉机制。作为公共服务的直接消费者，公众对私人合作者提供的服务有着实时的感受，他们的意见反馈和投诉可以使政府能够及时发现和处理公共服务供给过程中出现的问题，可以弥补政府监管的不足。五是建立独立的第三方评估机制。第三方评估机制可以避免政府关门评估的自说自话，或者和私人合作伙伴的合谋和隐瞒，保障评估的相对客观和公正。因为，评估的结果将作为是否解除外包合同、是否按规定付款、是否续约、是否对有关组织与个人予以奖励和制裁等的重要参考依据。评估结果的这种指挥棒效应也就意味着，如果评估结果客观公正，则评估结果对政府和私人合作方都会发挥正激励效应；否则，政府和私人合作方都有可能通过投机取巧或者瞒天过海糊弄公众，这样最终受损的还是公共利益。总之，公众的参与不仅有助于减少合同决策失误、防止服务价格的随意上涨和服务质量的降低，还可以有效监督政府与合作伙伴、防范风险的发生并保证公共利益的实现。

上述十个方面的建议，实际上是一个相辅相成的制度体系。在推进我国公私合作供给公共服务机制的发展过程中，任何单一制度的努力都无法实现推进我国公私合作供给公共服务机制的最终目标，甚至无法发挥单一制度自身的全部优势。涵盖十个方面的制度体系通过共同发力、相互配合，不仅可以发挥出每个制度自身的优势，还可以形成一种合力。本书希望借此制度体系的合力，能推动我国公私合作供给公共服务机制的快速和健康发展。

结　语

无论从公共行政的理论演进，还是各国公共管理的实践来看，公共服务的公私合作供给都将是不可逆转的发展趋势。传统上仅靠政府提供公共服务的方式，既无必要，因为政府垄断性供给所造成的浪费、低效和官僚主义等问题已是不争的事实；也无可能，因为随着人们对美好生活的追求，会提出越来越多、越来越高的公共产品需求，单靠政府自身的财力显然无法承担。

自20世纪80年代以来，西方国家一直在大力推进公共服务的公私合作供给机制，几乎所有的公共服务领域都有公私合作供给的尝试。比较极端的地方政府甚至已经没有了专职的政府雇员，比如1982年美国的8.2万个政府中，曾有3万个没有任何雇员，当然这些"零雇员政府"一般服务于非常小的社区，主要利用热情的志愿者与附近的大社区谈判，签订服务合同并监督其履行。① 但我们也注意到，西方国家在经历了90年代的合同外包发展高峰之后，出现了"逆向合同化"的新趋向。美国国际市县管理协会ICMA 2002年与2007年对美国大量地方政府的调查结果显示，影响政府收回承包的六大主要因素排序完全一致，只是两次调查的比例略有不同，分别是：对合同外包的服务质量不满意（73%，61.2%）；外包没能带来明显的费用节省（51%，52.4%）；地方政府效率提高了（36%，33.9%）；强烈支持将服务收回政府（22%，17.0%）；合同外包存在合同监督问题（20.4%，17.0%）；合同说明难题

---

① 转引自［美］E.S.萨瓦斯《民营化与公私部门的伙伴关系》，中国人民大学出版社2002年版，第23页。

（15.1%，10.0%）。① 本书认为，这种"逆向合同化"恰恰说明，在公共服务的合作供给机制经历了十多年的实践检验之后，地方政府对待公私合作供给的态度放弃了意识形态般的盲目性，变得更加理性和务实，它们会更为审慎地选择公共服务的公私合作供给机制。它们在继续推行着有效的公共服务合同外包，同时又将那些不成功的外包收回，改为由政府直接提供，它们还会对同类公共服务以公共部门提供和私人承包相结合的方式同时使用。事实上，无论哪种公共服务供给方式，有效的政府治理才是关键。西方国家对公共服务的公私合作供给的反思，并不意味着对这一方式的全盘抛弃，而是放弃了 20 世纪 80 年代以来的相对狂热，甚至近乎意识形态化的推崇，进入了更为理性、更为审慎的选择阶段。

中国推行公共服务的合作供给机制相对较晚，真正规范地大规模探索公共服务的公私合作供给，实际上是在中共十八大之后。鉴于我国长期计划经济体制影响下的大政府思维模式，在传统公共服务的供给中，更习惯于政府进行垄断性供给。事实上，实践中很多地方政府对公私合作供给机制的探索，很大程度上也是基于地方财政不足、地方债务不堪重负的压力下的不得已之举。即便在采用了公私合作供给公共服务的项目中，政府的强势地位也都是明显存在的事实，致使私人企业和社会组织的参与热情还远没有真正地激发出来。或者说，我们国家公共服务的合作供给还远没有达到西方国家那样的规模和水平，如若我们也以西方国家公共服务公私合作供给机制中出现的问题为借口，否认在我国探索公共服务公私合作供给机制的必要性，则无异于因噎废食，将婴儿和洗澡水一块泼掉。

本书认为，虽然公共服务的合作供给机制有其自身的缺陷，但总体而言是利大于弊的。这种合作供给机制，对于我们这样一个正在致力于推进国家治理体系和治理能力现代化，更好满足人民对美好生活需要的大国，有着更为现实的意义。仅仅以少数公私合作供给项目的不成功为由拒绝公共服务合作供给的探索，是不符合时代发展要求的。其中存在

---

① 胡伟、杨安华：《西方国家公共服务转向的最新进展与趋势——基于美国地方政府民营化发展的纵向考察》，《政治学研究》2009 年第 3 期。

的很多弊端并不是公共服务合作供给机制本身的问题，而是政府没有真正认知自己在这种合作供给机制中依然要承担的角色，几乎完全放弃了自己应该承担的监管责任，任由私人组织完全按照市场法则行事的结果。公私合作供给机制在少数项目上的不成功，也不能证明这些项目就一定适合由政府独自供给。近年来，我国个别地方政府在世界上很多国家的实践都已证明外包非常有效的环卫、公交服务等领域也出现了"逆合同化"现象，即收回之前外包出去的这些项目，重新由政府提供的情况。①2007 年 1 月，由于公交公司内部股东之间的纷争以及城市拓展引发的线路冲突等原因，在历经五年多时间的公交民营之后，被称为"全国公交公司第一拍"的浙江兰溪最终选择了由政府直接回购经营的老路。②2007 年，安徽合肥由于民营化后的公交在 5 个月内致 11 人死亡，主管部门据此认定"引入民营资本，实际上是走了弯路"，随后清退民营资本，导致 2003 年开始的合肥公交民营改革被叫停，重新回归国有公用事业。③2011 年 12 月 8 日，南京市政府公布的《南京市公交行业资源整合方案》规定，到 2012 年 5 月底，南京现有的 11 家从事公交运营的公司将被整合为 3 家，将形成以国有控股为主的公交营运格局，这亦预示着南京市自 1998 年开始的公交市场化改革行将结束。④这种"逆合同化"现象非常值得我们警惕。

　　2011 年亚洲开发银行发布过一份关于 PPP 制度环境成熟度的报告，根据该报告计算，澳大利亚得分 92.3 分，英国 89.7 分，而中国才 49.8 分。⑤这说明，我国公私合作供给机制的探索相对于成熟的公私合作供给公共服务的国家还处于起步阶段。鉴于我们国家的现实，借鉴发达国家近 40 年探索的经验，规避其不成功的教训，更为理性地推进我国公共服务公私合作机制的实践，需要避免两种极端思维。一种是因公私合作供

---

①　黄锦荣、叶林：《公共服务"逆向合同承包"的制度选择逻辑——以广州市环卫服务改革为例》，《公共行政评论》2011 年第 5 期。

②　朱永红、徐宪忠：《兰溪公交回归国有》，《浙江日报》2007 年 1 月 31 日。

③　高学军：《失控的公交车：合肥反省公交民营化》，《人文杂志》2016 年第 8 期。

④　《南京公交将迎来一次大变革》，http：//www.jlonline.com/news/nanjing/2011/12/09/69386.html。

⑤　转引自管清友、刘洁《PPP 发展中的障碍》，《中国金融》2015 年 8 月 1 日。

给公共服务机制运行中出现的问题以及自身的局限性，而否认这一机制的优势；另一种是过分夸大甚至迷信这种机制，认为似乎所有的公共服务都可以采用这种机制，只要采用这种机制，就一定会优于传统的政府垄断性供给。这两种思维所表现出的极端性，都不利于我国公共服务质量和水平的改进。对于哪种公共服务项目适合这种公私合作机制，必须具体项目具体分析。但在公共服务的供给中更多引入公私合作机制，将是我国公共服务供给机制改革的一个必然选择，这是毋庸置疑的。

当然，我们在大力推进公私合作供给公共服务新机制的同时，也必须清醒地意识到，公私合作供给并不能完全取代政府的直接供给，特别是在那些公益性较强的公共项目的供给中，政府直接供给依然是主要的供给方式。数据显示，即使在PPP应用最为成熟的英国，PPP模式在公共服务与准公共服务中占比通常为10%—25%。2013年英国政府预算报告显示，英国政府2013年经常性收入约为6100英镑，PPP项目金额略低于10%。韩国政府也明确规定，PPP项目不得超过公共产品项目的10%。我国财政部2015年4月发布的《政府和社会资本合作项目财政承受能力论证指引》中明确要求，"每一年度全部PPP项目需要从预算中安排的支出责任，占一般公共预算支出比例不应超过10%"。由此可见，尽管公私合作供给公共服务机制是未来公共服务供给的一个重要制度选择，但在所有公共项目中的比例依然不会太高，政府在很多领域依然承担着公共服务的主要供给责任。这一点我们也必须有清醒的认识。

参考文献

〔法〕莱昂·狄骥:《公法的变迁——法律与国家》,辽海出版社、春风文艺出版社 1999 年版。

〔美〕A. 爱伦·斯密德:《财产、权力和公共选择——对法和经济学的进一步思考》,上海人民出版社、上海三联书店 1999 年版。

〔美〕E. S. 萨瓦斯:《民营化与公私部门的伙伴关系》,中国人民大学出版社 2002 年版。

〔美〕埃莉诺·奥斯特罗姆:《公共事物的治理之道:集体行动制度的演进》,上海三联书店 2000 年版。

〔美〕埃莉诺·奥斯特罗姆等:《制度激励与可持续发展》,上海三联书店 2000 年版。

〔美〕奥斯特罗姆、帕克斯、惠特克:《公共服务的制度建构——都市警察服务的制度结构》,上海三联书店 2000 年版。

〔美〕保罗·A. 萨缪尔森、威廉·D. 诺德豪斯:《经济学》,中国发展出版社 2003 年版。

〔美〕戴维·奥斯本、特德·盖布勒:《改革政府:企业家精神如何改革着公营部门》,上海译文出版社 1996 年版。

〔美〕菲利普·库珀:《合同制治理:公共管理者面临的挑战与机遇》,复旦大学出版社 2007 年版。

〔美〕盖伊·彼得斯:《政府未来的治理模式》,中国人民大学出版社 2001 年版。

〔美〕莱斯特·M. 萨拉蒙:《公共服务中的伙伴》,商务印书馆 2008 年版。

〔美〕莱斯特·M. 萨拉蒙等:《全球公民社会——非营利部门视界》,社会科学文献出版社 2002 年版。

［美］罗纳德·J. 奥克森：《治理地方公共经济》，北京大学出版社 2005
年版。

［美］迈克尔·巴泽雷：《突破官僚制：政府管理的新愿景》，中国人民大
学出版社 2002 年版。

［美］迈克尔·麦金尼斯：《多中心体制与地方公共经济》，上海三联书店
2000 年版。

［美］唐纳德·凯特尔：《权力共享：公共治理与私人市场》，北京大学出
版社 2009 年版。

［美］文森特·奥斯特罗姆：《美国公共行政的思想危机》，上海三联书店
1999 年版。

［美］文森特·奥斯特罗姆等：《美国地方政府》，北京大学出版社 2004
年版。

［美］詹姆斯·N. 罗西瑙：《没有政府的治理：世界政治中的秩序与变
革》，江西人民出版社 2001 年版。

［美］詹姆斯·布坎南：《公共财政》，中国财政经济出版社 1991 年版。

［英］达霖·格里姆赛、［澳］莫文·K. 刘易斯：《PPP 革命：公共服务
中的政府和社会资本合作》，中国人民大学出版社 2016 年版。

陈振明：《政府再造——西方"新公共管理运动"述评》，中国人民大学
出版社 2003 年版。

冯华艳：《政府购买公共服务研究》，中国政法大学出版社 2015 年版。

吉富星：《PPP 模式的理论与政策》，中国财政经济出版社 2017 年版。

贾康、孙洁：《公私合作伙伴关系理论与实践》，经济科学出版社 2014
年版。

贾康等：《全面深化财税体制改革之路》，人民出版社 2015 年版。

姜晓萍、田昭等：《基本公共服务均等化：知识图谱与研究热点述评》，
中国人民大学出版社 2016 年版。

句华：《公共服务中的市场机制：理论、方式与技术》，北京大学出版社
2006 年版。

句华：《政府购买服务与事业单位改革衔接机制研究》，人民出版社 2017
年版。

马海涛、温来成:《政府与社会资本合作（PPP）前沿问题研究》，中国财政经济出版社 2017 年版。

石国亮等:《国外公共服务理论与实践》，中国言实出版社 2011 年版。

世界银行:《2004 年世界发展报告：让服务惠及穷人》，中国财政经济出版社 2004 年版。

孙柏英:《当代地方治理——面向 21 世纪的挑战》，中国人民大学出版社 2004 年版。

王浦劬、〔美〕莱斯特·M. 萨拉蒙等:《政府向社会组织购买公共服务研究：中国与全球经验分析》，北京大学出版社 2010 年版。

王浦劬、〔英〕郝秋笛（Jude Howell）等:《政府向社会力量购买公共服务发展研究：基于中英经验的分析》，北京大学出版社 2016 年版。

王天义、杨斌:《加拿大：政府和社会资本合作（PPP）研究》，清华大学出版社 2018 年版。

余晖、秦虹:《公私合作制的中国试验》，上海人民出版社 2005 年版。

俞可平主编:《治理与善治》，社会科学文献出版社 2000 年版。

赵福军、汪海：《中国 PPP 理论与实践》，中国财政经济出版社 2015 年版。

Allen, Joan W. , et al. , *The Private Sector in State Service Delivery*：*Examples of Innovative Practices*, Washington DC：Urban Institute, 1989.

Commission on Global Governance, *Our Global Neighborhood*, Oxford University Press, 1995.

Donahue, John, *The Privatization Decision*：*Public Ends*, *Private Means*, New York：Basic Books, 1989.

Ferlie, Evan, Lawrence E. Lynn Jr. & Christopher Pollitt, eds. , *The Oxford Handbook of Public Management*, New York：Oxford University Press, 2005.

Fisk, Donald, Herbert Kiesling and Thomas Muller, *Private Provision of Public Service*：*An Overview*, Washington DC：Urban Institute Press, 1978.

Friedman, M. , *Capitalism and Freedom*, Chicago：The University of Chicago Press, 1962.

Hanke, Steve H. , ed. , *Prospects of Privatization*, New York：Academy of

Political Science, 1987.

Hodge, Graeme A. , *Privatization: An International Review of Performance*, Oxford: West view Press, 2000.

Hoogl, Ruth, and DeHoog, *Contracting Out for Human Services: Economic, Political, and Organizational Perspectives*, New York: State University of New York Press, 1984.

House Committee on Government Operations, *Managing the Federal Government: A Decade of Decline*, Report of the Majority Staff, 1992.

Kettl, D. F. , *Sharing Power: Public Governance and Private Markets*, Washington DC: Brookings Institution, 1991.

Kooiman, Jan, *Governance and Governability: Using, Complexity, Dynamics and Diversity*, London: SAGE Publications, 1993.

Lavery, Kevin, *Smart Contracting for local Government Services: Processes and Experience*, Westport: Praeger Publishers, 1999.

Ministry of Municipal Affairs, *Public Private Partnership: A Local Government Guide*, British, 1999.

Musgrave, Richard Abel, *The Theory of Public Finance: A Study in Public Economy*, New York: McGraw-Hill, 1959.

OECD, *Contracting out Government Service: Best Practice Guidelines and Case*, Paris: OECD Publishing, 1998.

Perri 6, Diana Leat, Kimberly Seltzer and Gerry Stoker, *Towards Holistic Governance: The New Reform Agenda*, New York: Palgrave, 2002.

Pierre, J. , eds. , *Debating Governance: Authority, Steering, and Democracy*, Oxford: Oxford University Press, 2000.

Price, Don K. , *Government and Science: Their Dynamic Relation in American Democracy*, New York University Press, 1954.

Service Works Global, *Public Private Parterships: What the World can Learn from Canada*, Report prepared for CCPPP, 2015.

World Bank Group, *Disclosure of Project and Contract Information in Public-Private Parterships*, 2013.